*Jiyu hexin suyang de gaozhong shuxuejiaoxue shijianyanjiu*

# 基于核心素养的高中数学教学实践研究

庞志雷　编著

青海人民出版社

图书在版编目（CIP）数据

基于核心素养的高中数学教学实践研究 / 庞志雷编
著. -- 西宁：青海人民出版社，2021.12
ISBN 978-7-225-06292-1

Ⅰ．①基… Ⅱ．①庞… Ⅲ．①中学数学课—教学研究
—高中 Ⅳ.① G633.602

中国版本图书馆CIP数据核字（2021）第242272号

## 基于核心素养的高中数学教学实践研究

庞志雷　编著

出　版　人　樊原成

出版发行　青海人民出版社有限责任公司
西宁市五四西路 71 号　邮政编码 :810023　电话 :（0971）6143426（总编室）

发行热线　（0971）6143516/6137730

网　　址　http://www.qhrmcbs.com

印　　刷　青海雅丰彩色印刷有限责任公司

经　　销　新华书店

开　　本　787mm×1092mm　1/16

印　　张　15

字　　数　290 千

版　　次　2021 年 12 月第 1 版　2021 年 12 月第 1 次印刷

书　　号　ISBN 978-7-225-06292-1

定　　价　85.00 元

# 自序　基础教育改革正迈入核心素养的新时代

《国家中长期教育改革和发展规划纲要（2010—2020年）》的颁布标志着我国课程改革进入了新阶段。党的十八大提出了教育"立德树人"的根本任务，要求进一步提升综合育人水平，更好地促进学生全面发展、健康成长。为此，教育部2014年发布《关于全面深化课程改革　落实立德树人根本任务的意见》，提出"大力弘扬中华优秀传统文化，把培育和践行社会主义核心价值观融入国民教育全过程"的新要求。

"取势、明道、优术"是中国古代哲学思想。在深化教育领域综合改革的新形势下，这种简约深邃的古典哲学思想可以借鉴并服务于我们的数学教育。"势"即为大的发展趋势，也可以理解为政策导向，"取势"就是要明确方向，因势利导，顺势而为；"道"即指规律、原则，"明道"就是要懂得做事的原则，按事物发展的内在规律办事；"术"则是做事的策略和方法，"优术"正是提升方法、技艺，积累实用的策略。

"善弈者谋势"，高中数学教师首先应借助当前我国教育事业发展的"势"。顺势而为，充分体现信息时代个人发展和社会发展的新特点、新需求。教育部一方面立足我国"立德树人"的根本要求，另一方面充分借鉴国际课程改革的先进经验，确立"核心素养"这一观念，将之作为课程改革的出发点和归宿。深化课程改革，落实立德树人根本任务；贯彻德育为先、能力为重、全面发展的教育理念；改变重智轻德的现状，增强学生的社会责任感，提高学生的创新精神和实践能力。乘势而上，精准把握教育改革的方向，将教育改革投射到数学教学中，回归数学教育的本来面目，着眼于学生的可持续发展，充分发挥数学的内在力量。挖掘数学内容所蕴含的价值观，以提高数学素养、发展思维能力、培育理性精神为核心，使学生在掌握数学知识的过程中学会思考，成为善于认识问题、解决问题的人才，是数学教育的趋势。

"一阴一阳之谓道"，中国传统文化中朴素辩证思想可以帮助我们比较西方数学教育和我国数学教育的异同。与西方对于过程或结果的片面强调不同，我国数学教育是过程与结果并重的；西方学者往往注重内在的动力并认为像考试之类的外部动力对学习是有害的，但在我国数学教育则认为两者对于促进学生的学习都是十分必要的，应"内外并重"；西方往往将"记忆"与"理解"绝对地对立起来，即认为记忆无助于理解，并认为两者事实上是互相排斥的。我国数学教育则认为在这两者之间存在有一种相互促进的辩证关系：理解能加深记忆，记忆有助于理解。教育工作者在不断探索、反思、借鉴的过程中努力推进数学教育改革的创新与实践。史宁中等专家依据教育部研制的计划，结合数学学科的特点，提出了"数学抽象、逻辑推理、数学建模、直观想象、数学运算、数据分析"六大数学核心素养，成为数学课程标准继"四基""四能"后的又一理论上的突破。新修订的《普通高中数学课程标准》于 2017 年发布，标志着基础教育课程改革进入了素养导向的时代。明数学教育之道，需要理解教育、理解数学、理解学生，要懂得数学地认识和解决问题的基本方法，明晰知识的发生发展过程，把握教学的重点、难点、关键，对学生数学学习进行具有针对性、启发性的有效指导。从强化"四基"到发展"四能"再到培养"三会"，是发展学生数学核心素养的一条正确通道。

"以正合，以奇胜"。我国数学教育特别强调教育的规范性质，即明显地表现出了社会取向；而西方则特别重视学习者的个性发展，从而表现出了明显的个体取向。数学教育中，有人相信探索是第一位的，然后再发展相关技能；有人认为技能的发展是第一位的，然后才能谈行上创造。按照现有教育实际，规范化事实上就是为创新这一更高境界做必要准备。正所谓"没有规矩，不成方圆"。高中数学教学中，在引入课题、激发兴趣、问题引导、启发思考、有效训练、巩固提高等方面的规范教学，已经进入成熟期，得到了教学实践的验证。但是，我们不能故步自封，需要不断变革教学方式、改进教学方法、提高教学水平；落实"立德树人"，实现数学育人价值；注重知识整体，开展单元（主题）教学；创设问题情境，促成知识有效迁移；挖掘数学文化，感悟数学学科本质，以及信息技术与数学教学的整合，进一步推广自主、合作、探究的学习方式与启发、讨论、参与的教学方式等都是"优术"的具体体现。

"势"是逻辑起点；"道"是基本原则；"术"是实现路径。取势务虚，明道求实，虚实结合，方可行事；道为术之魂，术为道之体，以道统术、以术得道才能相得益彰，道不明，术再优也难免功亏一篑。取势，远见也；明道，真知也；优术，实效也。取势、明道、优术并重，则可以真正实现数学的全面育人功能。

# 目 录

# 第一章　素　养

随着《中国学生发展核心素养》的正式提出，"核心素养"一词受到广泛关注，成为学校教育的主流话语之一。对素养的来源、构成、特性的揭示和阐述是全面深刻认识核心素养的重要基础和前提，且其本身也蕴含着深刻的教育学意义，对教育教学改革实践具有直接的导向作用。

## 第一节　素养的内涵

《古代汉语大词典（辞海版）》把"素养"解释为①经常修习涵养；②平素所供养；③素质与教养；④平时所养成的良好习惯。[1]在现代汉语中，素养是指人平时的修养，而"修养"既指理论、知识、艺术、思想等方面的一定水平，也指养成的正确的待人处事的态度。[2]因此，从广义上讲，素养包括道德品质、外表形象、知识和能力等各个方面。如：思想政治素养、文化素养、业务素养、身心素养等。素养的基本含义可以概括为人为获得（养成）的道德、知识技能、态度、行为能力等基本素质所进行的自觉、持续的修习涵养。素养更多地体现为个体为适应社会需求，通过学习能够达到的目标，以及知识的增长和能力的发展。

"素养"最初是指人恰当应对情境之需要的综合能力。它本质上是人的存在状态或能力。一个有素养的人，就是当他或她置身于特定情境的时候，有满足情境需要的"恰当性、充分性或态度"。素养是个人与外界（人、事、物）作合理而有效的沟通或互动所需具备的条件（认知、技能、情意条件）。[3]联合国教科文组织对于素养的定义是：素养是能够识别、理解、解释、创造、交流、计算，并使用和各种情境相关的文字材料的能力。英国著名的专业知识与素养研究专家埃劳特将素养概念的形成总结为三种学术传统：（1）行为主义心理学的传统。其对于素养内涵的理解侧重于提供素养行为的具体清单，注重对素养行为的分析，但却忽略了素养发展的社会维度和政治维度。（2）素养的发生学取向。其更多聚焦于素养行为或表现的选择，旨在结合工作表现的优秀程度确定行为的总体质量。（3）基于素养和表现的认知建构。这种观念起源于认知心理学，重在描述素养与表现的不同之处。

经济合作与发展组织（OECD）将素养定义为在特定情境中，通过利用和调动心理社会资源（包括技能和态度），以满足复杂需要的能力。欧盟则将"素养"定义为是适用于特定情境的知识、技能和态度的综合。这里的"情境"主要指个人情境、社会情境和职业情境。两者对于素养概念的界定，均体现了素养概念的原初含义。

我们还可以从社会学、心理学、行为学和认识论的角度去剖析素养的构成。

首先，素养体现的是个人的精神特质。一个人的素养，即他的学识、智慧、道德、态度、品格、思想、精神等可以通过其言行举止和神态表情表现出来。随便一个人，迎面走来，他的举手投足和一颦一笑，他的整体气质体现的就是他的文化——素养。一个人受教育的过程其实就是在塑造自己精神特质。古人云："腹有诗书气自华"，说的就是一个人的知识积累到一定程度，就会通过其优雅的外表和不俗的谈吐表现出来。

其次，素养体现的是个人良好的品格。在心理学中，品格包括性格和气质，是指个人在先天和后天各种因素交互作用过程中形成的内在动力组织和相应行为模式的统一体，是代表个人个性特点的稳定的心理品质，并通过一定的思维方式、行为模式和情绪反应表现出来的价值观、道德观和心理素质等。素养更多体现的是个体良好的性格和气质。从教育学角度讲，品格指的是个体的精神世界。从伦理学角度看，人格即品格，它是个性中有格调、有品位的精神内容，特指个人的道德品质。我们平常所说的个人素养问题，往往指的就是个人的道德品质问题。

再次，素养体现的是个人的行为习惯。行为习惯是一个人养成的相对固定的，不需要思考和意志努力就可以发生的行为模式。道德行为只有在形成习惯以后，才能成为一种品质，以及个人的素养。因此，个人素养的形成实际上就是各种良好习惯的养成过程，而教育的本质就是良好习惯的养成，旨在促成人的素养的形成。

第四，素养体现的是个人的思维方式。如何认识世界、怎么思考问题，集中反映了一个人在智力和学识方面的素养。思维方式是个体思维层次（深度）、结构（类型）、方向（思路）的综合表现，是一个人认知素质的核心，反映了个体认识事物的立场、视角，解决问题的思路、方向，对个体的学习质量和水平具有根本的制约作用。因此，人的素养的形成有赖于其思维方式的培养与提升。

为了正确理解和准确把握素养的内涵，我们需要将"素养"与其相近的"素质""能力""技能""知能"等概念进行辨析。

## 一、"素养"与"素质"

在生理学领域，素质是指有机体与生俱来的某些解剖生理上，如身体的构造、形态、感觉器官和神经系统的特点，尤其是大脑的结构和机能的特点。[4]在心理学领域，素质是指人的先天的解剖生理特点，主要是神经系统、脑的特性以及感觉器官和运动器官的特点。[5]在教育学领域，素质是指人的先天遗传特质和后天形成的能力，包括修养、精神、气质、审美、爱好、志趣、习惯、思维、知识技能、实践能力、生存能力等。[6]强调素质是通过教育实践而获得的能力培养，并把素质的主要特征概括为"基础性、内在性、社会性、稳定性、发展性、差异性和整体效应性"。[7]

素质教育中的"素质"，其内涵也更多地指向后天和教育的产物。史宁中教授指出，它是"人通过合适的教育和影响而获得与形成的各种优良特征，包括学识特征、能力特征和品质特征。对学生而言，这些特征的综合统一构成他们未来从事社会工作、社会活动和社会生活的基本素养或基本条件"。[8]这里的素质实际上就是指素养，其涵盖了生理、心理、社会素质的内容。实际上，"素质"和"素养"的含义是比较接近的，但"素质"一词尚不能在内涵上完整地阐释"素养"的含义。素质是素养的上位概念，"人的素质经由生理、心理、文化、思想等不同层次，不断提升，逐步完善。从生理、心理到文化、思想，素质的可塑性，即可教性（可学性）逐渐增强，也就是说，先天禀赋成分逐渐减少，而后天教养（素养）逐渐增加"。[9]素养更多地体现为个体通过学习能够达到目标，得到知识的增长和能力的发展，并能够适应社会需求。因此，人们对"素质"的理解存在广义和狭义之争。从教育的本质和功能来看，素质教育中的"素质"，主要是指可以塑造、可以培养的品质，虽然也有相对稳定的一面，但更注重其发展性。

## 二、"素养"与"能力"

"能力"是个体所具有的、能胜任某种活动的实力，或是开展和胜任某一项工作的技术能力。能力既有先天遗传的，也有后天习得的，但其不包含态度、情感、价值观等层面。"素养"较之"能力"而言，其内涵既包括能力，也包括知识、态度、情感、价值观等。在教育中强调对学生核心素养的培养，就是让学生在学习的过程中获得阅读、思考、抽象、发现和解决问题等方面的能力，并且关注其态度、意志品质和价值观等的养成，将能力升级转化为更高层次的素养，以更好地适应社会发展需要和推动自身全面发展。由此可以看出，素养所包含的内容远远多于能力，能力只是素养的构成要素之一，素养更倚重于后天学习或受教育而获得。

### 三、"素养"与"技能"

"技能"是指从操作动作中所展现出来的技巧或技术，它与态度、知识综合构成了素养的内涵。Stein 等人（2001）提出了 $C=（K+S）^A$ 的公式，其中 C 是指素养，即英文的 Competence；K 指知识，即英文的 Knowledge；S 指技能，即英文的 Skill；A 则指态度，即英文的 Attitude。这个公式说明素养是包括知识、技能与态度等多层面的统一整体。其中态度的作用非常重要，会直接影响知识和技能的效力。如果态度为正，知识与技能会产生相应倍数的效果；如果态度为负，知识与技能只会产生负面效果。正因为"技能"与"素养"的这些差异，经济合作与发展组织在 DeSeCo 项目中采用"素养"而舍弃"技能"的提法，用"核心素养"涵盖并取代了"基本技能""核心技能"等概念，素养的内涵是有别于技能的。

### 四、"素养"与"知能"

"知能"是在西方研究文献中与"素养"密切相关的一个近义词，有时也会被直接翻译为"素养"。例如，国内学者将 PISA 项目中的"literacy"就译作"素养"，并将其界定为"有关学生在主要学科领域应用知识和技能的能力，分析、推理和有效交流能力，以及在不同情境中解决问题和解释问题的能力"。PISA 项目是经合组织创立的目前世界上最为权威的国际学生评价项目，但其测查的内容并非经合组织提出的核心素养的全貌，主要是其中的知识、技能与认知能力等较为客观化的部分。相对而言，素养概念内涵更广，不仅包括知识与技能，更重视态度、情感等相对主观的非认知因素，这是在理解核心素养内涵时需要特别注意的地方。

综上，"素养"一词的内涵更为全面，更为丰富，是知识、能力、态度的统一与整合。心理学家麦克利兰于1973年在《美国心理学家杂志》上发表了著名的《测量素质而非智力》一文，提出"能力素质冰山模型"概念（如图 1-1-1）。他认为一个成功的人身上必须具备六个要素：技能知识、角色定位、价值观、自我认识、品质和动机。技能知识裸露在水面以上的表层部分，是容易测量的，也是可以通过针对性教育或培训习得的，属于显性要素；而态度（自我认识、价值观等）则潜藏于水面以下，不易观察和测量，属于隐性要素。个体素养的形成需要同时具备显性要素和隐性要素，两者相互作用，相互影响，共同决定着学习任务的完成。其中隐性要素深刻影响着显性要素，对个体的学习行为和表现起着关键性的作用。所以在培育核心素养的过程中，应该更多地关注学生的学习态度、意志品质及其价值观。

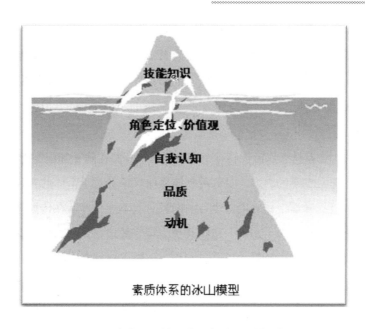

图 1-1-1 麦克利兰的"能力素质冰山模型"理论

与"冰山模型"非常相近的另外一个素养模型——"洋葱模型"中也提出，素养的最外一层是技能，由外向内依次是知识、态度（动机、价值观等），越向内层，越难以评价与改变；越往外层，越相对容易观察与培养。两个模型在其本质上是基本一致的。因为人的本质是由其实践或行为的样态所界定和决定的。这就要求教育的本质应该是提升人的行为能力或者实践素养。从这个角度界定的素养的概念就要求在确定核心素养时，要用"行为能力"或者"能做……"来表述某种核心素养的名称。例如，经济合作与发展组织（OECD）在陈述九个方面的核心素养时，都表述为"能够做……"。此处的"能力"即行为能力，其含义比技能要宽泛，是技能、知识、态度的复合体。因此，在表述某种素养时，常用"XX 能力"来表述，如创新能力、合作能力等。

素养这一概念与我国《国家中长期教育改革和发展规划纲要（2010—2020 年）》提出的"促进人的全面发展、适应社会需要"的教育质量根本标准一致，素养及核心素养概念的提出有利于推进我国教育"立德树人"根本任务的落实与完成。

## 第二节 素养的特征

从结构、成分、内容和功能等角度看，素养具有综合性、包容性、广泛性等显著特征。就结构而言，素养是个体的知识、能力、情感、意志、精神、习惯、气质、性格的综合体，深刻影响着个体行为，起着关键性的核心作用，这是素养本质的特点之一。

就成分而言，素养所包含的知识、能力及态度是个体最具价值的部分，具有综合性、包容性、应变性和迁移性等特征，能帮助个体处理复杂或多变情境中遇到的各种问题；能帮助个体养成创新思维与坚韧不拔的意志品质，以适应现代社会的变化与发展需求。

就内容而言，素养具有广泛性特征，即素养包括和涵盖除了知识、能力之外的态度、价值观、情感等非常丰富的内容，是人的整体生命气象，对于个体的实践行为起着决定性作用。因此，以提升学生核心素养为目的的教育就不能只停留在传授知识和培养能力上，而应更多地关注于对学生态度、情感和价值观等的培育。如高中数学学科核心素养包括数学抽象、逻辑推理、数学建模、直观想象、数学运算和数据分析。这些数学学科核心素养既相对独立，又相互交融，是一个有机的整体。[10]数学核心素养是数学课程目标的集中体现，是具有数学基本特征的思维品质、关键能力以及情感、态度与价值观的综合体现，是在数学学习和应用的过程中逐步形成和发展的。因此数学学科核心素养的培育绝对不是简单地通过知识传授所能达到的，在这个过程中既需要数学知识的积累，更需要通过数学活动及其经验的积累，让学生在活动、思考、能力提升的过程中逐步发展其数学抽象、逻辑推理、数学建模等六大核心素养，以获得进一步学习以及未来发展所必需的数学基础知识、基本技能、基本思想、基本活动经验，提高从数学角度发现和提出问题的能力、分析和解决问题的能力。[10]

就表现而言，素养具有稳定性和一致性的特征。构成素养的内容和特征必须是经常的、稳定的、一贯的表现。素养表现在学生的学习上就是指学生在学习时表现出来的一贯的学习行为或思维活动。因此，在判断一个学生是否具备数学抽象这一素养时，就是要看他通过数学课程的学习，是否能在数学情境中抽象出数学概念、命题、方法和体系，是否积累了丰富的从具体到数学抽象的活动经验，是否养成了在日常生活和实践中一般性思考问题的习惯，是否能把握事物的本质，以简驭繁，是否能运用数学抽象的思维方式思考并解决问题。只有当一个学生经常地、不断地运用数学抽象解决问题的时候，我们才能说这个学生具备了数学抽象的素养。

就功能而言，素养是一个人的精神财富，它决定了其人生的高度、深度和丰富程度，决定了一个人生活的品相、品质、品位。孟子有言："人之有道也，饱食、暖衣、逸居而无教，则近于禽兽。"[11]素养的本质在于人的精神生活。司马光说："德胜才者谓之君子，才胜德者谓之小人。"[12]良好的素养能让人活得有尊严、有意义、有价值。对个人如此，对社会也是一样。一个社会的文明程度往往取决于这个社会所有成员的素养，一个国家民族的发展也有赖于其国民的素养。正如马丁·路德所说："一个国家的繁荣，不取决于它的国库之殷实，不取决于它的城堡之坚固，也不取决于它的公共设施之华丽；而在于它的公民的文明素养，即在于人们所受的教育，人民的远见卓识和品格的高下。这才是真正的厉害所在，真正的力量所在。"[13]

就行为而言，素养亦呈现出自身的独特特征。

其一，具有很强的可操作性和可视性。从培养目标实现的角度讲，素养应该是可教、可学、可评价的。从行为视角表述的培养目标，对可教、可学、可评价最为有利。因此，将素养作为培养目标，"将核心素养转换为可观察的外显表现"，[14]可以大大缩短教育中的培养目标与实际教学活动之间的距离，既有利于教师以核心价值培育为目标在课堂上开展教学，也有利于对核心素养的培育效果与成效进行科学、有效、客观和公正地评价。而且，对行为的评价是综合性评价，已经包含（甚至可以替代）对于知识、技能、态度的单项评价。从素养的"冰山模型"和"洋葱模型"可知，核心素养相比分科知识具有更强的综合性、情境性、内隐性和适应性等特点，这是造成其评价困难的原因之一。目前，欧盟国家中存在的一种思路，是将核心素养转换为可观察的外显表现开展评价。

其二，素养强调知行合一、学以致用、实践力行，有助于破解现实教育中存在的"知识中心"的弊端，有助于从学生整体发展视角看待教育问题，破解教学中只见学科知识不见整体人的问题。欧盟的一份报告明确提出，"从知识到素养"是教育改革尤其是课程改革的方向，学科知识随着技术进步而数量激增，这些知识通过信息通信技术可以迅速获取和快捷传送，在此背景下，"人们记忆这类知识的必要性急剧下降"，人们更需要具有"选择、处理和应用"这些知识的素养，而这恰恰能解释为什么教育领域越来越重视素养的培育而非事实性知识的传授。

素养的这种特点，对素养的语言表述提出了更为规范、严格的要求。应该从行为的视角去清晰表述素养，似是而非的表述需要纠正。以此为标准去衡量目前的各种表述，则会发现一些表述是不规范的。例如，"具有……的知识""有创新的愿望""具备科学精神""积极探索"等，都不是从综合性的行为视角，而是从知识或者态度视角去表述的。这样的表述可能会产生负面作用。单一知识视角的表述，可能会使教育教学走向"知识中心"的老路；而单一态度视角的表述，容易让实际工作者难以把握，"倘漠视素养的表现（即行为表现）之维，必然走向神秘主义的素养观，由此导致素养教育的空泛和虚幻"。[15]

素养是行为能力，对它的表述应该是行为指向的。但这并不意味着不能把行为式的素养从知识、技能、态度三个方面进行分解式说明。例如，欧盟的核心素养框架中，在对每一个核心素养进行行为导向的界定后，又从知识、技能、态度三个方面进行了分解式说明，让人们看到了素养模型结构中"冰山"或者"洋葱"的全貌。这种分解式说明对于促进核心素养的培育，特别是对于修订课标、修订教材是绝对必要的。

# 第三节　素养的生成与发展

## 一、让知识的学习过程变成素养生成与发展的过程

知识是素养构成的要素之一，但是知识的积累不一定必然地带来素养的发展，如果一味地以灌输、训练、僵化、单向的方式教授知识，知识的积累反而会影响素养的生成及其发展。随着人类社会步入知识时代，随着知识价值的日益凸显，如何让知识学习过程成为素养形成过程，是我们需要回答的时代之问。

首先，转变知识观。在知识传授的过程中，要"将知识的表层与人的生活、人的本身联系起来，将知识回归到人身上，回归到人的德性与精神世界的建构上，知识才能够获得自己的深层结构，即意义结构，人也才能同时凭借知识的意义而深化生命的意义。"[16]，而不是把知识仅仅当作"客观真理"或"固定事实"，要让知识成为推动学习者人格养成的积极因素和动力源泉。

其次，将知识提炼成观念。信息时代，知识的更新以前所未有的速度展开，如果仅仅注重知识的积累，将无法适应社会的迅猛发展与变化。因此，我们需要提炼知识中所蕴含的相对稳定的观念或思想，舍弃无法穷尽的"知识点"，联系学习者真实的生活情境展开深度学习，聚焦于"观念"是信息时代课程内容选择的基本原则——"少而精"原则。

再次，尊重学生的个人知识。所谓"个人知识"，即个体在与学科知识和生活世界互动时所产生的自己的思想或经验。信息时代即自由创造知识的时代。尊重个人自由就是尊重个人创造知识的权利。如果说工业时代的波兰尼敏锐意识到"个人知识"重要性的话，那么在今日的信息时代，崇尚个人知识已成为时代特征之一。学生的个人知识是其素养的基础、前提和载体。没有个人知识，就很难有素养的形成。学生的学科素养来源于其学科思想之中，学生的跨学科素养形成于其对生活的理解与体验。因此，尊重学生的个人知识是发展学生素养的关键。

最后，转变知识学习方式，倡导深度学习与协作学习，"知识+实践=素养"。一切知识，

只有成为学生探究与实践对象的时候，其学习过程才有可能成为素养发展过程。因此，转变知识学习方式是素养发展的前提。让知识学习过程实现批判性思维与社会协作的连接。为此，一要倡导深度学习，让知识学习成为批判性思维和问题解决的过程；二要倡导协作学习，让知识学习成为交往与协作，即集体创造知识的过程。

**二、在情境中促成素养的生成与发展**

素养的形成和发展与情境存在非常紧密的关系，可以说，一切素养的生成均来自特定的情境。

首先，情境是素养生成与发展的重要基础。素养是一种复杂和高级的综合性能力，是知识、能力、情感、态度等的统一体，它只能在一定的真实情境中形成与发展。如果脱离开真实情境，素养是很难生成的。尤其是进入 21 世纪，知识与情境的联系更加紧密，知识的情境性日益增强，素养的生成必须有赖于一定情境。以此类推，核心素养的培养与发展，也是离不开情境的，尤其离不开情境学习。所谓"情境学习"，即"通过学徒制与导师制，基于真实的、现实世界的任务而学习。"这种学习方式一方面可以将知识与真实的、现实世界的情境进行有效连接，增强学习效果；另一方面，这种学习还可以在专家的指导下，将真实的任务或工作或技能或环境与学习有效对接，较为真实地参与到知识生成、技能获得和情感体验的过程中，通过"学习＋体验＋实践"的方式深入了解、体验和感悟知识的生成，促进自身知识、情感、态度等素养因素的生成与发展。

其次，超越情境有助于促成素养的形成。信息时代，知识日益情境化，我们的日常生活与工作学习日趋复杂化，只有将知识植根于情境之中，才能找到学习的真谛和终极价值，生成学习动力，形成积极的学习态度，选择合适的学习方式，最终促进素养的生成与发展。21 世纪提出的"为迁移而教"就是将知识学习与真实情境联系起来，增进学习效果，就是要以"做课题"的方式进行有效而深入的学习。只有这样，知识的迁移才可能发生，素养也能得以养成与发展。课题式的学习方式能让学生在学科知识与其实际应用之间建立起联系，进而增强学习效果。此外，通过情境学习生成的素养具有超越性的特点，也就是说，学习者可以在生成素养的基础上适应更为广泛和不同的其他情境，并在此基础上游刃有余地处理各种问题。这就意味着，促进素养发展的知识学习需要与多样化的情境相联系，在这种情况下，知识的获取、能力的提升、价值观的形成都可以实现最大化。

再次，关注虚拟环境对素养形成与发展的影响。随着现代信息技术的迅猛发展和广泛应用，21 世纪社会环境和学习情境发生了巨大变化，其中的一大特点就是虚拟环境的产生和广泛应用。借助现代信息技术，人们不仅可以超越时间、空间、身份限制与人交往，极大地扩大学习者获取知识的范围、深度和广度，而且前所未有地加强了虚拟世界与现实世界的互动与融合。因为，借助虚拟环境，人们可以模拟和创造现实世界以及未来世界的一些事物和现象，增强现实，即"由现实的与数字化的人、地方和物体相互交织而创造的模拟经验"，从而扩增了我们对于现实世界的认知范围和深度。在信息时代，个人生活、社会生活和职业世界日益存在于增强现实之中。虚拟环境和增强现实的发展对人素养的形成与发展提供了新的机遇与挑战。由此，我们需要正确认识虚拟环境和增强现实，避免因深陷其中而引发的身份危机，同时要正确而恰当地运用虚拟环境和增强现实的有利因素，采用有助于推动学生核心素养养成与发展的教育方法，帮助学生获得全面发展。

### 三、正确认识素养与表现之间的关系

理解素养的内涵还需要正确理解素养与表现之间的关系。

首先，正确认识素养与表现之间的区别。素养是将知识与技能、认知与情感、创造性与德性融为一体的复杂体，它遵循的基本原则是"心灵"原则，会直接影响一个人的行为。表现则是人在特定的情境和条件下的外部行为呈现，它遵循的基本原则是"行为"原则，它与素养之间有着非常密切的关系。在理解素养的内涵的时候，我们首先要分清素养与表现的区别，在此基础上正确理解两者的相同点与不同点，从而有利于素养的形成与发展。

其次，正确认识素养与表现的内在联系。素养是表现的基础和源泉，一方面，了解一个人的素养，需要关注其外部行为表现，但是又不能完全凭借外部行为表现来判定人的素养。因为，只关注人的外部行为表现，必然走向行为主义。而基于行为主义的教育很容易走向机械化，导致在教育的过程中只注重形式上的训练，而忽视学生素养的生成与发展。另一方面，我们也不能否认，素养终归是需要以某种特定的方式进行表现，而当这种特定表现得以恰当地理解和使用的时候，它就可以用来判断素养发展的水平。正如布鲁纳所言："素养需要拥有表现'出口'，教师的任务是发现该'出口'。"所以我们一定要重视素养的表现，通过表现准确认识和把握一个人的素养。

再次，素养与表现的关系具有复杂性。素养与表现之间具有复杂性、曲折性、非对称性等特征。素养的表现会受到文化、风俗习惯、语言、性别、个性特征、所处情境等多种因素的影响，因此，一种素养在不同情境中可能会有多种表现。反之，一个表现也会受到各种因素的影响而体现出个体身上的不同素养，如一个学生在考场上成功解答出一道数学难题时所体现的是其数学基础知识、计算与思考能力、逻辑与抽象能力、心理

素质等多种素养。但是解答出该难题的不同学生所具备的素养也许会存在较大差异，并不代表这个"解答难题"的相同的外在表现就能说明两位同学具有相同的数学素养。为此，诺丁斯明确指出："对素养而言，表现是既非必要又非充分的标准。"布鲁纳也曾说过："从表现直接推断出素养，即使并非不可能，那也是极为困难的。"这都很形象地说明了表现与素养之间复杂的关系。在这方面，"冰山模型"能很好地说明这个问题。在"冰山模型"中，我们可以把冰山水面之上的部分可以看作是一个人的外部表现，水面之下的部分则可以看作是一个人的素养，两者之间既有区别，又有内在联系。基于这个出发点，在教育过程中，我们既要正确理解和把握冰山上的表现部分，又要小心呵护冰山水面下的素养部分，合理处置两者的关系，创设合理情境，为受教育者素养的形成与发展提供条件与保障。

**四、恰当处理素养与基本技能之间的关系**

21世纪信息时代的核心素养在其内涵和要求上与农业和工业时代存在着较为明显的区别，厘清这些不同，处理好两者之间的关系，是我们理解素养内涵的又一关键。

首先，素养的内涵具有时代性特征。素养的内涵不是固定不变，永恒有效的，它会随着时代的变迁在内容和要求上不断发生变化，以更好地适应社会发展需要。例如，农业时代对于素养的要求往往聚焦在德性培养、人格健全之上，中国儒家就强调仁义礼智信，古希腊也主张"美德即知识"，苏格拉底勉励人们应该努力成为有德行的人。工业时代则注重读写、专业技能及学科知识，对于素养的核心要求是能力。进入21世纪，随着现代信息技术的发展及其对社会和人的发展产生的深刻影响，沟通互动、语言交流、团结协作、社会参与等素养日益成为公民必备的基本技能，对于情感、态度和价值观等也越发重视，一些新兴的学科，如计算机、信息科技、数字知识等日益成为人们的基础知识。由此，我们看到，素养的内涵呈现出较为明显的时代性特征，其内涵的变化往往发轫于社会发展的需要，会随着时代的变迁而发生一定变化。

其次，素养与基本技能存在着包含、融合和超越的关系。核心素养并不排斥传统素养要求的基础知识和基本能力，相反，基础知识和基本能力恰恰是素养的必备要素。素养不仅重视知识，也重视能力，更强调态度的重要性，是比能力的内涵更为宽广的一个概念，它超越了传统的知识和能力，将其应用到教育领域有助于纠正以往只重知识，只重能力，而忽视情感、态度和价值观的教育偏差，更有利于培养适应21世纪全面发展所需要的合格人才。如欧盟确定的终身学习的八大关键素养分别是母语交流、外语交流、数学素养与科技素养、数字化素养、主动与创新意识，以及学会学习、社交和公民素养、文化意识与表达，这些就包含着基础知识、基本能力和情感态度等其他要素，也就是说，

21 世纪所界定的素养应该是知识、技能和态度的集合，具有整体性，不能割裂，在教育过程中应该都给予高度重视。

再次，素养框架下的学习方式应以素养的培育为核心。素养本质上是解决复杂问题的能力。这种能力的形成与发展需要建立在真实情境的基础之上，同时要在基础知识和基本能力的支撑下得以完成。由此，在素养框架下知识的获取的前提条件是学习者的主动参与，通过探究，积累知识，提升能力，培养素养，其核心在于素养的生成与发展，知识与能力只能是"副产品"，而不能以对某种基础知识和基本能力的"熟练"泯灭学生的个性和创造性的发展，这无异于舍本逐末，缘木求鱼，是不利于受教育者核心素养的养成与全面发展的。

### 参考文献

［1］徐复，等．古代汉语大词典（辞海版）［M］.上海：上海辞书出版社，2007：1497-1498．

［2］中国社会科学院语言研究所词典编辑室．现代汉语词典（第5版）［Z］.北京：商务印书馆，2009：1533，554．

［3］张一蕃．信息时代之国民素养与教育［C］.台湾"行政院"经济建设委员会委托研究计划，1997．

［4］张焕庭．教育辞典［M］.南京：江苏教育出版社，1989：671．

［5］孙喜亭．民族素质与教育［J］.北京师范大学学报（哲社版），1987（6）;34-40．

［6］黄书光．中国基础教育改革的历史反思与前瞻［M］.天津：天津教育出版社，2006:185-186．

［7］阳凌云．数学素质教育导论［M］.湖南：湖南科学技术出版社，2005:2．

［8］史宁中，柳海民．素质教育的根本目的与实施路径［J］.教育研究，2007.（8）．

［9］柳夕浪．从"素质"到"核心素养"［J］.教育科学研究，2014.（3）．

［10］中华人民共和国教育部．普通高中数学课程标准（2017年版）［M］.北京：人民教育出版社，2018．

［11］方勇译．孟子·滕文公上［M］.北京：中华书局，2017:12．

［12］司马光．资治通鉴［M］.北京：中华书局，2011:08．

［13］塞缪尔·斯迈尔斯著，刘曙光，等译．品格的力量［M］.北京：北京图书馆出版社，1999：1．

［14］刘新阳，裴新宁.教育变革期的政策机遇与挑战——欧盟"核心素养"的实施与评价［J］.全球教育展望，2014,（4）.

［15］张华.论核心素养的内涵［J］.全球教育展望，2016,（4）.

［16］孙彩平，蒋海晖.知识的道德意义［J］.中小学道德，2012（10）.

# 第二章 核心素养

核心素养这一概念的提出始于 20 世纪 90 年代，特别是经济合作与发展组织 1997—2005 年所开展的"素养的界定与遴选"（简称 DeSeCo）研究项目，将该词用于描述所有社会成员都应该具备的共同素养中那些最关键、必要且居于核心地位的素养。目前，许多国家与地区、国际组织都把核心素养视为课程设计的基因，努力研制基于核心素养的课程标准，期望在核心素养的统领下推进课程教学改革。因此，理解核心素养的内涵，亦是构建我国信息时代课程体系的出发点。

## 第一节 核心素养提出的时代背景

人类进入 21 世纪，信息通信技术（ICT）得以迅猛发展和广泛运用，对社会经济发展方式和人类职业发展模式产生了前所未有的广泛而深刻的影响，人类社会快速迈入信息（知识）时代。信息通信技术传递的迅捷、便利和即时性，使得运用新知识、新思想和新技术实现的产品创新和全球贸易给人类社会带来了全方位的深刻变革，创新成为经济发展的重要动力引擎，发挥着越来越重要的作用。与此同时，伴随计算机和信息通信技术的发展，许多重复性的简单劳动及其提供的工作岗位越来越多地被机器所取代，掌握知识或信息成为经济发展的关键所在，由此对于技能的要求也发生了最为深刻的变革，可以毫不夸张地说，人类社会正快速进入知识社会。所谓知识社会，就是人的知识、思想和技术成为重要的商品，其对于经济社会发展发挥着关键作用。在这种背景下，培养受教育者的创新性思维，以帮助其适应社会发展变化与需要就显得尤为重要。正如美国著名经济学家列维和莫奈所说的那样："由常规认知工作和常规手工劳动所构成的工作在全部工作中所占的份额正日益下降，因为此类任务很容易被计算机所替代。而日益增长的劳动力比例则是那些强调专家思维或复杂交往的工作，因为此类工作是无法让计算机轻易替代的。"这里的"专家思维"和"复杂交往"是对"21世纪人才素养"最浓缩的概括。也就是说，未来教育不仅要为具有创新性的职业做好准备，还要为尚未诞生的新的职业做好准备。由此，核心素养就理所当然地成为 21 世纪教育的首要目标。因为，只有具有了核心素养的人才有可能适应未来社会发展的各种变化及其提出的创造要求。

其次，核心素养的提出是为适应未来社会生活发展变化的需要。信息时代的社会生活已经发生了广泛而深刻的变化。在信息时代，每一个人都需要掌握数字化知识，同时要在遵循法律、道德和规则的前提下使用信息通信技术；要学会同世界不同地区的人一起工作、学习、生活；要在多元价值观、宗教信仰、情感、观点、利益、人际关系中学会人际交往，与他人合作；要合理运用信息技术等手段解决新的问题，适应社会，这些都对教育提出了新的要求，这就需要教育要在核心素养的框架下设定教育目标、选定教育内容、选择教育方法，以培养人的核心素养为核心，推动教育发展，培养更多适应社会生活发展变化的合格公民。

再次，信息时代为人的全面发展提供了前所未有的机遇与挑战。一方面，爆炸的信息洪流、快速的社会流动、突飞猛进的科学技术、不断发展变化的各种职业、变幻莫测的虚拟世界为人的全面发展提供了新的机遇和条件。另一方面，每一个人又为信息洪流所裹挟着，饱受着信息量过大、难于选择、无法适应、难以应对快速变化的种种困境，面临着如何实现全面发展的现实难题，这就需要通过教育来解决，通过对个体21世纪核心素养的培育来应对。在日益多元而快速变迁的信息时代、全球化时代和知识社会中自主行动，个人要将自己的需要和需求与社会发展变化进行有效对接，并将发展动力转化为个体意志的行为能力，做出有效的决策、选择与行动，才不会为社会所淘汰。

由此，正是在信息时代经济社会发展对教育提出的新挑战的背景下，核心素养这一概念应运而生。

国际组织经济合作与发展组织（OECD）核心素养框架的总名称为"为了新千年学习者的21世纪技能和素养"（21st century skills and competences for new millennium learners）；欧盟委员会（European.Commission）在OECD研究的基础上，将核心素养框架名称确定为"为了终身学习的核心素养"（key competences for lifelong learning）；美国教育部与苹果、微软等公司机构联合发起的"21世纪技能伙伴协会"（Partnership for 21st Century Skills，P21），以及思科、英特尔和微软赞助成立的"21世纪技能教学和评估委员会"（Assessment and Teaching of 21st Century Skills），均指向21世纪信息时代的新特点和新需求，旨在应对21世纪信息时代对教育的挑战。

2014年，我国教育部颁布的《关于全面深化课程改革　落实立德树人根本任务的意见》（以下简称《意见》）也是在回答"培养什么人、如何培养人"的问题，并提出将"学生发展核心素养体系"的研制与构建作为着实推进课程改革深化发展的关键环节，以此来推动教育发展。自 2015 年 1 月起，我国普通高中课程方案和各科课程标准开始系统修订。这标志着我国基础教育课程改革进入新的发展阶段——创造信息时代的课程体系。为充分体现信息时代个人发展和社会发展的新特点、新需求，教育部一方面立足我国"立德树人"的根本要求，另一方面充分借鉴国际课程改革的先进经验，确立"核心素养"这一观念，将之作为课程改革的出发点和归宿。"核心素养"由此成为我国适应信息时代对人的自我实现、工作世界和社会生活的新挑战和深化基础教育课程改革的重要理念之一，它指向于构建我国信息时代的课程体系，突出强调个人修养、社会关爱、家国情怀，更加注重自主发展、合作参与、创新实践。至此，我国也迎来了素质教育与课程改革发展的新阶段——核心素养的培育阶段。

## 第二节　核心素养的国际视野

当今教育改革浪潮中，联合国教科文组织、欧盟、经合组织以及世界各个国家和地区都对以"素养"为核心的教学和课程给予了高度重视。"他山之石，可以攻玉。"为正确理解和把握核心素养的丰富内涵，我们有必要对不同国家地区核心素养的生成背景、基本框架和主要特征做一横向对比。

### 一、联合国教科文组织对核心素养的界定

联合国教科文组织对核心素养的研究，一是源于终身学习理念的建构。联合国教科文组织一直致力于通过教育来建构和平，消除贫困，实现可持续发展和跨文化对话。从这一宗旨出发，结合 21 世纪的时代发展需求，联合国教科文组织与联合国开发计划署（UNDP）、联合国人口活动基金会（UNFPA）、联合国儿童基金会（UNICEF），以及世界银行等组织联合发起了全民教育（Education for All, 简称 EFA）运动。1996 年，联合国教科文组织"国际 21 世纪教育委员会"发表了《学习：财富蕴藏其中》（Learning:The Treasure Within），从新的理论高度和政策视角提出把"终身学习"作为一切重大教育行动与变革的指导原则，并在"终身学习"思想的指导下，提出了"界定 21 世纪社会公民必备的基本素质"——终身学习的四大支柱，包括学会求知、学会做事、学会共处、学会发展。2003 年，联合国教科文组织教育研究所又提出了"学会改变"的基本素养，并将其视为终身学习的第五支柱。每一支柱里又包含各种具体的基本技能，组成了"终身学习"基本指标体系。

二是为了回应全民教育的现实需求。随着全民教育运动的开展，各国都制定了确保所有学生能够获得优质教育的行动计划，在回应"如何落实这一计划"的问题上，联合

国教科文组织启动了基于能力发展的全民教育项目（Capacity Development for Education for All, 简称 CapEFA）。在本项目中，能力概念是广义的，它指的是主体成功执行某一给定任务，产生实际有效性、权威性、生产力和资源的能力、态度和资质。这里的主体包括个体、组织和制度这三个层面。显然，能力在这里绝不局限于个体的个性心理特征。CapEFA 项目组用一个清晰的图标阐释和说明了能力发展中的能力概念详细说明了能力发展及能力概念的内涵（如图 1-2-1），并将关注点主要放在了区域政策与计划、扫盲、教师教育政策、职场技能四个方面，强调如何将能力发展从理论转化为实践，以更好地引领各国设计、实施和监控全民教育方方面面的工作，确保全面教育工作在宣传与倡议，支持全面的国家政策与法律框架，加强区域内或子区域内基于证据的政策制定与计划，确保入学率、教育公平和质量等问题，确保课程的相关性，建立参与和协作伙伴关系，参与全民教育运动的人力资源发展、知识生产，实现知识、经验的交流八个方面取得进展，做出贡献。

图 1-2-1　能力发展内在联结球形示意图

三是为了开展面向 21 世纪的全民教育。作为全球教育理念的引领者，联合国教科文组织自觉承担起了回应 21 世纪如何确保学习者获得适应未来生活的基本素养的时代之问的责任，倡导反思教育本质，重视提升教育质量，要求各国开展面向未来的教育研究，同时开启了学习结果指标体系，即核心素养指标体系研究的新征程。

联合国教科文组织的核心素养包括七大学习领域、各年龄段核心素养的子领域以及各年龄段具体子领域的内涵。

（一）七大学习领域

2012年8月到9月，联合国教科文组织的学习成果衡量特设工作组的标准工作组基于发布的《作为学习结果的核心素养草案：幼儿、小学和中学》这一材料，征询了至少来自57个国家近500位代表的意见。根据反馈的意见，标准工作组修订了核心素养草案，初步确定了核心素养指标体系的七个学习领域，对其内涵进行了描述，同时也确定了其子领域（如表1-2-1所示）。

表1-2-1　七大学习领域国际框架的内涵与界定

| 学习领域 | 内　涵 | 子领域举例 |
|---|---|---|
| 身体健康 | 儿童和青年能适当地运用身体，发展运动控制力，对于营养、运动、健身，以及安全等方面具备一定的知识并能付诸行动 | ·身体健康与卫生<br>·食品与营养<br>·体育活动 |
| 社会情绪 | 儿童和青年能发展和保持与成年人和同伴的关系，懂得如何看待自己和他人 | ·社会与共同体观念<br>·公民观念<br>·心智健康与幸福 |
| 文化艺术 | 能够创造性的表达，包括音乐、戏剧、舞蹈、视觉、媒体、文学艺术或其他创造性活动。同时，了解家庭、学校、社区及国家的文化经验 | ·艺术创作<br>·文化知识<br>·自我或共同体身份认同<br>·尊重多元 |
| 文字沟通 | 能在社会生活世界中运用第一语言进行交流，包括听、说、读、写，并能听懂或读懂各种媒体的语言 | ·说与听<br>·词汇<br>·写作<br>·阅读 |
| 学习方式与认知 | 学习者投入、参与学习的过程就是学习方式，认知则是指通过各种不同方式开展学习的心理过程 | ·坚持与专注<br>·合作<br>·问题解决<br>·自我导向<br>·批判性思考 |
| 数字与数学 | 能广泛应用数字与数量语言的科学来描述和表征在生活中所观察到的现象 | ·数字概念与运算<br>·几何与模型<br>·数学应用<br>·数据与统计 |
| 科学与技术 | 科学素养指掌握包括物理规律和一般真理在内的具体科学知识或知识体系。技术素养则是要求开发或运用技术来解决问题 | ·科学探究<br>·生命科学<br>·物理学<br>·地理学<br>·数码技术的意识与运用 |

（二）各年龄段核心素养的子领域及其内涵

根据确定的七大学习领域及其内涵，标准工作组在公众咨询的基础上，对0～19

岁各年龄段孩子应该具备的核心素养进行更为详细的区分和界定，如表 1-2-2 所示。

表 1-2-2　各学习领域不同年龄段孩子应具备的核心素养内容

| 学习领域 | 学前阶段（0～8 岁）学习指标 | 小学阶段（5～15 岁）学习指标 | 中学阶段（10～19 岁）学习指标 |
|---|---|---|---|
| 身体健康 | 身体健康与营养、健康知识与实践、安全知识与实践、大运动、精细动作与感知动作技能 | 身体健康与卫生、食物与营养、体育运动、性健康 | 健康与卫生、性健康与生殖教育、疾病预防 |
| 社会情绪 | 自律、社会关系与行为、自我概念和自我效能、同情心、情绪意识、解决冲突、道德价值 | 社会与集体价值、公民价值、精神健康 | 社会科学、道德伦理价值、毅力和抗压性、积极的自我和他人观念、参与公民活动、领导力、社会意识 |
| 文化艺术 | 艺术创作、自我认同和群体认同、多元意识和对多元的尊重 | 艺术创作、了解文化 | 艺术创作、学习研究文化 |
| 文字沟通 | 接受语言、表达语言、词汇、认识图标 | 口语流畅、口语理解、阅读流畅、阅读理解、感受词汇、表达词汇、书面表达和写作 | 听、说、写 |
| 学习方式与认知 | 好奇与参与、坚持与专注、独立与主动、合作、创造性、推理与问题解决、早期批判思维技能、符号陈述 | 坚持与专注、合作、独立自主、知识、理解、运用、批判性思考 | 合作、自我指导、学习导向、坚持、问题解决、批判性决策、灵活弹性、创造性 |
| 数字与数学 | 数字意识与运算、空间意识与几何、类比与分类、测量与比较 | 数字概念与运算、几何与类比、数字运用 | 数字、代数、几何、日常运算、个人财政、知情消费、数据和统计 |
| 科学与技术 | 提问技术、认识自然和物理世界、技术意识 | 科学提问、生命科学、物理科学、地球科学、数字技术的意识和应用 | 生物、化学、物理、地球科学、科学方法、环境意识、数字化学习 |

（三）各年龄段具体子领域的内涵

在表 1-2-2 的基础上，标准工作组又进一步确定了各年龄段的孩子在各子领域中的具体评价指标，明确了各子领域的内涵。

联合国教科文组织提出的核心素养具有自身的显著特征。

一是理念先行。联合国教科文组织以人本主义作为理念先导，旨在构建以人为中心的教育体系，在回应 21 世纪经济社会发展对教育提出的要求的基础上，提出、发展和描绘出了 21 世纪的学习蓝图，要求教育回归人本属性，关注学生的终身发展，进而开启了全面教育运动和核心素养指标体系研究，为全球教育的发展提供了重要方向指导和方法借鉴。

二是学习先导。联合国教科文组织关于核心素养指标的研究从一开始便与学习紧紧联系在一起，其核心素养体系是由学习领域、学习子领域以及学习结果的具体表征和描述三部分组成,综合构成核心素养。由此将核心素养与学习内容(即课程)直接联系起来,有利于核心素养的落实与推进。此外,联合国教科文组织还将核心素养指标体系具体化为不同的年龄阶段,关注到了儿童发展的阶段性,更加符合教育的规律,有利于推动核心素养的培育与发展。

三是能力为重。联合国教科文组织提出了以能力发展为本的实施模式,将能力从个体推延到了组织、制度层面,并在此基础上发起了"能力发展为本的全民教育",大大增强了推动核心素养落实的综合力量,有助于核心素养各项指标落到实处。

这种从以人为本的视角出发,倡导"以评促学"的理念,以能力发展为本的实施模式,着力推动全球教育朝着人本化方向发展的核心素养研究,对我国核心素养的研究具有重要启示作用和借鉴价值。

### 二、经合组织对核心素养的界定

经济合作与发展组织(OECD)启动核心素养研究项目,一是为了回应提高国家竞争力与学生发展的时代诉求。作为国际性经济组织,经合组织的目的就在于促进国际间的合作,由此,在全球化背景下,如何评价教育对经济与社会发展的贡献,以及学生应该具备怎样的素养也顺理成章地成为经合组织关注的重点内容之一。二是得益于各国提升教育质量研究的发展与推动。在瑞士联邦统计局(Swiss Federal Statistical Office,SFSO)的领导下,在美国教育部教育统计中心(National Center for Education Statistics,NCES)的大力协助下,经合组织于 1997 年末启动核心素养框架项目,即"素养界定与选择:理论与概念基础"(Definition and Selection of Competencies:Theoretical and Conceptual Foundations),简称"迪斯科"计划(DeSeCo)。项目的直接目的就是为 OECD 国家于 1997 年启动的"国际学生评定计划"(Programme for International Student Assessment,PISA,简称"匹萨"计划)提供理论基础和评价框架,同时服务于另一个针对成人素养的国际评价计划"成人素养与生活技能调查"(Adult Literacy and Life Skills Survey,ALL)。"迪斯科"计划于 2003 年发表最终报告《为了成功人生和健全社会的核心素养》,标志着 OECD 核心素养框架的完成,成为有关核心素养的最有代表性的项目。

DeSeCo 项目从一个广泛的跨学科视角,汇集了社会学家、评价专家、哲学家、人类学家、心理学家、经济学家、历史学家、统计学家、教育学家、政策制定者、政策分析者、工会、雇主、国内和国际机构等众多专家和利益相关者,致力于构建一个核心素养的总体概念参照框架,从而为指标的研制和实证结果的解释提供参考。DeSeCo 项目研究的起点是要搞清楚个人的成功生活和社会的良好运行需要什么样的素养,确定核心素养的过程是通过明确社会和个人的愿景,充分考虑文化背景和人口的多样性,构建理论模型和界定概念，通过协商，达成共识。[1]OECD 将"素养"界定为个人实现自我、终身发展、融入主流社会和充分就业所必需的知识、技能及态度的集合，它们是可迁移的，并且发挥着多样化的功能。在义务教育结束时学习者应该具备这些基本的关键素养，并且在后续的终身学习中继续发挥其基础性作用。[2]

通过多学科的整合，OECD 确立了三类核心素养：（1）互动地使用工具的能力，具体包括：互动地使用语言、符号和文本的能力；互动地使用知识和信息的能力；互动地使用科技/新技术的能力。（2）在异质群体中有效互动的能力，具体包括：与他人建立良好关系的能力；团队合作的能力；管理并化解冲突的能力。（3）自主行动能力，具体包括：在复杂的大环境中行动的能力；形成并执行人生规划和个人项目的能力；维护权利、利益、限制和需求的能力（具体分类见表 1-2-3）。

表 1-2-3　经济合作与发展组织的核心素养结构

| 一级指标 | 二级指标 | 具体内容 |
|---|---|---|
| 能互动地使用工具 | 互动地使用语言、符号和文本 | 有效运用口头和书面语言，计算及其他数学能力 |
| | 互动地使用知识和信息 | 鉴别自身未知领域，识别信息的来源，并对其进行个人评估，整理知识与信息 |
| | 互动地使用科技/新技术的能力 | 在平时生活与学习中注意使用技术手段，运用信息与通信技术获得信息 |
| 能在异质群体中有效互动 | 与他人建立良好的关系 | 从他人角度思考问题，有效控制自己的情绪 |
| | 团队合作 | 善于表达自己的观念，倾听他人的观点。建构持续发展团体的能力，协调的能力，综合信息做出决定的能力 |
| | 管理并化解冲突 | 在危机中分析问题与利益，识别共识与分歧，重新认识问题，按照需求与目标对问题进行排序解决 |
| 能自主行动 | 在复杂的大环境中行动 | 分析形势，定位自己所处的情境，明确自身行为的可能后果，通过思考与集体的关联对自己的行动做出选择 |
| | 形成并执行人生规划与个人项目 | 制订计划，设立目标，鉴别已有及所需资源，平衡资源以满足不同目标，通过反思来预测未来，监控过程，以便于随时调整 |
| | 维护权利、利益、限制与需求 | 了解所有权益，清晰社会规则，为获得认可的需求与权利建立个人论点，提出建议或替代方案 |

三类核心素养的内在逻辑是人与工具、人与社会、人与自我之关系。三类核心素养既非彼此割裂，亦非机械组合。DeSeCo 指出三项核心素养是一种相互依存的关系，虽然它们各有自己的焦点内容，但是由于素养的社会复杂性与联结性使得它们彼此有机联系、互动、整合，是适应不同情境的需要而不断变化的动态结构。每一个核心素养都满足三个条件：（1）对社会和个体产生有价值的结果；（2）帮助个体在多样化情境中满足

重要需要；（3）不仅对学科专家重要，而且对所有人都重要。

该项目指出，核心素养可以使个人拥有良好的、成功的生活。这种成功的生活表现为与他人具有亲密的关系，理解自我和自身所处的世界，与自身的生理和社会环境自主互动，拥有成就感和愉悦感。核心素养对多样的社会和个人均具有包容性，它回答的问题是，普通人要想在社会中安身立命，同时又能够应对日新月异的技术发展需要什么样的素养。

经合组织特别强调，核心素养不仅是知识与技能，而且是在特定情境中通过利用和调动心理社会资源（包括技能和态度）以满足复杂需要的能力，具有价值性、迁移性和民主性等特征。

首先，核心素养的共同价值基础是民主价值观与可持续发展。所有 OECD 社会均对民主价值观的重要性和实现可持续发展达成共识。这是 OECD 核心素养框架的价值基础，亦是未来社会对人的复杂性所需要提出的首要价值内涵。

其次，核心素养是一种以创造与责任为核心的高级心智能力。大多数 OECD 国家均重视灵活性、创业和个人责任心。不仅期待个体具有适应性，而且期待个体具有创新性、创造性、自我导向并自我激励。素养包括知识和技能因素，但绝不是知识和技能的简单叠加，它应该是回归个人、社会和职业具体情境中的反思性的思考、行动、探索与实践。反思性居于核心素养之中心。反思即回到自身，将自身作为思考的对象，通过持续思考自身而不断调整自己的思考和行动。"反思性思维需要相对复杂的心智过程，并要求思考过程的主体成为其客体。"反思性亦体现了人的心智的自主性。"核心素养拥有心智的自主性，这包含了一种对生活的主动且反思的取向。核心素养不仅要求抽象思维和自我反思，而且要求人们将自身与其社会化过程保持距离，甚至与其价值观保持距离，由此使人成为自身立场的原创者。"无论反思性还是心智自主性，均体现出素养是一种复杂的高级心智能力。这种能力将创造性与责任心化为一体，是一种负责任的创造性，或道德的创造性。

再次，核心素养是后天习得的，而非与生俱来的心理特征。"素养本身是在有利的学习环境中习得的。"这里的"学习环境"不仅包括学校环境，还包括家庭、社会、职业、经济、政治、文化等各种校外环境。非但如此，素养的获得在时间上又是一个持续终身的学习过程。

最后，核心素养既是跨领域的，又是多功能的。所谓"跨领域"，是指素养在学校中表现为跨学科性，在学校外则指跨越不同社会领域，如政治领域、社会网络、人际关系等。所谓"多功能"，是指素养能够满足个人生活、社会生活和职业世界各不相同的重要需要，帮助个人达到各自不相同的重要目标，解决不同情境中的各类问题。

经合组织特别强调，由于社会的发展与变迁，核心素养的指标不能仅仅从学校教育中获得，因此，素养的评价需要在终身教育的环境中去实施。

经合组织架构的核心素养指标体系，其特征也较为明显。首先，是建立在跨学科研究的基础之上的，它的研究不能仅限于课堂，要具备广阔的研究视野，将知识、能力和社会实践有机结合，还应吸收各学科理论，相互借鉴，共同建设核心素养指标体系。其次，核心素养要体现综合性特征。即综合考虑影响核心素养形成发展的政治、经济、社会、文化等因素，进而构建具有普适性的核心素养体系。第三，注重以评促建。即通过科学、客观、准确的评价，在相关指标体系的规范下，推进核心素养的落实。

### 三、欧盟对核心素养的界定

欧盟开展核心素养相关研究的背景，一是为了实现欧盟"多元一体"的发展目标。二是致力于通过教育解决在参与国际化竞争中存在的人力资源投入不足、接受高等教育者的比例较低、对顶尖人才的吸引力不够等问题，以促进公民更好地生活，提升欧盟整体竞争力。由此，欧洲理事会（European Council）将提供"新基本技能"作为优先策略，同时强调终身学习，"让学习从学前阶段延展到退休以后"。2001 年 3 月，欧盟理事会批准成立"教育与培训 2010 工作项目"，是为了到 2010 年要建立起适应知识社会所需要的欧洲教育和培训新体系，其核心是形成欧洲核心素养的框架。2006 年 12 月 18 日，欧洲议会（European Parliament）和欧洲理事会联合批准《终身学习的核心素养：欧洲参考框架》，此框架成为欧盟及其成员国建立信息时代教育的纲领性文件。该框架既汲取 OECD "迪斯科"计划的成就，又充分体现欧洲教育的特色和发展需要，目的在于开发欧洲知识社会所必需的核心素养，以作为未来教育目标。同时，为欧盟成员国实现核心素养目标提供支持。

欧盟指出，核心素养是一系列可移植的、具有多种功能的知识、技能和态度，是个体获得个人成就和自我发展、融入社会、胜任工作的必备素养，这些素养的培育应该在义务教育阶段完成，且成为终身教育的基础。

欧盟在其《终身学习的核心素养：欧洲参照框架》中提出了终身学习的八大核心素养，即母语交际、外语交际、数学素养和基础科技素养、数字素养、学会学习、社会与公民素养、首创精神和创业意识及文化意识和表达，并对其内涵进行了界定（见表 1-2-4）。[3]

表1-2-4 欧洲联盟 "终身学习核心素养" 体系

| 核心素养类型 | 核心素养内涵 |
|---|---|
| 母语交往 | 能够适当地、创造性地使用口语和书面表达来解释概念、想法、感觉、态度和事实，且能够运用语言在不同的社会和文化情境中进行交往，如教育、工作、休闲和日常生活 |
| | 语言对他人的影响以及如何通过积极的、对社会负责的方式使用语言，越来越得到人们的关注 |
| 外语交往 | 能够学会口语和书面表达，在不同的社会和文化情境中使用外语解释概念、想法、感觉、态度和事实 |
| | 跨文化的理解技能的发展 |
| 数学素养和基本的科学技术素养 | 能够使用知识和方法来解释自然世界，并能够发现问题，进行事实分析得出结论 |
| | 技术素养被认为是应用科学知识和科学方法的一个重要条件 |
| 信息素养 | 信息素养是一个人在工作、个人和社会生活、人际交往中能够自信和批判性地使用ICT的一个重要条件 |
| | 基本的ICT技能：能够使用计算机实现对信息的检索、评估、存储、创建、显示和互换，通过互联网开发合作网络 |
| 学会学习 | 学会坚持学习和管理个人学习，包含在自主学习和合作学习中高效率地管理学习时间和学习信息 |
| 社会和公民素养 | 在人际交往和互相合作方面的素养 |
| 主动和创新意识 | 个体将想法转化为行动的能力，包括创造力、创新、敢于冒险，规划和管理项目的能力 |
| | 管理个体工作、社会生活和日常生活的能力基础 |
| 文化意识和表达 | 创造性地表达在艺术和媒体方面的想法、经验和情感，包含音乐、舞蹈、喜剧、文学和视觉艺术 |
| | 这里的文化包含当地以及国家的知识和 意识，欧洲文化遗产以及个人在世界中的地位 |

对这八大核心素养，欧盟首先给出了清晰界定，然后从必要知识、技能和态度三方面做出了较为详尽的说明，并明确指出，这八大素养"同等重要"，因为每一个都会对知识社会的成功人生做出贡献。其中，许多素养之间相互重叠、彼此交织。这些素养名称均着眼于结果，与具体学科和生活相联系，但是对人的具体心智过程和心智能力没有给予具体的说明，因此《终身学习的核心素养：欧洲参照框架》的制定者又特别做了如下说明："有几个主题应用于整个《终身学习的核心素养：欧洲参考框架》之中：批判性思维、创造性、首创精神、问题解决、风险评估、采取决策以及建设性管理情绪，在八个核心素养中均发挥作用。"这意味着以上所列心智过程和能力作为"暗线"贯穿、渗透于八大核心素养之中。

欧盟核心素养的内涵及框架有着自身的特征。第一，欧盟的核心素养是结果取向的，是针对知识经济的理念而提出，其应用领域与情境是明确的。第二，欧盟的核心素养框架由学科素养和跨学科素养两部分构成。其中母语交际、外语交际、数学素养和基础科技素养属学科素养，而数字素养、学会学习、社会与公民素养、首创精神和创业意识、文化意识和表达则属跨学科素养，因而渗透于学科学习和活动全过程。第三，欧盟的核心素养与相应的知识、技能和态度的联系更加紧密、明确和具体，同时强调对科技运用的批判与反省，反映了欧盟在科技领域的反省程度。

### 四、美国对核心素养的界定

美国对于核心素养的关注，一方面，得益于职场素养标准化运动。21世纪的经济全球化、信息化、技术化的发展，对美国的就业市场产生了巨大影响，节能环保、生物科技、信息技术、互联网、新材料等新兴行业对劳动者素质提出了更高要求。1991年，美国劳工部长成立了一个高端专家工作委员会，旨在确定21世纪所需要的工作技能和评估美国学校是否正在教授这些技能。该委员会于2000年发表《学校需要什么工作》的研究报告指出："学校尽管诚实而有意识地努力适应新需要，但由于缺乏清晰且一贯的指导，学校依然延续着近百年前设计的教育体制和方法论，它所满足的企业组织的需要已迥异于今天。"这对工业时代的教育体制、内容和方法提出了严峻挑战。2002年，美国教育部连同苹果、思科、戴尔、微软、全美教育协会等有影响力的私有企业和民间研究机构，成立"21世纪技能伙伴协会"，简称"P21"，开始系统研制适应信息时代和知识经济所需要的"21世纪技能"，波澜壮阔的"21世纪技能运动"拉开帷幕。另一方面，深受以能力为本的教育改革的影响。早在1958年，美国就开启了"能力为本"的教育改革。到20世纪70年代，其主张的"读、写、算"基本知识和基本技能的教育成为引领整个美国教育发展的指向标。20世纪90年代，美国教育评价指标又随着社会发展要求调整为"掌握核心内容、培育态度倾向、运用整合推理"三者整合统一的综合性指标，为21世纪核心素养指标体系的建构奠定了现实基础。

（一）以核心素养为核心的学习体系

美国一开始就建构了以核心素养为核心的学习体系，包括学习内容的科目与主题、学习结果的指标以及强大的学习支持系统。核心素养指标主要包括"学习与创新素养""信息、媒介与技术素养""生活与职业素养"三个方面。这三个方面主要描述的是学生在未来工作和生活中所必须掌握的技能、知识和专业智能，即核心素养。由此可见，21世纪素养远超出基本的"读、写、算"技能。它意指如何将知识和技能应用于现代生活情境，其主要指向两个基本内涵：第一，它是一种高级技能或"素养"，其对应范畴是"基本技能"，尽管它从不否认后者；第二，它是情境关联的，是知识和技能应用于21世纪生活和工作情境的产物。美国 21 世纪核心素养奠基于传统的"读、写、算"三个基本素养之上，坚持在继承传统的基础上进行创新和超越。在推进 21 世纪核心素养的过程中，始终坚持以"融合 3Rs 与 4Cs"作为工作的主题，有助于学生适应时代发展的需要。

（二）21 世纪核心素养基本框架及其内涵

美国 21 世纪核心素养的指标体系框架是由两部分构成的，一是核心学科与 21 世纪主题；二是 21 世纪技能。前者侧重知识，后者侧重技能，二者相互依赖，彼此交融。"学习、信息和生活技能，唯有与核心学科知识建立联系的时候，才能产生意义。反之，核心学科知识唯有通过 21 世纪技能而获得的时候，才能被深入理解。"其中包括相互联系的三类（详见表 1-2-5）：（1）学习与创新素养，包含"创造力与创新""批判思维与问题解决""交流沟通与合作"三种技能；（2）信息、媒介和技术素养，包含"信息素养""媒体素养"和"通信技术素养"三种技能；（3）生活与职业素养，包含"灵活性与适应性""主动性与自我导向""社会和跨文化素养""创作与责任""领导与责任"五种技能。三类"21 世纪技能"的逻辑关系是：运用"21 世纪工具"发展学习技能与生活技能；学习技能侧重认知性素养，生活技能侧重非认知性素养，二者相互促进、相得益彰。由于"技术已经成为 21 世纪工作场所、社区发展和个人生活的驱动力量"，明智、负责任和创造性地选择和使用技术成为 21 世纪公民的基本素养，因此学生应发展信息素养、媒介素养和信息通信技术素养。由于创造、创新和创业已经成为 21 世纪知识社会的主旋律，学生需要发展学习和创新技能。由于全球化和信息通信技术的发展，个人生活、社会生活、文化生活、职业世界的多样性、复杂性、异质性和相互依赖性空前加剧，成功人生和健全社会要求学生必须具有生活和生存技能。

表 1-2-5　美国 21 世纪核心素养的指标体系

| 核心素养 | 指标 | 内涵 |
|---|---|---|
| 学习与创新素养 | 创造力与创新 | 在工作中展现创造和发明才能；能提出和实施新的想法，并把新想法传播给他人；对新的、不同的观点持开放的态度并积极回应；能实施有创意的设想，为发生革新的领域做出具体的、有益的贡献 |
| | 批判思维与问题解决 | 能运用正确的推理来理解事物；能做出复杂的选择和决定；能理解系统之间的相互联系；能提出并确定有意义的问题，以澄清各种观点，求得更好的解决方法；能界定、分析和综合信息，用以解决和回答问题 |
| | 交流沟通与合作 | 能够用口头和书面的方式，清楚有效地表达设想和观点；能展现与不同团队有效合作共事的能力；有灵活性，为了达到共同的目标愿意做出必要的妥协；能协同工作，共同承担责任 |
| 信息、媒介与技术素养 | 信息素养 | 能有效地获取有用信息，能批判地评估信息，能准确有创意地使用信息处理面对的问题或事件；对信息获取和使用的道德和法律问题有基本的了解 |

**续表**

| 核心素养 | 指标 | 内涵 |
|---|---|---|
| 信息、媒介与技术素养 | 媒体素养 | 了解媒体信息的构成、目的、特点和惯例，以及使用的工具；研究如何以不同的方式解读信息，用正确的价值观看待信息而不被媒体的其他因素影响；对信息获取和使用的道德和法律问题有基本的了解 |
| | 通信技术素养 | 合理使用数码技术、通信工具和用网络来访问、管理、整合、评估及创建信息，以便在知识经济中发挥功能；能将技术作为一种工具应用于研究、组织、评估和沟通信息，并对围绕信息获取和使用的道德或法律问题有基本的理解 |
| 生活与职业素养 | 灵活性与适应性 | 能适应不同的角色和职责；能在复杂和多变的环境中有效地工作 |
| | 主动性与自我导向 | 能监控自己的理解和学习需求；不满足于对基本技能和课程的掌握，探索和扩大自己的学习机会以获得专业知识；展现想要提高技能以达到专业水平的主动性；在没有直接监督的情况下，能（独立自主地）界定任务、确定其优先顺序，并完成任务；能有效利用时间，合理安排学习；展现对终身学习的信奉 |
| | 社会和跨文化素养 | 能与其他人和谐高效地工作；能适时地利用集体的智慧；能接受文化差异，使用不同的视角，提高创新性和工作质量 |
| | 创作与责任 | 能设定并努力达到高标准、高目标，按时完成高质量的工作；展现勤奋和积极的工作态度（如准时和信誉） |
| | 领导与负责 | 通过人际交往和解决问题，影响和引导他人朝着目标努力；利用他人所长，实现共同的目标；表现出诚信和道德的行为；行动富有责任心，铭记社会的总体利益 |

在该框架中，"核心学科"包括英语、阅读或语言艺术、世界语言艺术、数学、经济学、科学、地理、历史、政府与公民。值得注意的是，经济学成为核心学科之一。同时，21世纪教育必须建立在坚实的学科知识基础之上。但这里的"学科知识"不是指"储存一堆事实"，而是指学科观念和思维方式，其目的在于让学生像学科专家那样去思考。一如杰出心理学家、教育改革家布鲁纳（J. Bruner）所言："知识是过程，而非产品。"经过几年努力，"21世纪学习框架"及相应的课程体系和研究报告系统陆续推出，为美国越来越多的学校、学区和州采纳并实施，如今它已成为引领美国乃至世界构建信息时代和知识社会课程体系的重要理论和实践基础。

（三）美国21世纪核心素养框架的主要特征

第一，它把核心学科和21世纪主题与21世纪技能既做了清晰区分，又使二者有机融合，由此使知识与技能相得益彰；第二，它把核心学科与具有跨学科性质的21世纪主题既做了清晰区分，又使二者有机融合，由此使学科课程与跨学科课程相得益彰；第三，它对21世纪技能做了清晰分类，又恰当处理了彼此间关系，由此形成完整的21世纪技能或素养体系；第四，它为如何实施"21世纪学习框架"提供了完备的支持系统，包括"21世纪标准""21世纪评价""21世纪课程与教学""21世纪专业发展""21世纪学习环境"五个彼此联系的子系统，由此为框架实施提供了保障。

美国21世纪核心素养框架清晰、完备且操作性强。如果说OECD和欧盟的核心素养框架更有助于国家和地区进行教育改革的宏观规划与决策，体现出"自上而下"的特性，那么美国21世纪核心素养框架则更有助于学校和学区从事"校本化"课程与教学改革，体现出"自下而上"的特性和教育民主的追求。

### 五、英国对核心素养的界定

为适应社会经济发展和以能力为本教育改革的需要，英国较早地启动了核心素养调查研究。1989年11月，英国产业联盟（Confederation of British Industry）发表了《通向技能革命》文件，列举了学会应对变化、有效的沟通、价值感与政治、掌握数学、问题解决、个人人际技巧、了解世界和工作环境的能力、掌握科技8项核心技能。1996年的《迪林报告》将社会政治哲学、经济需求与课程改革联系在一起，提出了国际合作、问题解决和学习的自我管理三项一般核心素养，以及沟通、数字应用、咨询技术三项核心素养，对于之后核心素养的相关研究产生了深远影响。2003年，英国发布了《21世纪核心素养——实现潜力》，对高中生应掌握的核心素养进行了详细界定，具体内容包括交流、数字、运用信息技术、与他人合作、改善自学与自做、解决问题的能力。同时对每一项核心素养都进行了详细的阐述，规定了具体的操作内容，明确了标准和要求（详见表1-2-6），为教育改革夯实了基础。

表1-2-6　英国21世纪核心素养指标体系

| 交流技能 | 一级水平——运用交流技能处理简单的问题和书面材料 | 参与讨论 | 抓住主题，发表相关的见解，准确判断发言的时机和表达的方式 |
|---|---|---|---|
| | | 阅读并获取信息 | 从所读中获得启示，可借助查阅字典掌握所读内容，不管是文字材料还是图像材料，浏览后均能抓住要点。无法理解所读内容才能向他人请教 |
| | | 书写 | 运用不同的格式表述信息。发挥图表的作用。使之为读者加深对要点的理解提供帮助。筛选符合需要的信息。拟定、校对、修改文本，清楚、准确地表达情意 |
| | 二级水平——运用交流技能处理简单的问题和主题广泛的材料 | 积极投入讨论 | 讨论时所用词汇、语句丰富多彩。根据不同情况及时调整自己的位置、作用。向别人表明自己认真倾听的态度，对所听给予适当的反馈 |
| | | 阅读和概括信息 | 一方面，利用各种资源获取相关信息，浏览资料了解内容概要。另一方面，把握作者的意图、内容的要点、理解的线索，并概括出服务于不同目的的信息 |
| | | 书写 | 用不同的文体表达书面信息。书写的内容结构严谨，读者容易跟上思路和理解所表述内容 |

续表1

| | | | |
|---|---|---|---|
| 交流技能 | 三级水平——运用交流技能处理复杂的问题和主题广泛的材料 | 在讨论中发挥作用 | 讨论中随自己意图、场景的改变而改变参与讨论的方式和时机。反应敏锐，善于提出不同的看法或新的观点。学会抛砖引玉，鼓励人人参与讨论 |
| | | 进行陈述 | 设计语言和格式，使之符合主题的性质、场合的特点和听众的兴趣。陈述时，重点突出、表达流畅、语言精练、体态得当。巧妙运用演说技巧，能吸引听众的注意力和打动听众 |
| | | 分析和综合信息 | 借助特定的参考资料，加深对复杂性推论及文本、图像的理解。比较各种陈述，得出正确的结论。根据特定目的，分析综合各类信息 |
| | | 拟定不同类型的文本 | 书写时根据意图恰当选择信息表述的方式，根据不同场合需要，调整和转换陈述风格。有效地组织和协调各类资料 |
| | 四级水平——平时能运用交流技能完成工作和学习 | 有策略地应对 | 策略方面包括建立在较长时间内运用交流技能的机会。辨别希望取得的结果，了解相关信息源。为达到一定的目的而研究信息。规划和设计自己的运用行为 |
| | | 检验、反思、进步 | 评价从别人讨论和参考资料中获取的信息，区分可能存在的偏见和不准确信息。在了解各种观点的基础上，对信息进行加工和综合，以按照自己的意图交流复杂的信息，主导讨论。加强监控和批判性反思 |
| | | 评价策略、展示成果 | 组织并明确地提供相关的信息，用比较、举例、图表等形式丰富自己的表达。用丰富的词汇和语言手段表达，以达到更好的效果，对所采用策略的效果进行评估 |
| | 五级水平——以已有的知识才能为基础，综合地应用各种技能，高质量地完成复杂的学习和工作任务 | 探索学习、工作要求 | 为自己的学习、工作奠定反思性的基础。明确区分要求的结果。选用有效策略，依据不同资源探索各类问题 |
| | | 活动的管理 | 发挥领导作用，使自己和他人都能履行职责。有效支配时间，调动和维持参与者的积极性。分析、处理活动中出现的矛盾和问题，维持有效的交际关系 |
| | | 评估行为和展示成果 | 综合来自相关资源的信息，识别不同的观点，发展自己对资料综合阐释的能力。选择有效方法组织信息。增加敏锐性，评价总的活动方式 |
| 数字运用能力 | 一级水平——运用数字技能完成简单的任务 | 信息的解析 | 阅读并理解简单的统计表、曲线图表和直线图。理解以不同方式运用的数字。用常规单位进行测量，选择合适的计算方法 |
| | | 计算 | 用整数和简单的小数进行加减乘除，正确使用分数及百分数，算出长方形的面积、体积，用尺度标示图表，理解比率和比例，采用不同方法检验结果 |
| | | 解释结果 | 学会使用恰当的方式提供信息，正确使用单位，表明计算结果与预期任务的差距 |
| | 二级水平 | 信息解析 | 善于从多方面获取信息，阅读并理解统计表、曲线图表和直线图，估算数量和比例，精确地读出各种策略工具的刻度，选择合适的计算方法 |
| | | 计算 | 明示所采用的计算方法，计算结果精确化。进行分数、小数、百分比之间的换算，进行不同度量单位之间的换算，理解并运用所产生的公式，严格检查计算方法 |
| | | 解释结果 | 选择有效的方式提出自己的发现，善用图形、表格，突出自己发现中的要点，介绍所用的方法，解释计算结果如何达到了学习活动的要求 |

续表 2

| 数字运用能力 | 三级水平——在真实的、复杂的活动中运用数字 | 组织活动、分析信息 | 设计真实的、复杂的活动，将其分解为一系列的任务，从各个方面获取相关信息。进行长时间准确、可靠的观察。运用不同的测量手段。选择合适的方法获取所需的结果 |
|---|---|---|---|
| 信息技术能力 | 一级水平——能运用信息及时达成不同的目的 | 发现、开发信息 | 从信息技术资源和非信息技术资源获取不同类型的信息，判断哪些信息符合自己的需要，以文本、图像、数字等形式开发信息 |
| | | 呈现信息 | 设计、安排多种信息呈现的方式，诸如文本、图像、数字等，并确保信息呈现的连贯性、一致性，确保呈现活动的准确性、清晰度，并保留信息以备后用 |
| | 二级水平——寻找、筛选信息，探索、开发信息，并从中衍生新的信息 | 寻找、筛选信息 | 记录和汇总各种信息，用不同的版本识别合适的信息源，依据标准搜寻、分析信息，选择与目的、工作任务相关的信息 |
| | | 探索、开发信息 | 能记录、汇总各类信息，用不同版本、格式开发信息，探索和完成学习活动相关的信息，开发文本、图像和数字形式的信息，导出新的信息 |
| | | 呈现信息 | 精心选择、科学安排，提供综合的信息，信息呈现需具有连贯性、一致性，开发适合自己目的和任务呈现方式的不同的信息类型，准确、无误、科学、安全地保存信息 |
| | 三级水平——用不同的资源收集、筛选信息，探索、开发、交流信息，派生、呈现新信息 | 计划和筛选信息 | 设计真实和复杂的活动，将其分解为系列任务，比较来自不同方面信息的优点和局限性，选择最具相关性的信息，采用得当的技术搜寻信息，如数据库咨询技术、互联网搜索引擎、多元标准等，依据与学习活动的相关程度进行取舍，判断质量的优次 |
| | | 开发信息 | 借助自动化的程序，连贯一致地综合各类信息，调整信息的结构和程序，开发文本的、数字的、图像的信息，设计、改变咨询的思路，评价来源不同的信息，借助一定的设施、设备计算结果或推导结果，派生出新的信息 |
| | | 呈现信息 | 制定呈现信息的程序，广泛接纳别人的观点，进一步提高文本、数字、图像信息的质量，提供的信息既需表明意图又能满足听众，确保呈现活动准确且赋有意义 |
| 改善学习与成绩 | 一级水平——计划、评价学习和行为，努力改善自学与自做 | 明确目标 | 与自己认为合适的人一起制定学习目标，确保目标是自己可期望的，清楚实现学习目标的方法与路径，确定由谁来评价自己的进步，何时评价、怎样评价 |
| | | 执行计划 | 依据行动要点，及时完成任务，借助别人的帮助，为实现目标助一臂之力，采取不同的学习方法参加实际的活动，根据指导者的建议做出改进或调整 |
| | 二级水平——计划和评价学习，进一步改善行为，评价自己的进步 | 有帮助地制定计划 | 提供准确的信息，以便制定几周内能达到的实际的目标，举例说明自己以前所做的工作、取得的成绩，今后希望达到的目标，明确自己需要的帮助 |
| | | 实施计划 | 利用行动要点安排好实践，及时调整计划，选择恰当的提出求助的时机，并借助帮助达到目标，选用不同的学习方法，依托依附式的指导 |
| | | 评价进步和成绩 | 了解自己已经学习了什么，是如何学习的，提高成功与否的信心，认识已经达到的目标，用证据说明自己的成绩，提出进一步改进行为的方法 |

续表3

| 改善学习与成绩 | 三级水平——认定目标，实施计划，寻求别人的反馈和帮助，并为自己的成绩提供确定的证明 | 认定目标 | 利用各种信息源识别实现自己预期目标的途径；分析、概括影响计划实施的因素，认定目标的可测量性。预先估计可能出现的问题，明确其他的行动方案 |
|---|---|---|---|
| | | 实施计划 | 为达成目标，知道需要优先采取一些什么样的行动，客服一切困难，在规定的时间内完成任务，根据实际情况及时调整实施计划。接纳并积极运用来自有关方面的反馈和支持，用适合于不同学习类型的方法和适应新需求的方法 |
| | | 评价进步和成绩 | 介绍自己学习和行动的质量，包括内容、方法等方面，概述影响学习结果的因素，认识已经实现的目标，从相关资料中获取信息，为自己的成绩提供证明。提出自己的观点，倾听别人的评价，对今后如何进一步自学与自做取得一致的看法 |
| 解决问题 | 一级水平——在该级水平，每个问题的解决不需要很多的方法，学生可以得到明确的指导 | 确定问题，选择方法 | 与自己认为合适的人一起检查对所给的问题是否清楚，知道在解决问题的过程中，若成功了如何给予说明，了解处理问题的不同方法 |
| | | 制定计划，尝试不同的方法 | 就自己的选择听取有经验者的意见，如是否有必要重新选择，制定行动计划、实施计划，在此过程中重视别人的意见及建议，寻得他人的帮助 |
| | 二级水平——识别问题，提出解决方案 | 明确问题和可选方案 | 辨别是否存在问题，描述其特征。了解如何知道问题已经得到解决，提出处理问题的不同方法，判断哪一种方法有可能成功 |
| | | 计划和尝试各种可能 | 就自己的选择，听取前辈的或有经验者的建议，如有必要，可重新进行选择，制定行动计划，组织和实施相关的任务，根据具体情况及时调整计划 |
| | | 检查结果 | 理解采取的检查问题解决的方法，解释处理问题各步骤的策略，说明解决问题过程中，所采取的方法有何利弊，确定今后遇到相同或类似问题的解决方法 |
| | 三级水平——探索问题，比较解决问题的不同方法和选择策略，计划和实施。运用认定的方法检查已经解决的问题，评价处理问题的能力 | | |
| 与他人合作 | 一级水平——理解合作的目标，成功地进行简单的一对一或在群体中的合作。了解并妥善安排计划 | 计划、明确安排 | 清楚共同合作的目标，明确达成目标所需完成的任务、条件、时间，交换信息，细化责任；提出自己能给予的帮助或发挥的作用，询问别人的意愿，明确各自的职责，使合作伙伴明确自己的工作安排 |
| | | 共同合作达到一致的目标 | 组织好所需完成的任务，有效地履行自己的职责，包括获取完成工作任务的时间、条件、工具、材料以及必要的帮助，以按时完成工作。运用合适的工作方法帮助自己达到工作任务所规定的质量，优先采用合作式的工作方法 |
| | | 交换信息 | 及时提供相关的信息，表明合作过程中的成功与不成功的地方，分析自己工作的质量，倾听别人的合理化建议或意见，给予及时的反馈，就如何改善合作关系达成共识，推动既定工作目标的达成 |

续表4

| 与他人合作 | 二级水平——与他人合作达成一致的目标，成功地进行复杂的一对一或在群体中的合作 | 制定良好的计划 | 提出自己的建议，表明自己倾听别人的见解，以便大家在合作中达成共识，明确上述目标达成所需的时间、条件和活动，明确各自的职责，与合作伙伴协商制定最佳的工作方案 |
|---|---|---|---|
| | | 共同合作达成一致的目标 | 有效地、高质量地履行职责，完成任务，并建立和始终保持良好的工作关系，相互协商，就如何克服困难达成一致，广泛交换信息。合作过程中，经协商确定工作方案，以提高工作效率或工作积极性 |
| | | 评价已有的工作 | 共同分析成功的合作经验及目标的达成度，找出影响合作成效的因素，协商制定今后的改进措施 |

英国关于核心素养的界定具有明显的延续性，且与时代和社会发展紧密结合，以时代发展为导向，能够针对社会变化对教育提出要求，不断对核心素养的内容进行调整、补充和完善，使得核心素养内容极具时代性和前瞻性。同时，注重与职业发展的有效衔接，与学校课程改革密切相关，有利于推动核心素养向学校教育教学的渗透与推进，有利于推动社会发展。此外，英国核心素养关注不同年龄段学生特点，据此对不同年龄段的学生提出不同要求与标准，尊重个人成长规律，体现出核心素养的共性与个性，以及科学性和针对性等特征，有助于人的全面发展。

**六、日本对核心素养的界定**

在自然资源逐渐枯竭、环境恶化、老龄化等问题日益突出的今天，为应对全球性挑战、人格培养、继承和发扬传统文化、创新文化主体等诸多挑战，日本国立教育研究所也提出了"21世纪型能力"的框架（2013年）：从作为"生存能力"的智、德、体所构成的素质与能力出发，要求凝练"学科素养"与能力的同时，以"思考力"为核心，与支撑思考力的"基础力"（语言力、数理力、信息力）以及运用知识技能的"实践力"构成三层结构。日本内阁府、福利劳工部、经济产业部、文化教育部分别从各自的角度对人才的核心素养进行了研究，确定了公民与大学生素养指标体系（见表1-2-7日本公民素养和大学生素养指标体系）。

表1-2-7　日本公民素养和大学生素养指标体系

| 完整的人（内阁府 H15） | | 职业素养（福利劳工部 H16） | | 公民素养（经济产业部 H18） | | 大学生素养（文化教育部 H20） | |
|---|---|---|---|---|---|---|---|
| 知识素养 | 基础学力 | 沟通能力 | 理解沟通 | 行动力 | 主体性 | 知识基础 | 理解各科知识 |
| | 专业知识与技术 | | 协调性 | | 号召力 | | 沟通技能 |
| | 专业发展 | | 自我表现 | | 执行力 | 一般技能 | 量化技能 |
| | 逻辑思考力 | 职业意识 | 责任感 | 思考力 | 发现问题 | | 信息 |

**续表**

| 完整的人<br>（内阁府 H15） | | 职业素养<br>（福利劳工部 H16） | | 公民素养<br>（经济产业部 H18） | 大学生素养<br>（文化教育部 H20） | |
|---|---|---|---|---|---|---|
| 知识素养 | 创造力 | 职业意识 | 上进心 | 计划能力 | 一般技能 | 逻辑思考力 |
| | 交流表达能力 | | 勤劳观 | 创造力 | | 问题解决能力 |
| 社会与人际关系素养 | 同理心 | 基础学力 | 读、算 | 表达能力 | 态度倾向 | 自我管理、伦理观 |
| | 规范意识 | | 社会常识 | 会倾听 | | 合作 |
| | 尊重他人 | 职业规范 | 职业礼仪 | 团队协作力 | 灵活性 | 社会责任感 |
| 自我管理素养 | 积极性 | 获得资格 | ICT 技术资格 | 理解力 | | 生涯学习力 |
| | 意志力 | | 工商管理资格 | 规律性 | 综合学习经验与创造力 | 生涯学习力 |
| | 自我生存能力追求成功的能力 | | 语言资格 | 抗压力 | | 综合运用所学知识确立问题与解决 |

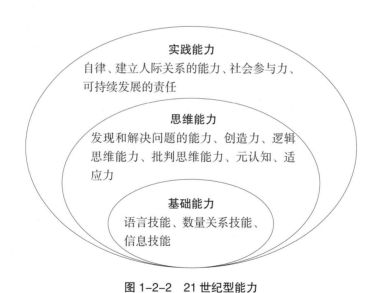

图 1-2-2　21 世纪型能力

在此基础上，日本还基于社会变化的特征和国际发展情况，以及日本的教育政策变化，提出了必须具备的"能在 21 世纪生存下去"的能力，即 21 世纪的生存能力，被命名为"21 世纪型能力"，具体结构如图 1-2-2 所示。

其中思维能力居于 21 世纪型能力的核心地位，由发现和解决问题的能力、创造力、逻辑思维能力、批判思维能力、元认知、适应力等构成。而支撑思维能力的则是包括语言技能、数量关系技能、信息技能的基础能力，它能有效弥补之前一直强调的"读、写、算"能力的不足，以更加适应21世纪社会发展的需求。实践能力包含自律、建立人际关系的能力、社会参与力、可持续发展的责任等，它引导和限定了思维能力发挥作用。日本"21世纪型能力"的界定既反映了国际"核心素养"研究的走向，也体现了其独树一帜的"学力模型"研究的积累，尤其是其采用的案例分析法，值得我们在今后落实和推进核心素养的构成中加以学习和借鉴。日本的"学力"一般界定为"通过学习获得的能力"或"作为学业成就表现出来的能力"，作为教育科学界定的"学力"概念。强调了如下几点：

（1）"学力"是人通过后天的学习而获得的。

（2）构成"学力"的媒介是借助重建了人类与民族的文化遗产（科学、技术、艺术的体系）的"学科"与"教材"；借助有意图、有计划、有系统的教学活动，从而获得的人的能力及其特性。

（3）作为人类能力的"学力"是同学习者的主体、内在条件不可分割的；是在人类诸多能力及特性整体发展的有机关联中形成起来的。

（4）"学力"是在其客体侧面（作为学习对象的教学内容）与主体侧面（学习主体的兴趣、动机、意志等）的交互作用中，以其"能动的力量"，作为主体性、实践性的人的能力而形成的。

日本对于核心素养的研究，其特征较为显著。一是将核心素养研究作为课程编制的原理，使得核心素养和课程、教学建立了直接联系，有效推动了教育教学改革。二是重视实践经验，通过案例分析有效推进核心素养指标体系及对课程的开发和建设，为核心素养的研究奠定了坚实的实践基础。三是，根据各年龄段的特点设立核心素养目标，以核心素养作为不同教育阶段的教育目标，推进核心素养与各阶段课程的有效衔接，更切合实际，有助于推动课程改革，并使得核心素养得到切实的落实。

**七、核心素养的国际比较**

从以上分析可以看出，在21世纪社会经济与科技信息发展的推动下，世界不同国家、地区、国际组织和专业机构在构建核心素养体系时，因受到本土历史文化特色、道德及价值观念的影响，其具体内容、指标体系和建构方式存在着一定的差异性，但是所提出的核心素养却有许多共通之处，呈现出较为明显的国际化趋势。概括来说，学生核心素养培育的思想基础是"人的全面发展"，具体诠释学生经历教育后必须拥有怎样的基本素养和能力，成为怎样的人才。核心素养的内容包括知识、能力、情感等多方面，如国际上重视的语言交往、信息处理、问题解决、社会合作、创新意识等素养，都是学生获得知识、习得能力、发展情感后相互融合的产物。核心素养以三维整合的方式呈现，侧重学生的生存能力和人文素养，有较强的综合性和实践性。总之，核心素养是个体适应社会需要、获得全面发展、提高生存能力的必备素养，是满足终身学习的基本条件，是提升国民素质的重要保障。

荷兰学者沃格特（Joke Voogt）等人在对世界上著名的核心素养框架进行比较分析以后，得出如下结论：（1）所有框架共同倡导的核心素养有四个，即协作、交往素养，信息通信技术素养，社会和（或）文化技能素养，公民素养；（2）大多数框架倡导的核心素养是另外四个，即创造性、批判性思维、问题解决、开发高质量产品的能力或生产性。

这八大素养是人类在信息时代的共同追求，可称为"世界共同核心素养"。它们同时关注认知性素养和非认知性素养，体现了知识社会的新要求。我们倘若对它们做进一步提炼，可化约为四大素养，即协作、交往、创造性、批判性思维，由此构成享誉世界的"21世纪4Cs"。其中，前两者属非认知性素养，后两者属认知性素养。这也呼应了列维和莫奈提出的"复杂交往"与"专家思维"两大核心素养。

世界共同核心素养即世界对信息时代人的发展目标的共同追求，体现了世界教育的发展趋势。我国要构建自己的核心素养体系和信息时代教育，必须顺应此趋势。在价值取向上，要关注个人发展、社会发展与国家发展相统一；在内容维度上，要兼顾传统基本素养与现代关键素养，以顺应时代发展要求，同时又彰显本国历史文化特色和价值追求；在指标命名与内涵界定方面，要坚持实践取向与行为结果描述相结合。

# 第三节 核心素养概念的内涵

## 一、核心素养概念的定义

综合世界各个国家和地区及国际组织对核心素养概念的界定，同时考虑不同学科维度，以及我国教育教学改革和人才培育的实际需求，可以将其界定为：核心素养是指学生借助学校教育所形成的解决问题的素养与能力。它是关于学习者知识、技能、情感、态度、价值观等多方面要求的综合体；它指向过程，关注学习者在其培养过程中的体验和思考，而非单纯的结果导向；同时，核心素养兼具稳定性和开放性、发展性，是一个伴随终身可持续发展、与时俱进的动态的、持续优化的过程，是个体能够适应未来社会、促进终身学习、实现全面发展的最为基础的保障和前提条件。此外，核心素养不仅能促进个体更好地发展，更为重要的是它还有助于形成良性社会，促进社会有序发展。

第一，核心素养是高级能力与人性能力。所谓"高级能力"是人面对复杂问题情境时做出明智而富有创造性的判断、决策和行动能力，即列维和莫奈所谓的"专家思维"，像专家一样去思考。知识记忆能力、技能熟练操作等机器能替代的能力均不在"高级能力"之列。所谓"人性能力"，即建立在人性、情感、道德与责任基础上的能力。素养作为能力，是道德的、负责任的。"人性能力"便包括"道德"。有素养的人，不仅是有创造性的人，而且是对其行为负责任的人。一如 OECD 对核心素养的规定之一：对个体和社会产生有价值的结果。因此，制造大规模杀伤性武器的能力不属于素养或核心素养的范畴。

第二，核心素养的"时代性"意指它是应信息时代需要而诞生的"新能力"。21 世纪的社会不同于农业社会和工业社会，而是以知识经济、信息化、全球化为特征的新社会，其更加复杂，变化更快，不确定性更大，要求劳动力有更强的适应变化的能力、解决复杂问题的能力、交流与合作的能力以及使用现代信息技术的能力。核心素养即是在此背景下提出来的。用欧盟的说法，它是"新基本技能"。

第三，核心素养是 21 世纪的关键少数素养，不是全面素养或者综合素养。顾名思义，核心素养是指"关键的""必要的""重要的"的素养，是居于核心地位的关键少数素养，具有综合性、跨领域性和复杂性等特征。"综合性"意指它是知识与技能、过程与方法、情感态度与价值观"三维目标"化为一体的整体表现。"跨领域性"指核心素养具有超越学科边界的跨学科性，又指其应用于不同情境的可迁移性，还指其连接学科知识与生活世界（真实情境）的"可连接性"。核心素养的"复杂性"既指其立足复杂情境、满足复杂需要的特性，又指其为复杂的、高级的心智能力，即"心智的复杂性"。因此，核心素养需要在素养中进行遴选。

第四，核心素养是高级素养或者高阶素养，不同于基础素养。基础素养是指人们在日常生活、学习、工作中所需要的基本素养，包括基础性的知识技能如基本的"读、写、算"素养，以及基本的行为规范要求，如遵守交通规则，遵守社会公德，遵守法律、秩序和规则，具有一定的文化素养等。但是在以信息经济、低碳经济等为主导的现代社会背景下，只具备这些基本素养已经不能适应经济社会发展变化的需要，人才培养需要重视核心素养。欧盟的一份研究报告指出，对于成功的成人生活而言，掌握"读、写、算"只是"一个必要但不充分的条件"。美国特别强调四个"超级核心素养"，即创新能力、批判性思维、合作能力、交流能力（4Cs），以超越传统的读写算（3Rs）这一基本素养目标。核心素养本质上是在一个不确定的复杂情境中解决复杂问题的能力，涉及逻辑思维、分析、综合、推理、演绎、归纳和假设等高阶素养[4]，也涉及自主自觉的行动、错综复杂的沟通交流，"这些都是具有高层次水准心智复杂性的展现"[5]。从这个意义上看，核心素养是 21 世纪个人终身发展和适应社会发展所需要的高级素养。"应试教育"所培养的应试能力，也是一种素养，但绝非高级素养，因为这种能力以"简单记忆""机械记忆"为中心，而不是以"高阶思维"为重心。虽然核心素养凸显了团队合作、自我管理等非认知素养的重要性，但这并不意味着认知素养重要性的下降，反而对认知素养的要求越来越高。因为简单的低阶认知素养已经被计算机所替代，但分析、批判、创新等高阶认知素养计算机目前还无法完全取代。因此，未来教育应将重心转向高阶认知素养和各种非认知素养的培育上。[6]

实际上，核心素养与基础素养虽然层次不同，但都属于人人都需要具备的共同素养。基础素养是核心素养的基础，核心素养则是建立在基础素养基础上的，使个人在 21 世纪能够成功生活、能够适应并促进社会进步。[7]

第五，核心素养是人人都需要的高级共同素养，即面向全体国民的国民核心素养，不同于职业素养。核心素养不是人的素养的全部，只是素养中的一部分。人需要具备两类素养：一类是人人都需要具备的共同素养，一类是从事某种具体职业需要具备的专门素养（或称职业素养、专业素养）。2015 年，联合国教科文组织发布《反思教育》报告，提出所有青年都要具备三类素养。一是基础素养，主要指日常生活所需的素养，如基本的读写算、遵守交通规则、不随地吐痰、不乱丢垃圾等。二是可迁移素养，指可以迁移和适应不同工作需求及环境的素养，包括"分析问题，找到适当的解决办法，有效地交流思想和信息，具有创造力，体现出领导能力和责任感，以及展示出创业能力"[8]。三是职业素养，是指特定职业所需的专门性素养，如医生、建筑师、会计师、教师等特定职业都具有不同的职业要求与专业标准，相互之间有很大差别，不可彼此替代。此处的基础素养和可迁移素养属于人人都要具备的共同素养，职业素养则属于专门素养。其中，可迁移素养即为核心素养，它超越于某一具体的职业领域，是不同行业的从业人员都应该具备的素养。核心素养并不否定其他素养的重要性，不企图取代其他特定领域所需的特定素养或职业素养。在就业竞争加剧、职业变换加快的 21 世纪，一个人只具备基础素养和职业素养是不够的，必须具有可迁移素养。可迁移素养实为职业适应素养，它可以大大提升一个人在劳动力市场的适应能力。正是在此意义上，核心素养也被称为共同性素养、跨界素养、非学科素养，此处的跨界不是说这些素养是不同学科"之中""之间"的共同要素，而是指超越各学科"之上""之外"，可以用于其他社会场域和职业领域的素养。这种素养具有可迁移性和灵活性，是一个人在急剧变化的环境中成功行动的无价之宝，这些素养主要包括沟通、问题解决、理性思维、领导力、创新、主动性、团队合作、学习能力等。[9]核心素养并不只是学生才需具有的素养，而是 21 世纪人人都需要的高级共同素养，即全民的国民核心素养。可以说，核心素养是适用于一切情境、一切人的 21 世纪素养，是关键少数高级行为素养。因此，培育核心素养，不仅是各级各类教育的重要目标，也是一个人一生一世的事情；它不是对应于某一个或某几个教育阶段，而是对应于一个人"从出生到坟墓"的所有阶段。可以说，培育核心素养，既是教育工程，也是社会工程，不仅教育要为此做出贡献，而且 21 世纪社会的制度安排与文化建设，都应该为此做出贡献。

### 二、核心素养概念的解析

核心素养是学生在接受相应学段的教育过程中，逐步形成的适应个人终身发展和社会发展需要的必备品格与关键能力。这一概念具有下列特性，在解析时应加以注意。

在目标上，核心素养的概念指向的是对"教育应培养什么样的人"这一问题的回答。由于它的范畴超越了行为主义层面的能力，涵盖态度、知识与能力等方面，因此体现了全人教育的理念，契合我国传统文化中"教人成人"或"成人之学"的特色育人观，与"促进人的全面发展、适应社会需要"的教育质量根本标准一致，有利于在实际教育教学工作中培养德智体美全面发展的社会主义建设者和接班人，完成"立德树人"的教育工作根本任务。

在性质上，核心素养是所有学生应具有的共同素养，是最关键、最必要的共同素养。每个人在终身发展中都需要许多素养，以应对各种生活的需要，这些所有人都需要的共同素养可以分为核心素养，以及由核心素养延伸出来的其他素养，其中最关键、最必要且居于核心地位的素养就称之为核心素养。核心素养代表了个体普遍应达到的共同必要素养，代表应该达成的最低共同要求，是每个个体都必须学会并获得的不可或缺的素养。

在内容上，核心素养是知识、技能和态度等的综合表现。"素养"一词的含义比"知识"和"技能"更加宽广。核心素养不仅仅是知识技能，更重要的是情感、态度、知识、技能的综合表现。这一超越知识和技能的内涵，可以矫正过去重知识、轻能力、忽略情感态度与价值观的教育偏失，更加完善和系统地反映教育目标和素质教育理念。

在功能上，核心素养同时具有个人价值和社会价值。"素养"一词的功能超出了"职业"和"学校"的范畴，核心素养的获得可以使学生升学或更好地进行未来的工作，但是素养的功能不仅仅包括升学和就业，素养的获得是为了使学生能够发展成为更为健全的个体，能够更好地适应未来社会的发展变化，为终身学习、终身发展打下良好的基础，并且能够达到促进社会良好运行的目的。

在培养上，核心素养是在先天遗传的基础上，综合后天环境的影响而获得的，可以通过接受教育来形成和发展。培养的过程侧重学生的自主探究和自我体验，更多地依靠学生自身在实践中的摸索、积累和体悟，是个体认知与元认知建构的过程，是在外界引导下的自我发展、自我超越、自我升华的过程。

在评估上，核心素养需结合定性与定量的测评指标进行综合评价。核心素养具有可教、可学的外显部分，同时也存在无声、无形但可感、可知的内隐部分。前者能够在特定的情境下通过一定的方式表现出来，因此能够有效地对其进行定量的测评；而后者则偏向于一种潜移默化的隐性渗透过程，需以定性、形成性评价的方式进行评估，强调对核心素养形成过程的高度关注，关注个体在此过程中的感受与体悟。

在架构上，核心素养应兼顾个体与文化学习、社会参与和自我发展的关系。各国在核心素养选取时都涉及文化学习领域、个体自我发展领域和社会参与互动领域。这三大领域具有较大的普遍性与概括性，反映了个体与自我、社会和文化的关系。

在发展上，核心素养具有终身发展性，也具有阶段性。核心素养是所有人都应该具备的素养，每个人都需要不断发展，但其形成不是一蹴而就的，具有终身的连续性。最初在学校中培养，随后在一生中不断发展完善。另一方面，核心素养发展的连续性并不否认其表现出一定的阶段性特点。核心素养在个体不同人生阶段中的着重点有所不同，不同教育阶段（小学、初中、高中、大学等）对某些核心素养的培养也存在不同的敏感性，即一些核心素养在特定的教育阶段可能更容易取得良好的培养效果，这为核心素养的培养提供了有利条件。

在作用发挥上，核心素养的作用发挥具有整合性。核心素养的整体特性不仅决定了其学习获得具有系统性，也决定了它们可以在实践应用中相互交叉与整合，共同发挥价值。这对于教育教学的启示是，核心素养的功能是整合性的，每个核心素养都具有独特的重要价值，不存在孰轻孰重的问题，需要基于情境进行整合性的作用发挥，不能单独地进行价值比较。

### 三、核心素养概念在教育中的定位

核心素养是个人终身发展、融入主流社会和充分就业所必需的素养的集合。核心素养聚焦"全面发展的人"，而学生发展核心素养指"学生应具备的、能够适应终身发展和社会发展需要的必备品格和关键能力"，其中的关键词是"素养""品格""关键能力"。经济合作与发展组织（OECD）之所以最早提出"素养"一词，其动机在于"所有OECD成员国均对民主价值观的重要性和实现可持续发展达成共识"，并将其简洁界定为：素养是在特定情境中、通过利用和调动心理社会资源（包括技能和态度），以满足复杂需要的能力。欧盟将"素养"界定为"素养是适用于特定情境的知识、技能和态度的综合"。这里的"情境"主要指个人情境、社会情境和职业情境。钟启泉认为，"核心素养研究从其发展趋势看，大体涉及'人格构成及其发展''学力模型'和'学校愿景'研究三大领域"；张华认为，"素养是一种以创造与责任为核心的高级心智能力"，"将认知性素养和非认知性素养同时关注，体现了知识社会的新要求"。

参照经济合作与发展组织、联合国教科文组织、欧盟以及美国等国家提出的"key competences"，结合我国基础教育改革发展实际，我们可以把核心素养理解为后天习得的、与特定情境有关的，以及通过人的行为所表现出来的知识、能力和态度，综合表现为学识特征、能力特征、品质特征，涉及人与社会、人与自己、人与工具。而学生的核心素养则是对党和国家的宏观教育目标的解读与落实，是连接宏观教育理念、教育目标和具体学科的教育内容、教学方式的中介环节，是对党的教育方针政策、国家总体教育目标的具体解读。中国学生发展核心素养的三个方面（即文化基础、自主发展、社会参与）、六大素养综合表现（即人文底蕴、科学精神、学会学习、健康生活、责任担当、实践创新），以及具体细化的国家认同等十八个基本要点，不仅涵盖了课程标准所涉及的认知、情感、意志及过程方法的要求，而且将人格发展纳入其中，不仅将当今信息社会所必需的"学会学习"等关键能力凸现出来，而且将"必备品格"纳入其中，关注道德创造，继承中国传统文化的精髓，在继承中发展，在传承中创新。

从"学科为本""知识为本"到"过程为本"，到今天的"核心素养为本"，中国教育发展致力于"回答培养什么样的人"。如今将教育目标设定为帮助学生获得核心素养，明确了教育就是为了使学生能够发展成为更加健全的个体，能够更好地适应未来社会的发展变化，为终身学习和终身发展打下良好的基础，并且能够达到促进社会良好运行的目的。在具体的实施过程中，对核心素养的定位可以从将其作为修订课程方案的指导、作为修改和完善课标的指导和作为考试改革的指导三个方面入手，以确保在教育的过程中关注学生基础知识学习积累的同时，重视信息搜集、综合分析与应用、问题解决、过程性体验与态度形成等综合能力、综合素养的培养，为落实教育"立德树人"根本任务提供重要保障。

# 第四节　核心素养的特征与价值

理解核心素养的本质，重在把握其内在特征与价值。

## 一、核心素养的特征

### （一）关键性和迁移性

"素养"一词的内涵丰富，覆盖面广，在教育的过程中不可能面面俱到，相反，我们需要有所取舍，才能切实发挥教育的功能。"核心素养"是个体适应未来社会生活和终身发展所必须具备的关键素养，是一般素养的精髓和灵魂，所以其首要的特征就应该是关键性或必备性。也就是说核心素养对于个体而言是不可或缺的，对于个体和社会的发展都具有关键性作用。此外，核心素养不只适用于特定情境、特定学科或特定人群，而是适用于所有情境，具有迁移性，是每个个体适应21世纪经济社会发展的必备素养。就学生而言，核心素养是在其学习过程中逐步培养起来的包括知识、能力、情感态度和价值观为一体的综合素养。例如，现代数学知识相当丰富，高中数学课程中选择空间几何的数学知识，让学生在学习的过程中建立形与数的联系，利用集合图形描述问题，运用空间想象认识事物，从而培养其直观想象的素养，提升能力，运用所学知识在具体情境中感悟事物的本质，满足学生的生活和生存需要，这体现了对数学知识的取舍，也是所有21世纪现代公民应该具备的基础素养因此也成为数学素养中的关键素养。

（二）广泛性和融合性

核心素养的内涵比"能力""技能"等更加广泛，它是知识、能力、情感、态度以及价值观的统一体，不仅包含学生的认知发展，还包括学生的非认知发展。如我国针对学生提出的核心素养包含人文底蕴、科学精神、学会学习、健康生活、责任担当、实践创新，从具体要求上看，即重视学生的知识积累、技能发展，又重视其品性修养、态度养成和情感发展。这一提法已经远远超越了传统教育中的知识和技能的内涵，将其作为教育目标，并通过各门课程目标加以细化，可以矫正传统教育只重知识、轻视能力、忽略情感态度与价值观的不足及缺陷，更加契合21世纪社会发展对于教育提出的要求，有助于培养全面发展的合格人才，为未来社会发展提供重要的智力与人才支撑。此外，核心素养并不指向某一特定学科，而是指向跨越学科的适合个体发展和适应未来生活与发展所必需的综合素养，是学生在学科教育过程中获得的具有学科融合性的通用素养。例如，伴随着信息技术的迅猛发展及其向经济、社会、文化等各个领域的渗透，社会结构、社会生活发生了巨大的改变，使得信息或数字素养成为每个个体适应社会、顺应发展不可或缺的素养之一，得到了各个国家的高度重视，成为各个国家核心素养框架中的必备内容。再比如，随着国际竞争日趋激烈，具有创造性或创新型思维的人才成为各个国家竞相争夺的焦点和关键，如何培养创新型人才成为各个国家教育必须应对的挑战和必须回应的时代之问，亦是核心素养的应有之义。实际上，无论是信息素养，还是创新素养的培育，是每个学科课程共同的价值追求，是21世纪教育需要直面的最为核心的问题，从这方面也充分体现了核心素养要求的广泛性和融合性的特征。

### （三）个体性和时代性

核心素养具备普遍性的同时表现出个性化的特征，如"个性修养、自主发展"等内容是学生共同发展、普遍发展中的个性发展，具备一定的自我性和排他性，能够弥补现有教育内容的缺失。同时，核心素养总是在特定的情境和现实需求中反映出来的，要回应时代要求，通过不同教育阶段的长期培养才能得以实现，因而具有一定的时代性和生长性的显著特征：在纵向发展上看，核心素养的获得不是一蹴而就的，它需要一个循序渐进，不断积累、优化的较长过程，因此需要持续的培养；横向上看，核心素养是学生进入社会后能够不断延伸、拓展和生长的开放体系，服务于个体终身发展的需要，随着个体社会经验的不断丰富、发展需求多样化的发展，素养的内涵会得到进一步的充实和完善。例如，数学在形成人的理性思维、科学精神和促进个人智力发展的过程中发挥着不可替代的作用。数学素养是现代社会每一个人应该具备的基本素养。因此，在数学教育中就是要提升学生的数学素养，引导学生会用数学眼光观察世界，会用数学思维思考世界，会用数学语言表达世界；促进学生思维能力、实践能力和创新意识的发展，探寻事物变化规律，增强社会责任感；在学生形成正确人生观、价值观、世界观等方面发挥数学学科的独特作用。在具体的教学实践中，数学素养会随着学生在实践中对于数学知识的运用而更加复杂多变，表现出来的就是核心素养的纵向和横向上的生长特性。

## 二、核心素养的价值

核心素养提出的根本目的是落实我国的教育宗旨，提升国民综合素质。通过国际比较，我们发现核心素养的内涵已经表现出较高的国际化趋势，且有共同的价值取向。

### （一）适应社会发展与技术进步

教育通过培养人才来促进社会发展，反过来，社会的发展与进步也必然带来教育变革。因此，国家层面的教育决策要符合社会需求，体现时代发展对人才培养的要求。国际教育核心素养体系中重点关注信息素养、科学技术素养、创新素养等内容，反映出知识经济时代的发展动态，体现出科学技术进步对人才素质的新要求。而我国核心素养的提出正是在国际趋势下，聚焦人才培养的创新模式，顺应时代的要求，使得我们培养的人在创新精神、实践能力、社会责任感等方面都能有显著的提升。

### （二）关注全面发展与终身发展

全面发展与终身发展是素质教育的根本宗旨，是各国制定核心素养的基本价值取向。国际组织及世界各国对核心素养的遴选都涉及学生全面发展及终身发展所需要的知识、技能、态度和价值观等方面，如学会学习、语言交往能力、问题解决能力、合作能力、数学素养、表达能力等，这些素养关乎学生的自我发展、社会价值及个人竞争力，关乎适应现在及未来社会发展的素质。

（三）重视生活品质与生存质量

核心素养就像是房屋的地基，其稳固程度决定了楼房的高度与坚韧度，而核心素养的培育对人的终身发展具有重要的导向作用，关乎个体的生活品质和生存质量。当前国际上的核心素养体系，除了生存必备的能力之外，还涉及文化意识、环境研究、个体职业发展、生活规划、管理与解决冲突等，这些指标体系涵盖学生的个人品质、文化素养和精神境界，影响着他们与社会、自然的相处和互动方式，也决定着日常生活的品位和品质，真正体现着以人为本的教育思想。

**三、核心素养的中国立场**

我国对于核心素养的关注是顺应了国际社会发展趋势、党的教育方针落实和素质教育改革发展需求。

首先，核心素养框架的设定反映了国际社会发展和我国国民素质整体提升的诉求。党的十九大报告在描绘"两个一百年"奋斗目标时明确指出，"到建党一百年时建成经济更加发展、民主更加健全、科教更加进步、文化更加繁荣、社会更加和谐、人民生活更加殷实的小康社会"，"从 2035 年到本世纪中叶，在基本实现现代化的基础上，再奋斗 15 年，把我国建成富强、民主、文明、和谐、美丽的社会主义现代化强国"。在新的国际国内背景下，提升国民素质、培养创新人才成为中国教育的重要使命，也是中国教育现代化的主旨性要求。核心素养是 21 世纪现代人、人的现代性的具体表现，自然也是 21 世纪中国全体国民的核心素养。具体来说，就是要有"创新能力""批判性思维""公民素养""合作与交流能力""自主发展能力""信息素养"这六种核心素养。所谓"创新能力"，就是创新精神的外在行为表现，包括能突破常规，提出新想法、新创意的能力；能与他人合作不断修正和完善自己新想法或新创意的能力；能将想法付诸行动的能力；能不断总结经验，长期坚持，最终达到目的的能力；能够为他人或社会创新提供支持条件的能力。"批判性思维"就是运用科学方法、理性思维，发现、分析、解决问题的素养，是科学精神的集中体现，是高级思维素养，是适应 21 世纪发展的必备的核心素养之一。"公民素养"就是要学习和遵守法律，维护法律尊严，依法维护自己与他人的权利；积极参与社会公共事务，履行公民义务，承担社会责任，维护公共利益；自觉维护国家主权、尊严和利益；尊重世界多元文化的多样性和差异性，积极参与跨文化交流与国际交流。"合作与交流素养"是合作精神的外在行为表现，就是能够运用口头、书面和其他方式（如肢体语言）进行沟通，清晰明确地表达自己的观点，认真聆听并理解他人的观点；与他人建立良好的关系，尊重、包容他人（本国或者他国）思想观点和价值观的多样性；能够进行交流合作,随时改进以达到最终目标。"自主发展素养"是主体性(积极性、自主性、创造性)的外在行为表现,包括自尊自信,能正确认识和评价自己;能适应不同的角色和工作,做好时间和目标管理,能自主学习、终身学习,持续改进学习方式,有效解决各类问题;具有应对挫折困难的意志品质。"信息素养"是信息化时代技术素养的集中体现,包括获取、甄别、存储、使用信息的能力,是 21 世纪社会交流的必备素养。

以上六种核心素养反映了国际国内社会发展的客观要求和对国民整体素质提升的需要,也为我国教育教学改革提供了更为明确的目标和发展方向。

其次,核心素养是党的教育方针总体要求的具体化和细化。教育方针是国家或政党在一定历史阶段提出的有关教育工作的总的方向和总指针,是教育基本政策的总概括。它是确定教育事业发展方向,指导整个教育事业发展的战略原则和行动纲领。内容包括教育的性质、地位、目的和基本途径等。党的教育方针从宏观上界定了我国教育的培养目标,核心素养是党的教育目标的具体体现,是连接宏观教育理念、培养目标、课程与教学目标的关键环节,也是建构科学教育质量评价体系、提升教育质量、落实教育问责的重要基础和主要依据。党的十八大报告指出,我国的教育方针是"坚持教育为社会主义现代化建设服务、为人民服务,把立德树人作为教育的根本任务,全面实施素质教育,培养德智体美全面发展的社会主义建设者和接班人,努力办好人民满意的教育"。对于我们的人才培养具有重要的指导意义。但是这些方针政策是宏观的,要落实到具体的教育教学过程中,还需要进一步细化、具体化和系统化,将教育方针切实转化为学生应该具备的、适应终身发展和社会发展需要的素养要求,贯穿到整个教育过程,有效融入各个学科、各个学段,最后变成学生的核心素养。实际上,随着中国特色社会主义进程的不断推进,党制定的教育方针的内涵也会发生一定的改变,以适应经济社会发展的需要,为了更为精准地理解和落实党的教育方针,我们需要立足现实需要和我国国情,遵循人才成长规律,结合核心素养的要求,建构一套科学的、具有中国特色的、面向未来的科学的、具有前瞻性的核心素养指标体系,以回应"培养什么人,怎样培养人,为谁培养人"的时代之问。

当前,我国正在从人力资源大国向人力资源强国迈进,核心素养的提出对于培养高素质人才至关重要。2019 年,我国的学前教育毛入园率达到 83.4%,九年义务教育巩固率达到 94.8%,高中阶段教育毛入学率达到 89.5%,高等教育毛入学率达到 51.6%,实现了从大众化向普及化的历史性跨越。劳动年龄人口平均受教育年限达到 10.7 年,新增劳动力接受过高等教育的比例达到 50.9%、平均受教育年限达到 13.7 年,完成了教育大国、人力资源大国的崛起,正在加速向人力资源强国转变。要实现这个转变,核心素养的培养将发挥关键性作用。因为培养高素质人才本身就是核心素养的题中之义。中国学生发展核心素养，以科学性、时代性和民族性为基本原则，以培养"全面发展的人"为核心，分为文化基础、自主发展、社会参与三个方面。综合表现为人文底蕴、科学精神、学会学习、健康生活、责任担当、实践创新六大素养。毫无疑问，这六大核心素养的培养可以大大促进我国从人力资源大国向人力资源强国的转变。

再次，核心素养是推进我国素质教育改革发展的未来方向。关注"核心素养"的培育是目前世界各国基础教育理论研究和实践变革的重大趋势。对我国而言，探索基于核心素养的课程发展既是贯彻落实立德树人根本任务的必要路径，也是进一步深化我国教育课程改革所面临的挑战。核心素养研究体现了以"学生发展"为核心的教育视角的变化，是深化教育领域综合改革的迫切需要和必然趋势，也是对我国素质教育内涵的进一步解读与具体化，是全面深化教育改革的一个关键方面。从 20 世纪 80 年代开始，我国开始进行素质教育思想和实践的探索。1993 年，国务院颁发《中国教育改革与发展纲要》，明确指出中小学要从应试教育转向全面提高国民素质的轨道。1994 年 8 月，中共中央发布《中共中央关于进一步加强和改进学校德育工作的若干意见》，第一次正式使用"素质教育"的概念，并以此指导德育工作的开展，至此，我国的教育发展正式步入素质教育时代。1999 年 6 月，中共中央国务院印发的《关于深化教育改革全面推进素质教育的决定》中规定："实施素质教育，就是全面贯彻党的教育方针，以提高国民素质为根本宗旨，以培养学生的创新精神和实践能力为重点。"在政府主导下，素质教育在全国范围内铺开实施，给学校课程设置、教学实践方式带来了较大的影响，也为新一轮基础教育课程改革奠定基础。2001 年，教育部启动新一轮课程改革，以素质教育的宗旨与内涵为指导思想，进一步分析研究教育实践中存在的突出问题，旨在建立落实素质教育理念的教育课程体系，并以此为核心带动人才培养的一系列变革。十余年的课改实践，是素质教育取得突破性进展的关键阶段，使得课程建设、教材改革、教学创新等都取得了重大进步和发展。《国家中长期教育改革和发展规划纲要（2010—2020 年）》中将"坚持以人为本、推进素质教育"作为教育改革发展的战略主题，重点是面向全体学生、促进学生全面发展，着力提高学生服务国家人民的社会责任感、勇于探索的创新精神和善于解决问题的实践能力；同时要做到"坚持德育为先、坚持能力为重和坚持全面发展"。为了进一步提高国民综合素质，培养时代和社会发展所需的创新型人才，充分地发挥课程在人才培养中的核心地位，《意见》明确要求："教育部将组织研究提出各学段学生发展核心素养体系，明确学生应具备的适应终身发展和社会发展需要的必备品格和关键能力，突出强调个人修养、社会关爱、家国情怀，更加注重自主发展、合作参与、创新实践。"此文件为全面推进课程改革提出新要求、新指向，并从指导思想、基本原则、工作目标、主要任务给予新指示。至此，我们迎来了素质教育与课程改革发展的新阶段——核心素养的培育。

素质教育发展至今，已经硕果累累，得到教育界内外的普遍认可，但仍存在着诸多问题，如学生的总体发展水平不够高，可持续发展能力不够强，迫于升学压力，身心发展受到一定损害，学习能力、创新能力、生存能力、心理素质等不能完全适应社会经济变革的要求，不能很好满足国际竞争的需求等。因此，只有改变思路，才能突破教育改革的瓶颈。构建核心素养体系便是试图从顶层设计上解决这些难题。它的构建使学生发展的素养要求更加系统、更加连贯，重点要解决两个问题：一是把对学生德智体美全面发展总体要求和社会主义核心价值观的有关内容具体化、细化，转化为具体的品格和能力要求，进而贯穿到各学段，融合到各学科，最后体现在学生身上，深入回答"培养什么人、怎样培养人"的问题。二是为衡量学生全面发展状况提供评判依据，引导教育教学评价从单纯考查学生的基本知识和基本技能转向考查学生的综合素质。教育部基础教育二司司长郑富芝介绍：核心素养体系的构建，成为顺应国际教育改革趋势，增强国家核心竞争力，提升我国人才培养质量的关键环节。"核心素养"的界定是学校教育从"知识传递"转向"知识建构"的信号，标志着我国学校的课程发展进入了新的阶段。

**参考文献**

[1] 张娜. DeSeCo 项目关于核心素养的研究及启示 [J]. 教育科学研究，213（10）.

[2] 林崇德. 21 世纪学生发展核心素养研究 [M]. 北京：北京师范大学出版社，2016（3）：13.

[3] http://europa.eu/legislation_sum-maries/education_training_youth/lifelong_learning/c11090_en.Htm

[4] UNESCO. Rethinking Education [M]. UNESCO, 2015. 41.

[5] 蔡清田. 国民核心素养 [M]. 台北：高等教育文化事业有限公司，2014. 162.

[6] 滕珺. 21 世纪核心素养：国际认知及本土反思 [J]. 教师教育学报，2016，（4）.

[7] OECD. The Definition and Selection of Key Competencies：Executive Summary [EB/OL]. http：//www.oecd.org/pisa/35070367.pdf, 2005-05-27.

[8] UNESCO·Rethinking Education [M]. UNESCO, 2015. 40.

[9] Eurydice. Key Competencies：A Developing Concept in General Compulsory Education [R]. 2002. 15.

# 第三章  学科核心素养

教育目的是为了所有的学生，并使其潜能得到最大程度的发展。基于这样的认识，核心素养理应是课程发展的中心与起点，所有课程共同承担核心素养的培育，每门课程承担适合各自课程特征的部分核心素养要求（即学科核心素养），而课程所对应的学科或学习领域除了指向自身课程目标之外，还需要指向作为整体的核心素养，并作为核心素养培育的重要载体。钟启泉先生指出："学生核心素养的培养，最终要落在学科核心素养的培育上。"[1]培育学生的核心素养离不开具体的学科课程或综合课程，核心素养是这些课程目标的来源。

## 第一节  学科核心素养的内涵

不同于一般"核心素养"的理论阐述，在经营学、心理学和教育学领域，学科核心素养多用于指称人的职业生活上的能力，该术语涵盖了两种意涵。其一，不是指理论化、系统化的知识，而是指相应于具体职岗情境而运用的一连串具体知识技能的习得，谓之"关键能力"；其二，与此相反，指的是构成理论性、系统性的知识基础的一连串知识、态度、思维方式等的"基础能力"。如果说，核心素养是新时代人才培养的核心要求，那么，各门学科则是人才核心素养的构成要件。每个学科都有各自的本质特征、知识体系与应该掌握的技能，以及各自学科体现出来的认知方式、思维方式与价值取向。由此，学科素养的含义就是学科教育在全面贯彻党的教育方针、落实立德树人根本任务、发展素质教育中的独特贡献，是学科育人价值的集中体现，是学生通过学科知识及其技能的学习之后逐步形成的价值观、必备品格和关键能力。学科核心素养把学科课程和学科教学的焦点引向了核心素养，因而对学科教学的方向给予了新的方向引导，它关注和强调的焦点是在课程（学科）基础知识和基本技能基础上的学科的育人价值。对学科的教育价值，著名教育家叶澜教授曾有过精辟的论述："每个学科对学生的发展价值，除了一个领域的知识以外，从更深的层次看，至少还可以为学生认识、阐述、感受、体悟、改变这个自己活在其中，并与其不断互动着的、丰富多彩的世界和形成、实现自己的愿望，提供不同的路径和独特的视角、发现的方法和思维的策略、特有的运算符号和逻辑；提供一种唯有在这个学科的学习中才可能获得的经历和体验；提供独特的学科美的发现、欣赏和表达能力。"[2] 由此，核心素养与课程之间存在着非常密切的关系，有些国家或地区就是通过修订课程（学科）标准的具体内容设置，来体现基于核心素养的课程（学科）改革。例如：台湾的课程（学科）改革就是根据国民核心素养制定出了各教育阶段的核心素养，然后以核心素养作为考量不同教育阶段领域和科目课程（学科）设计是否合理的重要标准，由此形成不同课程（学科）的学科核心素养，以规定课程（学科）教学方向。核心素养在日本被翻译为"关键能力"，一些地区编制有以"关键能力"为核心的课程，并在不同学段予以实施。美国、英国、法国等国家也普遍将核心素养作为推动课程改革的重要动力之一，围绕核心素养的培育开展了相关课程改革，以适应 21 世纪对人才培养提出的要求。

在建构主义看来，不是因为学科知识的基本特征"放之四海而皆准"，才导致学生对世界的认识和理解。恰恰是通过学生的理解，学科知识进入学生个体的经验，对学生个体的生活境遇和问题做出解释，学生从中获得人生成长的启示，学科知识才获得存在的意义。[3] 这说明不同学科具有共性、个性与多样性的特征，因此，对基于核心素养的"学科素养"的界定，既要注意学科素养的个性特征，即不同于其他学科；又要注意其层级性和交叉性，也就是说，不能刚性、僵化地强调各个学科之间区分，而应以交叉性、互通性的眼光看待各个学科之间的区别。实际上，需要在"核心素养"的前提下强调"学科素养"，聚焦有助于帮助学生培养核心素养命题，遵循以下原则来界定学科核心素养。

第一，确定不同学科对应的学科素养。语言学科应聚焦语言能力；数学学科应聚焦抽象与逻辑及问题解决能力；艺术类学科应聚焦艺术表现力与鉴赏力；体育类学科应聚焦身体协调、团队合作和运动精神等。在 21 世纪社会与未来社会的讨论中，关注学科核心素养就是在核心素养框架下，叩问各个学科的基础知识、基本技能、基本态度的框架及其思考、处理问题的方式应被置于整个学科体系的何种地位，对于人的发展具有怎样的功能，并在此基础上，重新思考各学科教学的目标与主要内容，重新设定学科的研究主体与教学活动，从而为学生核心素养的生成与发展提供必要的支持。

第二，课程是学校教育的重要场域，但不是全部。核心素养已经对人才培养提出了新的要求。教师需要按照核心素养→课程标准（对各学科素养都进行了明确规定）→单元设计→教学活动→学习评价这些环节思考和开展围绕核心素养的学科教学，通过学科系统的知识体系的建构、精准地传递和学生参与的各类活动，以培养学生所应具备的本学科的关键能力，为核心素养奠定坚实的学科基础，毕竟核心素养不可能脱离各个学科独自形成，它需要各个学科的支持，并辅之以学生自身的体验、感悟与生成。在这方面就凸显了学生参与社会实践活动的重要性，因为核心素养的生成有赖于个体活动经验的不断积累，并得益于个体在实践活动中的不断反思。例如，数学核心素养的培养，要通过学科教学和综合实践活动课程来具体实施。其中，数学学科教学是数学学科核心素养培养的主要途径。而研究性、探索性的综合实践活动，如数学实验、数学课题研究、数学游戏等，则是数学学科素养培养的重要途径。在这些活动中通过学生的主动参与、积极思考、发现和解决问题，才能在真正意义上生成诸如数学抽象、直观想象、逻辑推理等学科核心素养。

第三，核心素养需要借助实践来培育。如前所述，学科核心素养需要借助教学活动和实践活动获得。同理，核心素养的培育亦需要发挥学科教学和学科实践活动双管齐下才能得以养成。尤其是进入 21 世纪，现代社会对于创新能力的要求显得十分迫切，而"运用所学知识去创新知识"这种能力的培养必须通过学科或跨学科的综合实践活动来加以实现，只专注于知识技能的机械训练显然无法胜任。这也就是 21 世纪世界各国和组织、地区对于核心素养推崇备至的原因所在。恰恰是需要通过对核心素养的高度关注，引导课程教学转向核心素养的培育，并在此过程中让学习者真正参与到学习过程中来，经历可信可靠的"真正的学习"（或称"真实性学习"），在某个真实的问题情境中，通过交流、沟通、合作的"协同学习"培育其比较、类推之类的思维能力，获得该学科（课程）的知识内容及其思考力，寻求该领域的"本质"（真、善、美）的态度，促进自身核心素养的生成与发展。

总之，"核心素养"如今作为学校课程的灵魂，有助于学科凸显其学科本质特征，有助于"学科素养"的提炼，有助于突破不同学科的固有边界，为一线教师整体地把握学校课程，打破分科主义、消解碎片化的以知识点为中心的灌输，提供了全新的视野和难得机会。

# 第二节 核心素养的课程（学科）角色定位

学生核心素养的培养，最终要落在学科核心素养的培育上。基于核心素养的课程（学科）发展需要有一个明晰界定的概念框架。具体来说就是要建立在以下共识上：首先，在教育目标中明确能够应对社会变化的素养与能力；其次，将教育目标结构化，明确知识、能力和态度的三维取向，确保有助于核心素养的培育；第三，课程（学科）教学应在体现学科本质的基础上聚焦素养与能力的培养。基于这样的认识，在核心素养背景下，课程关注的焦点应由学科内容转向核心素养（如图 1-3-1 所示），立足于个人成长与社会发展的时代需要，以系统化、科学化的学科内容为载体，围绕核心素养开展课程教学和组织教学评价。经济合作与发展组织（OECD）对核心素养的界定实际上与课程联系紧密。

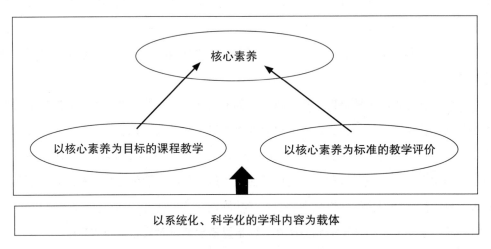

图 1-3-1　指向核心素养的课程设计

核心素养作为课程（学科）教学的目标，是一种可实现的、多层级的教育目标体系。目前，很多国际组织、国家和地区在界定核心素养时都将核心素养作为教学目标，各门课程依据核心素养来具体设定课程标准，用来指导和规范教师的教学实践，学校和教师则依据课程标准来组织评价和开展教学。实际上，培育核心素养的必要条件之一就是它能与各门课程（学科）有效衔接、渗透和融合，同时能够随着社会发展变迁而不断调整、丰富和充实，以便于给学习者提供能够适应社会发展变化的理念、技能和素养，更好地适应社会，融入社会生活。Eurydice 发布了一份题为《在欧洲学校中发展核心素养：政策机遇与挑战》的报告，对核心素养的课程实施现状与问题进行了较为全面和深入的调研。该报告对 32 个 Eurydice 网络成员国家（含当时欧盟全部 27 个成员国，外加冰岛、列支敦士登、挪威、克罗地亚及土耳其）小学、初中和高中（ISCED 等级 1～3 级）2011—2012 学年的课程和评价方面进行了统计调查，指出了学校教育所面临的几个关键问题："在政策层面，学校教育中的核心素养培养需要更具战略性的政策支持；在内容层面，需要在跨学科素养的培养上做出更大努力；在学生层面，一方面是减少基本能力（母语、数学和科学）方面低成就学生的比例，另一方面则是鼓励更多的学生投身数学、科学和技术领域。"[4] 由此可见，核心素养作为课程目标的来源，是个体适应未来社会生存与发展所需的关键能力、必备品格与价值观念。正如钟启泉指出的，"学生核心素养的培养，最终要落在学科核心素养的培育上"。将核心素养作为课程目标，旨在让学生素养的发展更加系统、连贯，细化到课程学习中，贯穿各个学科、各个学段，将知识和技能的传授内化为学生的品格和能力。

值得注意的是，核心素养各个维度不能做过多的分解，课程设计者和实施者要整体性地理解各学科的核心素养，避免肢解或分离核心素养的整体性。就教育教学实际而言，不同学段或年龄段对核心素养的描述会有诸多差异，但这种差异是基于该核心素养内容不断变化的需要，而不是将其分解之后通过累加得到的结果。作为内容选择与教学实施的课程（学科）目标确定之后，接下来就是选择与组织课程（学科）内容，并把内容通过恰当有效的方式付诸教学实践。这里的课程（学科）内容一般指的是学科所包含的知识、技能、价值观等。对知识、技能与价值观的选择和组织直接影响到学生的学习效果及其全面发展，因此，在这一过程中，需要以核心素养为指向，围绕着培育核心素养进行选择和实施，即将核心素养渗透到各个学科教学中，通过各学科核心素养的形成和发展最终培养学生的核心素养。可以说，课程发展的起点和终点都是核心素养，核心素养是核定知识与技能能否进入课程现场的唯一标准，规定了知识与技能的发展方向，确保其育人功能的实现，即核心素养的养成。而学科核心素养是一根主线（红线），统领着学科课程知识的选择、课程内容的组织、课程难度的确定、课程容量的安排以及课程的实施和学业质量标准的确立。[5] 如何将核心素养的培养整合、落实到各个课程（学科）的教学中，是我们共同关注的热点，也是核心素养培养的题中之义，两者密不可分，互相促进，即某个课程（学科）知识与技能的习得就是核心素养的一种具体体现或表征，而核心素养的养成又能促进知识与技能的落实，有助于学科核心素养的生成。

## 第三节　学科核心素养的价值与意义

学科核心素养体现了学科性、科学性、教育性与人本性的特征。它明确了课程（学科）的育人目标，规定了课程（学科）教学与评价的方向，指引着课程（学科）教育教学实践，有助于建构课程（学科）育人的话语体系，打破学科等级化的现实困境，提供更具科学性的教学评价，消解分科与整合的对立，推动课程领域的专业对话，为课程建设提供了新思路。

### 一、有助于建构课程（学科）育人话语体系

在课程目标层面，课程（学科）教学中存在的最突出的问题就是教育目标往往是"高大上"，而一旦落实到教学实践就会变得面目全非。知识与技能目标被高度重视，而其他目标则往往被"视而不见"，在教学过程中被消解殆尽。造成这种现象的根本原因是没有将核心素养作为课程（学科）教学的核心目标，导致无法形成以核心素养为统率的目标体系。教育的终极任务是提升人的素养。核心素养让我们真正从人的角度来思考教育、定位教育，更能体现以人为本的思想，它使人称其为人，决定了人与社会的发展取向。核心素养的这些价值并非空穴来风、虚无缥缈、毫无根基，恰恰相反，它需要依托课程（学科）教学及综合实践活动才能得以实现。以高中数学课程为例，其课程标准首先凝练了学科核心素养。在《课程标准》中明确指出："中国学生发展核心素养是党的教育方针的具体化、细化。为建立核心素养与课程教学的内在联系，充分挖掘各学科课程教学对全面贯彻党的教育方针、落实立德树人根本任务、发展素质教育的独特育人价值，各学科基于学科本质凝练了本学科的核心素养，明确了学生学习该学科课程后应达成的正确价值观、必备品格和关键能力，对知识与技能、过程与方法、情感态度与价值观三维目标进行了整合。课程标准还围绕核心素养的落实，精选、重组课程内容，明确内容要求，指导教学设计，提出考试评价和教材编写建议。"[6] 由此，通过厘清学科核心素养，清晰地界定和描述本学科对人的发展的价值和意义，体现本学科对学生成长的独特贡献，从而使学科教育真正回到服务于人的发展方向和轨道上来。对于个体而言，学科核心素养是为了满足学生今后学习、工作和生活的需要；对于社会而言，学科核心素养是为了满足社会的健康发展和持续进步。正是所有这些包括学科在内的各种课程，使人视野开阔、兴趣广泛；使人产生对知识和真理的渴望，并且能够形成一种崭新的思维方法，最终成为一个文明的人，有教养的人，有健全人格的人。[7] 从核心素养到学科核心素养、课程标准，再到单元或课时目标，构成完整的课程目标层级体系，形成课程育人的一致性的专业话语体系。

### 二、有助于打破学科等级化的现实困境

康奈尔（R.W. Connell）曾言："传统课程是种竞争型学术课程，享有最为刚性特征的名誉，它被大学用于选拔学生。而非学术课程遭到排挤、被边缘化，其被认为该由'学习成绩差'的学生去学习的。"[8] 这段话反映了当下学科等级化的现实情况。实际上，教育所追求的平等与公正要求所有课程（学科）都应得到平等的对待，否则，教育的平等与公正将难以实现。但是，现实中，各学科是互不相让，其代理人或守护者都在奋力将自己所属学科推到核心地位，以充分彰显自己的重要性。现实情况也是有些学科总是

高高在上，始终处于教育的中心地带；有些学科却被认为可有可无，不为人所看重。但是基于核心素养设定的课程目标，它规定了课程的逻辑起点是人的素养，课程设计、教学与评价都要围绕服务人的核心素养的养成而展开，课程（学科）内容不是目的，而是培育核心素养的载体或手段，育人才是目的，那么，学科之间壁垒有望被打破，学科等级也有可能被废除。因此，基于核心素养的课程（学科）将是消解学科课程等级化现象的有力武器。也就是说，基于核心素养的各门课程本身并无优劣、等级之分，只是承担核心素养培育的角色或发挥的作用不同而已。

### 三、有助于消解分科与整合的课程对立

指向核心素养的课程发展不仅能打破学科间的等级关系，还能消解分科与整合的对立。分科课程是相对传统的，是依据比较成熟的学科知识来组织的；整合课程是反分科的，其逻辑起点不是学科知识，而是基于儿童认知发展水平或社会对儿童发展的要求而选择的问题、主题或议题来组织的，它主要以跨学科课程或超学科课程的形态出现。长期以来，分科课程与整合课程之间存在着一定的对立现象，其根源在于课程发展的逻辑起点之争。如果课程发展的逻辑起点是各个学科的知识体系，那么就应该设定分科课程；反之，如果课程发展的逻辑起点是儿童发展或社会需求，那么就应该抛弃传统分科，按照跨学科或超学科设定课程。指向核心素养的课程（学科）首先确定了课程发展的目标是核心素养，然后依据核心素养框架选择并组织课程内容，最后依据核心素养开展教学评价。这样就从根源上消解了分科与整合的对立，分科与整合本身已经不是问题的关键所在，重要的是课程（学科）的哪种组织方式更有利于核心素养的达成。有些核心素养通过分科实施效果更好，而有些核心素养则更适合于整合来实施，有的核心素养则需要分科与整合联合在一起实施更好。由此，分科也好，整合也好，其本质都只是培育核心素养的手段，立足于核心素养的课程发展，完全消解了之前分科和整合之间的对立，有助于合力推动核心素养的培育。

### 四、有助于提供更具科学性的教学评价

当前教育或人才质量多受诟病的一个重要原因在于，具有扎实基础知识和掌握一定技能的受教育者，并不一定具备21世纪社会发展需要的价值观或交流、合作、创新、坚韧不拔等素养，与现代经济社会发展的要求存在较大差距。实际上，育人目标就是核心素养的培育，学科知识与技能的获得并不能代表育人目标的实现或核心素养的养成。例如，学生的解题能力很强，数学成绩很高，但并不代表该生就具备了诸如数学抽象、逻辑推理、数据应用等数学核心素养，认真、坚韧、积极向上等价值观和生活态度，以及善于探索发现新的图形关系中的规律，能够提出独特、新颖的方法进行图

形分析，能设计制作有一定特色的几何工具。由此，客观、全面和公正的教育评价不能只停留在知识与技能的获取上，否则，该评价本身就不具有科学性，也就无法发挥评价应有的教育性、专业性和导向性的积极作用。基于核心素养的教学评价应该超越单纯的知识与技能评价，侧重于对人的品质和育人目标实现程度的综合评价，以充分彰显测评的科学性、教育性。需要指出的是，指向核心素养的教学评价还需要大量的理论研究和实践经验的积累予以支持，要在实践的过程中不断探索，以期获得最具价值的测评效果。

**五、有助于推动课程领域的专业对话**

基于学科内容的课程容易出现将书面课程权威化的倾向，把书面课程视为固定不变而且必须实施的东西。在这种观念的指引下，聚焦于书面课程的教学就变成了固定、僵化的既定模式，教师被理所当然的视为忠实的执行者，而不是富有想象力的思考者。其后果是关于课程的专业对话极其有限，教师与学生缺乏话语权，在教学过程中往往处于被动适应的地位，消解了各自通过反思得以实现的成长空间。指向核心素养的课程与之截然相反，它明确要求教师的教学应基于核心素养，指向核心素养，要结合具体的情境与需要，重建书面课程，并把它视为课程探索的起点，要求教师在教学现场层面，聚焦学生认知逻辑和教学逻辑，通过构建教师和学生的专业对话体系，探索如何通过学科知识内容的教学培育学生必备的核心素养。由此，将核心素养作为课程标准就有效地激活了课程（学科）的专业对话，让师生成为对话的焦点，有助于调动他们的主动性，让他们在学习过程和不断反思学习行为的过程中生成和发展核心素养。

# 第四节　基于学生核心素养的课程体系建构

当前，各个国际组织、国家和地区最新研制的教育标准中都非常强调学科或跨学科能力模型与学科学习内容的整合。2016 年，我国也应时代发展要求制定了《中国学生发展核心素养》，将党的教育方针具体化、细化，明确了学生应具备的必备品格和关键能力，从中观层面深入回答"立什么德、树什么人"的根本问题，引领课程改革和育人模式变革。为建立核心素养与课程教学的内在联系，应充分挖掘各学科课程教学对全面贯彻党的教育方针、落实立德树人根本任务、发展素质教育的独特育人价值，基于学科本质凝练本学科的核心素养，构建基于学生核心素养的课程体系。

**一、协调配合，强化各学科协同效应**

实践表明，人的素质的获得是一个连贯的、持续不断的终身发展的过程。2014 年，教育部颁布的《关于全面深化课程改革 落实立德树人根本任务的意见》(以下简称《意见》),《意见》中明确指出修订课程方案和标准要增强整体性,即"强化各学段、相关学科纵向有效衔接和横向协调配合"。从核心素养的价值导向来看,它不仅限于让学生在学校教育期间获得学业上的成就感和未来的工作机会,而是面向学生的当前生活和未来生活,重在提高学生的个人竞争力,适应时代发展,应对社会挑战;从学生发展的角度来看,其身体和心理发展具有一定的连续性、阶段性,核心素养的制定与实施只有符合学生的发展规律,才能真正实现其价值。基于以上两点,摆在我们面前的问题就是如何保证核心素养培育的一致性与连贯性。为解决这个问题,就要求在建立核心素养体系时,应立足于学生身心发展,关注学生的终身发展,在剖析各教育阶段学生素养的形成机制和水平特点的基础上,建立衔接不同学段,服务于终身教育的连续性、螺旋上升、衔接紧密的科学的、系统的教育体系,以实现"小学打基础、中学提质量、大学谋发展、社会看迁移"的具有阶段差异化的教学目标,推动学生核心素养的生成与发展。具体到实施层面,就是将核心素养分层、分阶段地融入各学段和各学科教育中,保证各学段和各学科均能体现核心素养的内涵,但要求又各不相同,实现纵向衔接、层层递进的核心素养培养模式。

**二、整体推进,持续深化课程改革**

《意见》中指出:"课程是教育思想、教育目标和教育内容的主要载体,集中体现国家意志和社会主义核心价值观,是学校教育教学活动的基本依据,直接影响人才培养质量。"因此,实现核心素养的培育目标,需以推进和深化课程改革为依托。

在我国,课程标准是具有指导性质的纲领性文件,对核心素养的教育实践起着引领作用。《意见》指出:"依据学生发展核心素养体系,进一步明确各学段、各学科具体的育人目标和任务,完善高校和中小学课程教学有关标准。"根据核心素养培养目标的提出,2013 年,教育部启动了普通高中课程修订工作。从之后发布的课程标准看,新修订的各科课程标准中的课程理念、课程目标、课程内容等都有所调整和改变,其中最为突出的变化在于凝练了各学科的核心素养,明确了学生学习该学科课程后应达成的正确价值观、必备品格和关键能力,对知识与技能、过程与方法、情感态度与价值观三维目标进行了整合。还围绕核心素养的落实,精选、重组课程内容,明确内容要求,指导教学设计,提出考试评价和教材编写建议,这就为课程体系的建构提供了重要指导。

首先,优化了原有课程标准制定的思路和方向,以培育学生核心素养为指向,确立以提升学生终身学习能力为课程理念。如《普通高中数学课程标准(2017 年版)》将"学生发展为本,立德树人,提升素养""优化课程结构,突出主线,精选内容""把握数学本质，启发思考，改进教学""重视过程评价，聚焦素养，提高质量"作为其基本理念，突出了核心素养的培育及其对数学学科课程的引领作用。

其次，课程目标的设置凸显核心素养体系，体现方向性、整体性、层次性和操作性。如《普通高中数学课程标准（2017年版）》将高中数学课程目标界定为"通过各种数学课程的学习，学生能获得进一步学习以及未来发展所必需的数学基础知识、基本技能、基本思想、基本活动经验（简称'四基'）；提高从数学角度发现和提出问题的能力、分析和解决问题的能力（简称'四能'）。在学习数学和应用数学的过程中，学生能发展数学抽象、逻辑推理、数学建模、直观想象、数学运算、数据分析等数学学科核心素养。通过高中数学课程的学习，学生能提高学习数学的兴趣，增强学好数学的自信心，养成良好的数学学习习惯，发展自主学习的能力；培养敢于质疑、善于思考、严谨求实的科学精神；不断提高实践能力，提升创新意识；认识数学的科学价值、应用价值、文化价值和审美价值"。[10]凸显了高中数学在设置其课程目标时对培育核心素养的关注，及对其方向性、整体性、层次性和操作性等特征的体现。

再次，课程内容的选取应从现有的追求知识体系完整的学科取向，转变到以培育学生核心素养为宗旨的能力取向，依据学生心理发展阶段和核心素养体系的层级特点，分学段安排课程内容，精选重点知识、突出关键能力，培育核心品格。仍以《普通高中数学课程标准》为例，其中的教学建议提到，"全面落实立德树人要求，深入挖掘数学学科的育人价值，树立以发展学生数学学科核心素养为导向的教学意识，将数学学科核心素养的培养贯穿于教学活动的全过程……教师在制定教学目标时要充分关注数学学科核心素养的形成；要深入理解数学学科核心素养的内涵、价值、表现、水平及其相互联系；要结合特定教学任务，思考相应数学学科核心素养在教学中的孕育点、生长点；要注意数学学科核心素养与具体教学内容的关联；要关注数学学科核心素养目标在教学中的可实现性，研究其融入教学内容和教学过程的具体方式及载体，在此基础上确定教学目标。"[11]体现了以培育学生核心素养为宗旨的能力取向，突出了数学学科培育学生核心素养的功能取向。

总之，新课程标准聚焦学生发展核心素养，以提升学生终身学习能力为理念，以培养学生全面发展为愿景，精心修订课程标准，科学设计课程体系，有助于推进基于核心素养发展的教学改革。

### 三、分级测评，完善质量评价标准

《意见》明确指出："根据核心素养体系，明确学生完成不同学段、不同年级、不同学科学习内容后应该达到的程度要求，指导教师准确把握教学的深度和广度，使考试评价更加准确反映人才培养要求。"目前已走向核心素养时代，摆在我们面前的教育质量观念以及测评标准仍是亟待解决的难题。为解决这个难题，一方面可以借鉴国外成功经验。如以 PISA 国际学生评价项目中的核心素养评价为例，其测试领域为阅读、数学、科学等，测试的主项为数学素养，测评框架分为内容、过程和情境（如表 1-3-1 所示）。每个测评内容都十分具体、明确，不仅能够体现数学课程目标，而且对应了课程内容的主线，聚焦课程要求，与学业质量评价相一致；有助于学生在数学知识学习过程中逐步养成核心素养，具备数学基本特征的思维品格和关键能力，值得我们学习借鉴。

**表 1-3-1　PISA 测试中的数学素养基本要素**

| 数学素养基本要素 | 具体含义 |
| --- | --- |
| 交流 | 理解文字表述、表达问题，解决方案、交流问题的论证 |
| 数学化 | 基于情境，形成假设，确定数学问题解决方案 |
| 表征 | 对真实问题进行数学化的表述 |
| 推理和论证 | 对问题情境的表述进行解释、辨认或论证 |
| 设计问题解决策略 | 数学化构建情境中的问题，形成解决问题的有效策略 |
| 使用符号、公式、专业语言 | 使用合适的变量、符号、图像等方式，合理构造问题情境 |
| 使用数学工具 | 能够使用各种不同的数学工具，解决数学问题 |

另一方面，则可以根据各学科课程标准的评价建议，在基于核心素养发展的教学改革中，着力研制核心素养质量测评标准，开发评价工具和评价手段，探索有效的评价方式；应根据学生发展素养，建立从知识向能力、从能力向素养不断提升的发展水平等级标准，借以对学生发展核心素养进行深入观察、等级评估，实现对学校教育教学行为的有效反馈与指导，引导学校教育从知识教育走向能力教育，进而走向核心素养教育。

核心素养是当今世界各国课程改革的风向标、主基调，对于中国教育发展是一个新机遇，对课程改革全面深化是一个挑战。我们要紧随立德树人的核心任务指向，立足社会主义核心价值观体系，打破和冲出原有思维方式，积极应对信息化、全球化与知识经济社会对人才培养需求，从对内容的关注转向对学习结果的关注，从对教材、标准的关注转向对"为谁培养人、培养什么人、怎样培养人"的关注，揭示学科育人的价值观念，探索并实施未来教育的新使命，发展中国教育的新高度，切实推进课程改革的深化发展，在世界教育改革的大势中赢得先机，切实为中华民族伟大复兴培养合格人才。

### 四、横向整合，融会贯通学科素养

　　核心素养体系的推进与实施应包括三层含义：从国家层面构建学生核心素养理论体系框架，通过顶层设计，宏观上指引、规范教育实践；从教育实践层面将核心素养落地和转化为具体的学科核心素养，明确支撑和实现培育核心素养的手段和方法；从学科层面注重学科融合，为学习者运用学科综合知识来应对多种复杂情境，解决各种实际问题提供系统支持，将存在于各个学科的知识、能力与情感有效融合，为培养学习者适应社会、发展自我的核心素养提供良好环境和有效介质与工具。通过对国外核心素养体系的分析与梳理，我们不难发现，语言素养、数学素养、信息素养、问题解决能力、创新能力等各国普遍重视的素养内容，而这些素养绝非是通过语文或数学等单一学科课程来获得，相反，它们融合了各学科赋予人的素质发展的综合要求，体现了不同学科教育的共同价值，具有高度的概括性和统合性。但融合取向并不代表学科特色的消弭，恰恰相反，核心素养与学科素养是相辅相成的，需要在学科核心素养的基础上生成与发展。反过来，核心素养会强化学科素养的养成，学科教学则为核心素养的培育提供实践途径；学科素养以核心素养达成为基础，同时兼顾学科特点，发挥学科特长，体现学科特色价值。因此，构建学科核心素养体系，重在揭示学科的本质，并在此基础上组织体现学科本质的教学，不断提升学习者的学科关键能力，端正其科学态度，进而促进核心素养的养成与发展。

**参考文献**

［1］钟启泉.读懂课堂［M］.上海：华东师范大学出版社，2015:23.

［2］叶澜.重建课堂教学价值观［J］.教育研究，2003（5）.

［3］安桂清.知识理解与教学创新——诠释学的视角［J］.全球教育展望，2006（8）.

［4］Eurydice Network Developing Challenges and Opportunities for Policy at school in Europe: Key Competences ［EB/OL］.（2011-2012）［2013-09-01］.http://eacea.ec.europa.eu/education/Eurydice/doucuments/thematic-reports/145EN.pdf.

［5］余文森.从三维目标走向核心素养［J］.华东师范大学学报（教育科学版），2016（1）:11-13.

［6］中华人民共和国教育部.普通高中数学课程标准（2017年版)［M].北京:人民教育出版社，2018.

[7]王开东. 教育,病在何处？ ——反思"人的教育"与"培养人才"[J]. 河南教育,2011(10):32-33.

[8] Connell, R. W. Social Change and Curriculum Futures [J]. Change: Transformations in Education, 1998（1）: 84-90.

## 第二篇 数学学科核心素养

# 第四章 数学素养

《课程标准》指出:"数学素养是现代社会每一个人应该具备的基本素养。"并要求"教师应不断学习、探索、研究、实践,提升自身的数学素养,了解数学知识之间、数学与生活、数学与其他学科的联系"。数学素养是在人先天具备的数学禀赋基础上,经过严格的数学学习活动而获得的参与社会活动的数学知识、方法、技巧和能力,是通过数学教育培养的一种稳定的心理品质,包括对数学本质、数学思想、数学与社会关系的理解,以及形成数学的情感、态度与价值观等。

## 第一节 数学素养的内涵及特征

### 一、数学素养的内涵

国内外学者通过对数学学习活动的研究,从社会经济发展的角度,由素养或素质的概念出发,解释数学素养。PISA 对数学素养的定义:指个人能认识和理解数学在现实世界中的作用,作为一个富于推理与思考的公民,在当前与未来的个人生活中,能够做出有根据的数学判断和从事数学活动的能力。数学素养包括数学思考与推理、数学论证、数学交流、建模、问题提出与解决、表征、符号化、工具与技术。王子兴从"素质"与"素养"的关系出发,认为"数学素养"就是"数学科学方面的素质",它是数学学科所固有的内蕴特性,是在人的先天生理基础上通过后天严格的数学学习活动获得的、融于身心中的一种比较稳定的状态,只有通过数学教育的培养才能赋予人们的一种特殊的心理品质。桂德怀、徐斌艳认为,数学素养是数学情感态度与价值观、数学知识、数学能力的综合体现。郑强把"数学素养"界定为"数学素养是指经过数学教育和实践发展起来的参加社会生活、经济活动、生产实践和个人决策所需的数学知识、技能、方法和能力，包括理解数学与社会的关系，理解数学的本质，以及形成数学的情感、态度与价值观等"。[1]

基于以上对数学素养概念的理解，对数学素养界定为"广义的数学素养指主体在已有数学经验的基础上，在数学活动中通过对数学的体验、感悟和反思，并在真实情境中表现出来的一种综合性特征；狭义的数学素养指在掌握一定的数学知识基础上，用数学的眼光观察问题，用数学的思维分析问题，能运用数学方法解决问题，应用数学知识与技能理性地处理问题的行为特征。数学素养应包括数学知识、数学思维、数学方法、数学思想、数学技能、数学能力、个性品质等方面的内容"。

## 二、数学素养的特征

### （一）数学素养的情境性

数学素养的情境性是指数学知识存在于自身特有的价值体系、理论范式、语言符号等构成的意义系统之中，认识主体和认识行为只有在这个系统中进行陈述与表达，才能体现出其意义和价值。情境是数学素养发展的起点，学生数学素养的形成、发展与评价，需要设置真实的个人情境、公共情境、教育和职业情境以及科学情境等。教师根据学生的认知能力，创设合理的情境，让学生在问题引领下开展数学活动。学生的数学素养在解决问题的过程中会逐渐外显出来，离开情境将难以判断个体数学素养的优劣。

### （二）数学素养的生成性

数学知识和数学技能可以通过传授甚至灌输，让学生以记忆的方式被动接受，而数学素养的生成则只能是主体在真实情境中，通过认知参与获得数学活动经验，产生数学的体验、感悟和反思。教师在课堂教学中关注数学素养的生成，会面临有限的教学时间与相对过多的教学内容之间的矛盾，这就需要教师通过改进教学方式，提升课堂教学的有效性。可以灵活地将数学知识融入课堂教学，在培养学生数学学习兴趣的同时，引导学生真实地学习、发现与思考，进而促进数学素养的生成。[2]

### （三）数学素养的个体性

从心理学的角度来看，每个人的知觉环境都是独特的。两个智力水平相近的学生，在相同的时间、相同的课堂，因为各自不同的学习心向和经验背景，可能具有迥然不同的心理环境，相应产生完全不同的学习效果。知识传授在很大程度上只是让学生看到了探索者行进的足迹，而要理解探索者的感知、感想、感悟，则需要学习者在自身经验的基础上"身临其境"的真实体验。个体因素让数学素养表现出明显的差异，关注个体性就是让学生学会阅读理解、独立思考、合作交流，并对数学知识体系凝聚的人类智慧、蕴含的思想观念、反映的思维方式，产生独特的体验、感悟和反思。

（四）数学素养的外显性

数学素养的外显性是指个人在与他人不断互动的过程中，通过参与社会活动表现出来的数学知识、方法、技巧和能力等行为特征。国内外数学教育研究都试图通过各种途径寻求描述数学素养的行为特征，以便更好地引导学生在真实情境中表现出自身良好的数学素养。学生数学素养需要通过在现实情境、科学情境、数学情境中表现出来，并得到确认、评价和发展。数学教学可通过数学建模、数学实验、数学游戏等数学教学活动，让学生通过合作交流、探索发现、展示体验发展数学素养。

（五）数学素养的综合性

素养可以是一种精神、一种品质、一种理念，无法用某种单独的特征来描述，可以看作是品格、精神、知识、能力、学识、言谈、行为举止等特征的综合。[3]数学素养的综合性，亦是指其包含了数学知识、数学情感、数学思维、数学思想方法以及数学发展过程中体现出来的科学精神和人文精神。这些内容相互关联、相互影响、相互制约，表现为稳定的心理状态和行动能力。这种特征明确有别于牛顿主义物理学特征，更适合人的长期可持续发展。

# 第二节　数学素养的构成要素

## 一、数学素养构成要素分析

无论是教育现象学理论，还是现实数学教育理论都明确强调了教育应回归现实生活。现代社会，由于信息技术的广泛使用，在降低公民对数学运算、数学技巧要求的同时，大大增加了对公民运用数学思想方法处理信息、建立模型、做出决策的要求。数学不仅具有众所周知的工具性，还具有对个体影响深远的文化性。公民步入社会以后，学生阶段学习的数学知识可能会被遗忘，但多年所受到的数学训练，一直会对他们的生活方式和思维方式产生潜在的影响，并让他们终身受益。数学素养就是这些铭刻在头脑中，长期在事业和生活中发挥着重要作用的数学思想、方法与精神。

美国当代教育哲学家彼得斯认为，"受过教育的人"应具备以下四个基本特征：第一，受过教育的人，其认知结构应包括大量的知识或概念图式，而不仅仅具有专门的技能。如很出色的钳工、车工不一定是"受过教育的人"；第二，受过教育的人能够运用其掌握的知识改变自己的思维方式和行动能力。一个知识渊博的人如果不能因为知识而改变其思想观念和生活方式，就如同是行走的百科全书，而不能算作"受过教育的人"；第三，受过教育的人应遵循各种类型的思维形式或意识形式的内部评价准则；第四，受过教育的人对自己所从事的活动所处的地位以及与其他活动之间的关系有明晰的认识。即便是受过相当训练的科学家，也可能因为缺乏"认知的透视力"而不能算作"受过教育的人"。由此我们得到启示，具有数学素养的人应该在具备一定数学知识的基础上，充满活力地运用这些知识解决实际问题，提升思维能力并改进处理问题的方式。

数学素养是科学素养的重要组成部分。公民具备基本科学素养一般指了解必要的科学技术知识，掌握基本的科学方法，树立科学思想，崇尚科学精神，并具有一定的应用知识处理实际问题、参与公共事务的能力。通过"科学普及"来提高公众的科学素养分为三个层次，第一个层次是普及技术，包括实用技术、新技术和高技术。第二个层次是普及科学，包括科学知识、科学方法。第三个层次是普及科学思想、科学观念和科学精神。如果说普及技术可以提高人们变革世界的能力，改善生活质量的话；普及科学则可以提高人们认识世界的水平；而科学思想、科学观念和科学精神则是指引人类前行的灯塔。因此，数学素养的培育，不仅需要学生学会应用现代信息技术，提升数学知识水平，更应理解和掌握技术与知识背后的数学思想、数学观念和数学精神。

基于以上教育与现实生活的关系，通过"受过教育的人"的基本特征以及对科学素养的理解可以看到，数学素养应由数学知识素养、数学应用素养、数学思想方法素养、数学思维素养和数学精神素养等构成。

**二、数学素养构成要素解读**

（一）数学知识素养

数学知识素养是数学的本体性素养，离开数学知识，数学素养的生成就是无源之水、无本之木。高中数学教学，一方面要反对只重视基础知识和基本技能的训练来提升教学成绩做法。数学教师不辞辛苦地增加上课时间，通过加大训练量和督促检查来保证学生的学习状态，学生则消极应付、疲于奔命。这样的教学即使在较短的时期提升了教学成绩，但很难让学生对数学学习产生愉悦体验和情感认同，也就无法形成高层次的数学素养。另一方面也要反对脱离数学知识进行表演性教学的倾向。有的课堂创设的情境新颖别致，但与教学内容缺少关联；有的模式说起来朗朗上口，但呆板地桎梏着师生的教学活动；有的理念高不可及，倡导者和实践者都只能削足适履，勉为其难。一线教师应抓住数学本质开展教学，帮助学生打下坚实的数学知识基础，在真实的数学活动中启迪学生的无限潜能，帮助他们形成能为之终身受益的数学素养。

（二）数学应用素养

数学应用素养是指个体在真实情境中应用数学知识和技能处理问题的能力，能够最直观地反映个体的数学素养。夸美纽斯认为，教给学生知识的同时也要让学生了解知识在日常生活中的用途。让学生懂得，他所学的东西不是从某种乌托邦里取来的，也不是从柏拉图式的观念中借来的，而是我们身边的事实。信息时代对数学素养的要求至少可以表现在以下几个方面：第一，在信息社会中学会用数学的方式观察与思考的能力；第二，对数据的收集与处理能力；第三，信息技术手段与工具运用的技能。数学教学不仅要关注个体活动受社会的影响而需要与社会经济发展紧密联系，更要强调个体有效地参与社会活动能够实现自身的价值。因此，数学应用素养可以帮助个体获取理解含有数学知识的信息，对数学模型进行批判性评价，利用概率与统计的结果参与社会讨论等，培养应用合理数学思维方式和知识技能解决现实问题的意识。

（三）数学思想方法素养

数学思想方法素养表现为主体对数学中蕴含的科学方法和数学特有方法的掌握和在真实情境中的应用。数学思想方法是数学的灵魂，数学本身就是一种重要的思想方法。著名数学家怀特海指出："数学知识对人类的生活、日常事务、传统思想以及整个的社会组织等都将产生巨大的影响，这一点更是完全出乎早期思想家的意料，甚至一直到现在，数学作为思想史中的一个要素来说，实际上应占什么地位，人们的理解也还是摇摆不定的，假如有人说编著一部思想史而不深刻研究每一个时代的数学概念，就等于是在《哈姆雷特》这一剧本中去掉了哈姆雷特这一角色[4]。"数学思想方法是对具体方法的一般化、程序化和模式化的加工过程，是一种文化的传承和发展，实践是产生数学思想方法的源泉，概括是产生数学思想方法的关键。数学思想方法素养要注重在数学活动中渗透、在反思总结中概括、在运用训练中提高、在相互联系中发展，引导学生在模仿体验、理解明晰、运用巩固和联系发展的过程中获得提升。

（四）数学思维素养

美国教育家贝斯特说"真正的教育就是智慧的训练"。英国教育哲学家赫斯特强调"教育的中心目的是向学生传授主要的思维形式"。杜威认为"教育在理智方面的任务是形成清醒的、细心的、透彻的思维习惯"。培养学生的思维是教育的主要价值之一。数学思维素养是在思维活动中，直接影响活动的效率，使活动得以顺利完成的稳定的心理特征，其重要性在于能够为行动做出系统规划，深思熟虑地逐步走向现在看起来还遥远的目标。不同的民族、不同信仰、不同学科、不同职业的人都会有不同的思维。下面两个故事可以看出数学对思维的影响：[5]

斯图尔特在《现代数学的观念》中讲了一个故事，一个天文学家、一个物理学家和一个数学家正在苏格兰度假，当他们从火车车厢的窗口向外瞭望时，观察到田地中央有一只黑色的羊，"多么有趣！"天文学家说道，"所有苏格兰羊都是黑色的。"物理学家对此反驳说："不，不！某些苏格兰羊是黑色的。"数学家凝视着天空，然后吟诵起来："在苏格兰至少存在着一块田地，至少有一只羊，这只羊至少有一侧是黑色的！"

匈牙利著名的数学家路莎·彼得在她的著作《无穷的玩艺》中有一段描述，一定程度上显示了区别于其他学科的数学思维方式："对于数学家的思维过程来说是很典型的，他们往往不对问题进行正面的攻击，而是不断地将它变形，直至把它转化为已经能够解决的问题。当然，从陈旧的实用观点来看，以下的一个比拟也许是十分可笑的，但这一比拟在数学家中却是广为流传的：'现有煤气灶、水龙头、水壶和火柴摆在你面前，当你要烧水时，你应当怎么去做呢？''往水壶里注满水，点燃煤气，然后把水壶放在煤气灶上。''你对问题的回答是正确的。现把所说的问题习稍加修改，即假设水壶里已经装满了水，而所说问题中的其他情况都不变，此时你应该怎样去做？'此时被问者一定会大声而颇有把握地说：'点燃煤气，再把水壶放上去。'他确信这样的回答是正确的，但是更完美的回答应该是这样的：'只有物理学家才会按照刚才所说的办法去做，而数学家却会回答：只需把水壶中的水倒掉，问题就划归为前面所说的问题了。'"[6]

数学思维素养的强弱直接影响到数学能力的强弱。数学概括、数学抽象、数学推理、数学直觉、数学语言的运用等的水平都会直接影响数学思维活动的效率。教学中要让学生在扎实掌握数学基础知识的同时，引导他们积极参与教学活动，提升学习兴趣，树立学习自信，有效提升数学思维水平。

（五）数学的精神素养

数学精神素养是指学生在真实情境中表现出来从数学的角度求真、求美、质疑和创新的特征。数学精神的内涵十分丰富，主要有数学理性精神、数学求真精神、数学创新精神、数学合作与独立思考精神等。雅斯贝尔斯指出："教育过程首先是一个精神成长的过程，然后才成为科学获知过程的一部分。"[7]也就是说，数学教育中，数学精神素养的生成是数学教育中数学素养的最高层次。美国应用数学家克莱因在他的名著《西方文化中的数学》中指出："从最广泛的意义上说，数学是一种精神，一种理性的精神。正是这种精神，激发、促进、鼓舞并驱使人类的思维得以运用到最完善的程度，也正是这种精神，试图决定性地影响人类的物质、道德和社会生活，试图回答人类自身存在提出的问题，努力去理解和控制自然，尽力去探求和确立已经获得知识的最深刻和最完美的内涵。"数学精神的生成是数学教学最为忽视的部分，不少学生在数学学习中，会解题、能考试，却缺乏理性精神；唯书、唯师、唯上，却缺乏求真与创新精神；敢于实践，却不知反思和自省。数学教育的目的在于培养全面领会数学功能的人才，使学生既会应用数学知识解决实际问题，又能感悟数学的精神，从而终身受益。[8]

# 第三节　数学素养的生成机制

正如皮亚杰在《发生认识论原理》中指出的那样，"新结构——新结构的连续加工制成是在其发生过程和历史过程中被揭示出来的——既不是预先形成于可能性的理念王国中，也不是预先形成于客体之中，又不是预先形成于主体之中。"[9]

数学素养同样既不存在于学生的先验理念中，也不能单纯地靠传授获取，而是在符合认知规律的数学活动中自然生成。系统地分析数学素养的生成机制有助于揭示数学素养的生成过程，为数学素养生成的教学奠定坚实的基础。

**一、数学素养生成的基础：主体已有的经验**

生成学习理论表明：学习者在构建知觉信息的意义时，要将原有的认知结构与从环境中主动选择的注意信息相结合，积极地完成构建过程。"学生的前概念、知识和观念"是生成学习理论的重要因素之一。洛克认为："我们的全部知识是建立在经验上面的；知识归根到底都是源于经验的。"所谓经验在这里指感觉经验，是人们借助感官获取的对于客观现象和相互联系的认识。在数学教育中，"学生的前概念、知识和观念"就是主体已有的认知结构和数学经验。数学经验是指主体所经历的一切与数学有关的活动经验以及所形成的个人信念，包括直接来源于现实生活的数学经验、间接来自现实生活的数学经验（具有一定抽象性质的拟经验）、在数学学习活动中积累的经验。获取数学经验的过程，本质上是在重复前人的研究过程，准历史教学法可以帮助学生更好地完成经验的积累。传统的讲授、灌输式的教学也许能够更系统、更精炼、更快捷地让学生接受知识，但难以深入激发学生思维的启发性、创造性、自主性。

（一）在学习数学之前已经形成的经验

从数学发展史可以看出，最初的数学概念都来自人类的活动经验。学生在接触数学概念之前，往往已经具备了与数学概念相关的生活经验，如在接触自然数概念之前，就有了数的相关体验；在接触不等式概念之前就知道了多与少、轻与重、大与小。如同"盲人摸象"故事中所表现的，学习者带着因思维能力、生活经验、认知水平限制而产生的不完整、不准确的理解进入正规教育，教师采用适宜的方式引导他们将原有丰富的"前概念"修正为正确的知识、技能、信仰，而这些学习成果又反过来推动学习者提升解决问题，获得新知的能力。

（二）学习数学的过程中形成的经验

学生在教师引领下在数学学习过程中逐渐形成数学活动经验，是建立在感觉基础上，又具体体现在活动过程中的经验。与结构化的数学知识相比，它没有明确的逻辑结构，同学习环境密切相关，具有个性化的、动态的、隐性的特征。如果教师强调知识的记忆和重复的训练，那么学生就会形成机械的、僵化的学习经验，产生焦躁、厌恶的情感体验；如果教师注重猜想发现、质疑批判，学生就会形成思辨的、创造性的学习经验，产生成功、自信的情感体验。

（三）学习数学之后形成的经验

在数学学习之后形成的数学经验是米山国藏眼中的使人终身受益的，深深铭刻在头脑中的数学精神及数学的思维方法、研究方法、推理方法，甚至经历的挫折等，也可以是克莱因笔下的从整体意义上对数学活动的领悟。此时学生的数学经验已经具有了数学素养的综合性、外显性、个体性等特征。这些经验最基本的成分是演绎活动经验与归纳活动经验，包括检索、抽取数学信息的经验，选择和运用已有知识的经验，建立数学模型的经验，应用数学符号进行表达的经验，抽象化、形式化的经验，选择不同数学模型的经验，预测结论的经验，对有关结论进行证明的经验，调整、加工、完善数学模型的经验，对所得结果进行解释和说明的经验，巩固、记忆、应用所得知识的经验等。

所以，数学经验是数学素养生成的基础和来源，也是数学素养的重要组成部分，充分挖掘和认真培育学生的数学经验是有效形成数学素养的先决条件。

**二、数学素养生成的环境：真实情境**

教育现象学认为，教育是在具体的情境中开展实践活动，实现教学、养育的过程。同样，数学素养的生成是在真实情境中运用数学知识和技能逐步形成数学思维、数学精神和数学思想方法的过程。杜威认为："学校教育在教学中能通过符号的媒介完全地传达事物和观念以前，必须提供许多真正的情境，个人参与这个情境，领会材料的意义和材料所传达的问题。"[10]思维只有同真实情境发生关联，才能产生合乎逻辑的思想结果，获得做出评价、形成判断和解决问题的能力。真实情境既是数学素养生成的环境，又是数学素养展示表现的载体。下面给出的例子可以看出数学素养表现的真实情境。

西格玛商场

2002年的一天，我和一位经商的朋友漫步在重庆市最繁华的中心地带——解放碑商业街。朋友指着大街旁一家规模颇大的商场说："这是一家才开张的以经营服装为主的大型商场,叫西格玛商场。"顺着朋友指的方向望去,一个巨大的霓虹灯招牌映入眼帘,这个招牌上的图形让我马上意识到,这是一家以数学符号命名的商场,我问朋友:"你知道这家商场的名字的含义吗?""不知道,但我觉得很现代、很好听。"朋友回答。我说:"我不仅觉得这个名字好听,给人印象深刻,从这个招牌上还能大致揣摩出这家商场的经营方式和理念,比如,这家商场一定是有很多小的商铺组合在一起的,但他们有统一的销售规范。"朋友不信,我俩便随即打赌,然后走进了这家才开张且我俩都是第一次光顾的商场。事实证明了我的猜想,这是一家由若干服装品牌(一个品牌一个商铺)组合形成的大服装商城,但是整个商场是统一收费、统一着装,按统一的方式进行有奖销售,并有统一的服务要求。朋友大为惊叹,问个中缘由。

我说得简单,只要你知道 $\sum$ 这个符号的意义。我在纸上写下了这个表示连加的式子:$\sum_{i=1}^{n} a_i = a_1 + a_2 + \cdots + a_n$,聪明的朋友一下子就明白了,感叹道:看来这个经理是个儒商,他(她)懂数学!

我比较欣赏这个商店的名称和标志性图案,它是几何(正方形)和代数符号(连加号)的结合,除了连加的寓意外,这儿的正方形的寓意是什么呢?是"不以规矩,不成方圆",即强调经营的统一要求吗?我不得而知。感谢这位经理,你不仅以数学的意义阐释你的经营理念,树立你的企业形象,你更是在宣传一种与现代生活融为一体的数学文化。[11]

数学素养生成是个体在真实情境中,从数学的角度理解情境、把握情境、解读情境,展示自身能力的素养。

### 三、数学素养生成的载体:数学活动

数学素养的生成决定于学生的数学活动,无论是知识的获取还是意义的建构都与参与活动的层次有关。数学活动可以理解为从实践活动中逐步积累、渐次精微数学知识的过程,更是在语言、命题、方法组成的复合体中进行创造性活动的过程,一般以如下模式进行:将经验材料抽象数学化;对数学化材料逻辑推理形成数学成果;将数学成果在实际问题中加以应用。与其他活动不同,数学活动要让学生在"数学化"的过程中经历理解、体验、感悟、反思、交往、表现和实践,完成数学认知结构的形成和发展,其本质是数学思维活动。量化观的素养要求学习者具备抽象、推理、应用、化归等数学意识;整体观的素养要求学习者能从解题策略运用整体的思想思考和解决问题,还要能整体性地掌握数学学习内容;精神成分的数学素养则要通过有效的数学活动,使学习主体的学

习状态在获得发展的同时，获取理性、求实、创新等更高层次的科学精神素养。数学活动是数学素养生成的主要载体。主体在数学活动中才有机会体验数学、感悟数学和反思数学，并在真实情境中通过数学活动表现数学素养。可以说，脱离数学活动，数学素养就只能是镜花水月，无所凭依。

### 四、数学素养生成的环节：体验、感悟、反思和表现

现代教育学把知识理解为一种动态过程，主体要通过真实的体验、深刻的理解、能动的建构形成知识。从心理学的角度看，大脑能够主动筛选信息，可阻断所谓无意义的信息的上行传递，表现在学生课堂学习过程中可能会是"听而不闻、视而不见"。数学素养的生成无法离开学生数学活动的有效参与，也就是在真实情境中经历体验、感悟、反思和表现的完整过程。

（一）体验

这里所说的"体验"指学生在参与数学活动的过程中，与经验相关联而发生的情感融入和态度生成，是主动认识和理解对象的特征以获取经验的过程。从心理学的角度看，体验是包括认知在内的多种心理活动的综合，这些心理活动与主体的情感、态度、想象、直觉、理解、感悟等心理功能密切相关。弗莱登塔尔指出："如果不让学生经受足够的亲身体验而强迫他转入下一个层次，那是无用的，只有亲身的感受与经历才是再创造的动力。"[12]

学生在数学学习活动中的良好体验是数学素养生成的重要前提，决定着数学有效学习的发生和保持，包括数学发现的体验、数学思想方法的体验、数学审美的体验、数学精神的体验等不同类型。体验的价值在于使人在必然的行为中产生思想，在不可缺少的物质基础上收获精神，在永远存在变化之中感悟永恒。体验产生的不只是观念、知识、原理，也产生情感、态度与信仰。下面的案例表明了一个中学生体验数学的过程和感受。

坐出租车体验函数

某地出租车收费标准如下：行程不超过 3 千米收起步价 8 元，超过 3 千米部分每千米加收 1.6 元，写出车费 $y$（元）与乘车行程 $x$（千米）的函数关系式，并画出图像。

错解：我草草看过，见题目不难，便提笔迅速地解答题目，做完还有些沾沾自喜，我的解答如图 2-4-1。

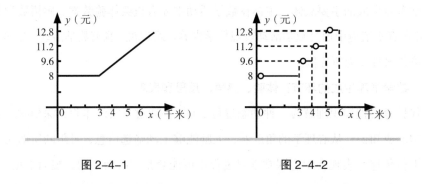

图 2-4-1　　　　　　　　　图 2-4-2

正巧被站在一旁的老爸看见，突然他哈哈大笑起来，我不解地望着他，丈二和尚摸不着头脑，莫不是解答过程出错了。于是我回过头来检查，可我上下左右仔仔细细地检查了一番后，并没有发现错误，老爸见我不知道错在何处，指着图像中纵轴上的"8"，笑着说："这是哪种奇怪的计费方法呀，乘客还没坐车呢就要给钱啊？"我一看，果然在图像上的是一个实心点，我自己也禁不住乐了。

探究：第二天，我与老爸乘出租出去郊外外婆家，到达目的地，计费单上显示的路程为千米，可价钱却与路程不符，我对司机说出了我的疑惑。司机叔叔告诉我在出租车收费标准中，不足 1 千米的就按 1 千米计算，这时在旁的老爸提醒了我："那么，昨天的那道题，是不是该做些改动了？"我若有所思地点点头，下午心急火燎地赶回家，对那道题又研究一番，终于得出了最终的答案，如图 2-4-2，图像很漂亮，就像"台阶"（函数表达式略）。

复杂的数学有时就会隐藏在生活中的许多角落，我们只有到生活中去用心体验，才能发现知识的真谛。

数学素养是在认知和非认知心理作用下，经过真实体验直达心灵深处内化形成的。教育者有责任创造良好的条件，让学生从数学的角度质疑、求真、求美、创新，使教学过程成为认识、理解、感受、体验的过程。

（二）感悟

感悟是指人们对特定事物或经历所产生的感想和体会。从心理学的角度看，感悟可以是感性认识，也可以是理性认识，甚至是直觉认识，其中既有理智的成分，又有情感的成分；既是认识的过程，又是实践的过程。感悟是主体自我意识的内在活动，不可能为外界所给予。"悟"是人生存的一种境界，只有发挥了主体性的人，才能在对自然事物、社会生活、科学文化的思考过程中有所"悟"。[13]数学感悟来自数学活动中，通过对数学的接触和体验形成对数学活动的认识，不仅包括数学学习的方法、数学知识的应用、数学技巧的掌握、数学活动过程等，还有对数学本质的领悟。在数学学习中，"悟"很早就被中国古代数学家指出。刘徽就在《九章算术》中说："徽幼习《九章》，长再详览。观阴阳之割裂，总算术之根源，探赜之暇，遂悟其意。"数学感悟是学生在数学体验的基础上，通过教师的引导而自然、自发、自觉形成的，不同的学习者对数学活动参与程度不同、体验感受不同，形成的数学感悟可能大相径庭。在数学教学中，只有借助教师的引导、自身的领悟，在数学概念、定理、公式、性质等数学知识的学习过程中（包括总结反思），学生自觉地透过表面现象发现数学规律、感受数学思想、体会数学价值，才能真正实现由"感"到"明"再到"悟"的认知过程。

（三）反思

反思也称为反省，就是思考过去的事情，从中总结经验教训。我国古代就有"扪心自问""吾日三省吾身"的说法。反思在西方哲学中通常指精神思想的自我活动和内省方式。马克思主义站在唯物主义立场认为反思是人们在实践活动的基础上对获得的感性材料进行思想加工，使之上升到理性认识的过程。反思还表现在思考自己的思想观念、心理感受，分析描述自身的体验等。从这个意义上说反思就是思考。在教育学中，杜威极力倡导"反省思维"，这种思维是对某个问题进行反复的、严肃的、持续不断的深思。[14]数学素养的生成离不开反思，荷兰著名数学教育家弗莱登塔尔指出"反思是数学思维活动的核心和动力"，"通过反思才能使现实世界数学化"，"只要儿童没能对自己的活动进行反思，他就达不到高一级的层次"。美籍匈牙利数学教育家波利亚也说："如果没有反思，他们就错过了解题的一次重要而有效益的方面。"数学反思能力表现为具有敏锐的问题意识、对工作高度的责任心、克服困难的执着精神、对不同意见的包容态度以及完整的认知结构、深刻的理解能力、良好的数学思维品质等。反思不仅是一种结果更是一种过程。数学反思借助数学思维活动间接地促进数学素养的发展，数学素养同时又为数学反思提供了可能。[15]

（四）表现

表现就是表示出来，显现出来。言行是数学素养展示的重要途径，与人的内在情感活动有关。数学素养外显性的特点决定了其通过学生在理解现实情境并解决与情境相关问题的过程中表现出来。洛克认为"任何人从事任何工作，都将某种看法作为行动的理由"，"人们的观念、意象才是不断控制他们的无敌的力量，人们普遍地顺从这种力量"。因此，数学学习因其对人的思想和行为产生的改变，使数学素养将个体内在的素质充分外化,让别人也包括表现者自己能够清晰具体地感受、直观形象地观察,并给出合理的评价。真实情境会因为环境不同而千变万化,个体却因其内在的数学素养,通过抽象、推理、建模寻找出其内在的规律、趋势、方向。表现作为手段,既是实践的构成成分,又是实践的丰硕果实,它同人类的知觉能力、思维能力和想象能力一起成熟起来,都是人类无数实践活动在心理结构中的积淀,它的外在表现是本能的、无意识的,但实质上却是实践的智慧结晶。

### 参考文献

[1]胡典顺.数学素养研究综述[J].课程·教材·教法,2010,30(12):50-54.

[2]陈佑清,论学生素质发展的机制[J].教育研究与实验.2008(3),30.

[3]曹才翰,章建跃.数学教育心理学[M].北京:北京师范大学出版社,1999,17-30.

[4][英]G.H.哈代,[美]N.维纳,[英]怀特海.科学家的辩白[M].南京:江苏人民出版社,1999,、180.

[5]欧阳绛著.数学方法溯源[M].大连:大连理工大学出版社,2008,159-160.

[6][匈]路莎·彼得著.朱梧贾,郑毓信,等译.无穷的玩艺[M].大连:大连理工大学出版社,2016.

[7][德]雅斯贝尔斯著,邹进译.什么是教育[M].北京:生活·读书·新知三联书店,1991,3.

[8][日]米三国藏著.毛正中,吴素华译.数学的精神、思想和方法[M].上海:华东师范大学出版社,2019,13.

[9][瑞士]皮亚杰著.范祖珠译.发生认识论[M].北京:商务印书馆,1981,104.

[10][美]约翰·杜威著.王承绪译.民主主义与教育[M].北京:人民教育出版社,1999,247.

[11]黄翔著.数学教育的价值[M].北京:高等教育出版社,2004,103.

[12][荷兰]弗莱登塔尔著,陈昌平等译.作为教育任务的数学[M].上海:上海教育出版社,1995,75.

[13][加]马克斯·范梅南著.李树英译.教学机智—教育智慧的意蕴,北京:教育科学出版社,2001,96.

[14]张华.课程与教学[M].上海:上海教育出版社,2000,55.

[15]涂荣豹.试论反思性数学学习[J].数学教育学报.2000(4):9.

# 第五章　关于数学学科核心素养的思考

## 第一节　数学核心素养的发展历程

中华人民共和国成立之初，教育部门以苏联十年制学校数学教学大纲和课本为蓝本，于1953年正式公布了《中学数学教学大纲（草案）》。该大纲提出要重视基础知识和基本技能教学，1956年教育部对大纲进行了修订，修订说明部分指出，中学数学教学要能让学生掌握算术、代数、几何和三角的基础知识，使他们能利用这些知识来解决实际问题，进而发展他们的逻辑思维和空间想象力。这一时期大纲中完全没有培养数学核心素养的意识，但是大纲中隐约存在着培养学生基本数学素养的脉络，所以从1949年到20世纪50年代末，这一时期属于数学核心素养的萌芽阶段。

在中共中央提出的"调整、巩固、充实、提高"方针指导下，1961年教育部制订了《全日制中小学数学教学大纲（草案）》。1963年5月，在"六一"大纲的基础上又编制了12年制的《全日制中学数学教学大纲（草案）》，第一次明确提出要"培养学生正确而且迅速的计算能力、逻辑推理能力和空间想象能力"的要求。1978年制订了《全日制学校中学数学教学大纲（试行草案）》，首次提出了"逐步培养学生分析问题和解决问题的能力"。1982年制订的《全日制六年制重点中学数学教学大纲（征求意见稿）》明确提出了要"逐步形成运用数学来分析和解决实际问题的能力"。1986年11月，国家教委制订的《全日制中学数学教学大纲》，正式把"双基"和"三大能力"作为中学数学教学目标的核心内容。双基系统经过几代数学教育工作者的辛勤努力，造就了中国数学教育的稳固根基。20世纪90年代前后，随着经济发展和社会进步，双基系统的应试特征造成的过度练习和形式化训练，已经无法满足社会发展对教育质量提升的迫切期望，数学教育面临重大变革。这一时期大纲中没有明确提出"数学素养"一词，只是讨论了与数学素养相关的"三大能力"等问题，所以20世纪60年代初到80年代中期属于数学核心素养的酝酿阶段。

1988年，我国颁布的《九年义务教育全日制初级小学数学教学大纲》指出，我国公民所具备的文化素养应当包括一定的数学基础知识和基本技能。从中可以看出，此大纲已将"双基"视为公民的一种素养。而在 1992 年颁发实施的《初级中学数学教学大纲》里则出现了数学素养，这是我国首次在大纲中出现数学素养一词。2000 年《全日制普通高级中学数学教学大纲（试验修订版）》、2001 年《九年义务教育数学课程标准（实验稿）》、2003 年《普通高中数学课程标准（实验稿）》以及 2011 年《义务教育数学课程标准》中陆续引入数学素养概念，如，在 2003 年《普通高中数学课程标准（实验稿）》中明确指出个人发展与社会进步需要数学素养的提高；又如，在 2011 年《义务教育数学课程标准》正文中出现"数学素养"一词达 11 次，并多次提出要通过数学知识的学习，让学生获得作为未来公民所必需的数学素养，以满足社会进步和个人发展的需要。这一时期，大纲中开始出现素养和数学素养等名词，数学教育学者对数学素养有了一定认识，为下一步发现和认识数学核心素养打下基础。与此同时，《义务教育数学课程标准（2011 年版）》在保留原有双基系统的基础上，通过新增基本思想和基本活动经验，新的四基系统建立完成。正如史宁中教授所指出的，中国的数学教育能够一方面保持数学"双基"这个合理的内核，另一方面又能创设合适的教学情境，体现"基本思想"和"基本活动经验"，两者结合以满足"演绎"能力及"归纳"能力的培养，进一步帮助学生学科核心素养的形成和发展。所以，20 世纪 80 年代末到 2013 年这一时期属于数学核心素养的雏形阶段。

教育部《关于全面深化课程改革　落实立德树人根本任务的意见》于 2014 年 3 月 30 日正式印发，文件中提出了"核心素养"这个关键词。虽然在数学大纲和课标中还没有明确提出数学学科的核心素养，但是国内很多数学教育者对于数学核心素养有了自己的看法和认识。马云鹏教授认为，数学核心素养可以理解为学生学习数学应当达成的有特定意义的综合能力。核心素养基于数学知识技能，又高于具体的数学知识技能，它反映了数学本质与数学思想，是在数学活动过程中形成的，具有综合性、阶段性和持久性。他还指出，在 2011 年《义务教育数学课程标准》中提出的 10 个核心概念：数感、符号意识、空间观念、几何直观、数据分析观念、运算能力、推理能力、模型思想、应用意识和创新意识，实际上就是数学核心素养。数学核心素养包含具有数学基本特征的思维品格和关键能力，是数学知识、技能、思想、经验及情感、态度和价值观的综合体现，它是数学课程目标的集中表现，反映课程内容的主线，聚焦课程目标要求，也是学业质量标准的集中反映。也有学者用这样的一个式子来表述数学核心素养，即数学核心素养 = 数学思考 ×（数学能力＋数学知识）数学态度，正确的数学思考和积极的数学态度会产生正面效果，会促进数学核心素养的提升，否则会产生负面效果，抑制数学核心素养的提升。在高中阶段，课程标准里拟定了 6 个数学核心素养，分别是抽象能力、逻辑推理与交流、建模能力与反思、运算能力、几何直观和空间想象、数据分析与知识获取。高中数学课标修订组给出了更加简明的六大核心素养：数学抽象、逻辑推理、数学建模、直观想象、数学运算和数据分析。这一阶段，数学教育者们意识到数学核心素养的重要地位，逐步摸索数学核心素养的内涵，并就各自对数学核心素养的理解展开了热烈探讨，所以这一阶段是数学核心素养的探索阶段。

2018 年，教育部颁布的《高中数学课程标准（2017 年版）》凝练并提出数学学科核心素养，这不仅是对党的十九大所提的教育方针、落实立德树人的根本任务、发展"以人为本"教育理念的具象回应，也是适应国际数学教育改革发展趋势，提升中国数学教育国际竞争力的基本诉求。培养具有数学学科核心素养的社会成员已经成为数学教育的根本任务与共同目标。史宁中教授所指的学科核心素养可以看成各学科亚系统的集合，但显然，直接从"四基"亚系统跨越到各学科素养亚系统的跨度太大，"四基"强调重点仍然是数学知识内部的联系，而建立跨学科关联性需要新的层次。六大核心素养是对原有 10 个核心概念的提升。六大核心素养层的产生比低层次（10 个核心概念）在组织方式上要更加简洁。[1] 这个阶段数学学科核心素养深入人心，基于核心素养的高中数学实践研究异彩纷呈，是数学核心素养的实施阶段。

综上所述，到目前为止国内对数学核心素养的研究可以分为 5 个阶段，即萌芽阶段、酝酿阶段、雏生阶段、探索阶段和实施阶段。[2]

## 第二节　数学核心素养的内涵与特征

### 一、数学核心素养的内涵

素养可以认为是人的基本修养，数学素养则是通过数学教育培养的一种稳定的心理品质。教育部在《关于全面深化课程改革　落实立德树人根本任务的意见》中明确界定了核心素养，即学生应具备的、适应终身发展和社会发展需要的必备品格和关键能力。作为核心素养的下位概念，数学核心素养即学生应具备的、适应终身发展和社会发展需要的必备品格和关键数学能力。"品格"即品性、品行，是指一个人具有的性格和道德。心理学则把品格与性格等同看待，这里所说的品格具有道德评价的意义，诚实、勤奋、正直等优良品格使人进步，而偏见、自私、懒惰等不良品格需要改变。也有观点把品格作为人格的研究范畴。人格特征通常是指非认知的、表现在人际交往过程中的、稳定的心理倾向和行为模式。因此，可以把品格理解为一个人所具有的品德和人格，属于非认知范畴。"能力"，心理学指在学习活动中，直接影响活动效率，使活动得以完成的个体稳定的心理特征。从斯皮尔曼（Spearman）的二因素智力研究开始，已形成大量的研究成果。林崇德先生对智力和能力的区别作了解读：智力偏于认识，它看重解决知与不知的问题；能力偏于活动，它看重解决会与不会的问题。其实，现在所说的能力是智力与能力的综合。能力属于认知范畴。发展学生的必备品格是教育的共同任务，而发展学生的关键数学能力则是数学学科需要完成的教育目标。[3] 数学核心素养可以界定为是数学学习者在学习数学过程中所应达成的综合性能力，是个体在数学学习实践活动中所形成的，在各种社会生活情境中积极运用数学知识和数学思维分析、解决各种问题，发挥数学应用价值，实现自身与社会持续发展的最基本、最具生长性的相关数学素养。

## 二、数学核心素养的特征

### （一）阶段性与持续性[4]

学生数学核心素养的获得是一个循序渐进、不断深化的过程。数学核心素养在不同的阶段，具有不同的培养方式和培养目标，表现出阶段性和持续性的特征。小学阶段，应重视培养学生的运算能力、归纳猜想能力，那么与之相关的数学知识就成了这个阶段学生需要掌握的核心知识，需以这样的核心知识作为载体来发展学生的数学核心素养；到了中学阶段，重在培养学生的逻辑思维，这时学生所需的数学核心素养也会随之改变。随着学生人生阅历的丰富和自身发展的需求，学生认识数学的角度和方式的日益深化，对数学本质的理解也会更加深刻，其数学核心素养也会更加趋于完善。数学核心素养的持续性还表现在，即使学生在进入社会以后已经遗忘了所学习的数学知识，但数学学习过程中形成的数学思想、数学观念、数学精神仍然会对学生今后的学习、生活、工作产生长远的积极影响。

### （二）情境性与独特性

数学核心素养的生成不能通过机械训练短时间获得，而需要根据学生身心发展及认知能力创设形象、开放、趣味的问题情境，让学生在真实数学活动中，经历抽象、推理和建模的过程逐渐生成。教学过程应充分体现数学思维的独特性。数学思维作为学生在学习数学与问题解决过程中不可缺少的思维形式，其实质是人们将数学语言和符号作为载体对客观世界进行认识与发现的过程。如数学模型的建构是在数学抽象的基础上，利用数与型的特征，解决社会生活中的实际问题，并根据实际情况不断优化的过程。这个过程需要注重思维过程的正确性、符号使用的准确性、问题解决的合理性、逻辑思维的条理性、数学推理的和谐性等，从而帮助于学生获得包括审美品质在内的各种数学思维品质的发展。

（三）综合性与习得性

构建数学核心素养，学生不仅要具备真实情境中解决问题所需的数学知识、方法、技能，还需要数学的思想观念、数学的表达交流能力、数学的问题意识，以及在信息社会中获取、分析和处理数据的能力。数学核心素养是数学知识、数学能力、数学态度、数学思想以及情感、态度与价值观的综合性表现。它不能像数学知识和技巧那样通过教师讲授直接获取，而需要在知识学习和技能训练过程中通过真实的数学活动习得。教师应从数学发展的脉络中发掘数学的作用和价值；在具体情境中培养学生克服困难、积极进取、不懈努力的品质；在严谨的数学活动中引导学生体验数学思维、提升学习兴趣、建立学习信心，循序渐进地完成高层次核心素养的形成。

**三、数学学科核心素养的思考**

数学学习对中国学生发展究竟起哪些特殊的、其他学科无法替代的作用？数学核心素养作为中国学生发展核心素养的数学学科延伸，究竟在哪些方面服务于中国学生发展核心素养？只有理清了这两个原始问题，才能明确数学核心素养的主要成分。

（一）数学核心素养具有鲜明的学科特性

林崇德教授指出："研制中国学生发展核心素养，根本出发点是全面贯彻党的教育方针，践行社会主义核心价值观，落实立德树人根本任务。"数学核心素养作为中国学生发展核心素养的下位概念，是核心素养在数学学科中的具体化，具有数学学科的特殊属性。数学作为基础教育的主要课程，对于提高民族素质，促进社会发展有着不可替代的重要作用。OECD、欧盟和美国等国际组织和国家都将数学素养作为现代公民基本素养的重要组成部分。高中数学教学要落实核心素养，培养能够适应信息时代对人才的需要和对公民素养的基本要求的个体。根据数学的学科特点，在知识与技能、过程与方法、情感态度和价值观，即"三维目标"的基础上，将"学会用数学的眼光观察现实世界、用数学的思维思考现实世界、用数学的语言表达现实世界"作为数学教学的终极目标。其中，"数学眼光"更多地指向数学抽象、直观想象，"数学思维"更突出地表现为逻辑推理、数学运算，而"数学语言"更多地体现为数学模型、数据分析。基于数学自身的高度的抽象性、逻辑的严谨性和应用的广泛性，并兼顾到高中数学教育的实际情况，数学核心素养可以界定为学生应具备的、能够适应终身发展和社会发展需要的、与数学有关的关键能力和思维品质。

（二）数学核心素养的形成要经历真正的学习

弗兰登塔尔认为"与其说学数学，倒不如说学习数学化"，这个观点道出了数学学习的本质。数学化其实就是从（数学外部的）现实世界到数学内部，从数学内部发展，再到现实世界中（以及应用于其他学科之中）的全过程，数学化的本质在于三个阶段，即现实问题数学化、数学内部规律化、数学内容现实化。高中数学教学要引导学生在情境中经历真实的数学学习活动，在独立思考、主动参与、亲身实践的过程中，培养数学抽象、数学推理、数学建模的能力，完成数学基本思想的形成、数学活动经验的积淀、数学知识体系的自我构建。数学核心素养并不是数学学习的必然产物。教学中过多的死记硬背、讲授灌输、机械训练，学生在简单重复的学习中能够获得一定的知识积累和技巧训练，但对数学内容的理解未必准确，数学技能的形成比较片面，数学能力的提升非常有限，更重要的是在枯燥的学习过程中产生消极、负面的数学学习情感，会深刻地影响学生健康人格的塑造和形成。只有亲身经历数学化的过程，学生才能逐渐学会用一双数学的眼睛思考和分析问题、体会和面对人生、感悟和理解世界，获得有助于自身可持续发展和促进社会发展进步的良好素养。

（三）数学核心素养的主要成分

高中阶段课程目标涉及知识与技能、过程与方法、情感态度与价值观，以培养学生知行合一的品行，塑造学生的健全人格为目的。数学核心素养应具有其他学科无法替代的典型的数学学科特性，并与其他学科核心素养一起，对于学生的全面发展与可持续发展共同发挥作用。因此，高中学生发展的数学核心素养必须涵盖三种成分：

一是学生经历数学化活动而习得的数学思维方式。

数学思维按思维水平大体可以分为三个层级：第一层级——通过对问题的整体结构进行思考，以明确问题解决的方向和一般性解决方法，如：符号化思想、集合对应思想、数形结合思想、分类讨论思想、函数与方程思想、化归与转化思想等；第二层级——问题解决过程中较高层次的逻辑思想方法以及功能性的策略，如：类比、归纳、演绎、分析、抽象等；第三层级——解决问题的具体方法、程序、技巧，多具有特殊性的特征，如：配方法、换元法、待定系数法、消参法、错位相减法等。

二是学生数学发展所必需的关键能力。

反观国内关于学生数学核心素养的观点，如：小学数学核心素养包括数学人文、数学意识和数学思想三大要素及诸多二级细分，缺少数学所特有的定性思考、定量把握等思维方式；将《义务教育数学课程标准（2011年版）》界定的10个核心词，即数感、符号意识、空间观念、几何直观、数据分析观念、运算能力、推理能力、模型思想、应用意识和创新意识，作为十个核心素养，恰恰忽略了数学品格的及健全人格的养成；而"数学素养是由数学知识与技能、数学思想与方法、数学能力与观念等组成"的观点有泛化趋向，"数学抽象、逻辑推理、数学建模、直观想象、数学运算、数据分析"作为修订高中数学课程标准期间被笔者同行频频谈及的关键词，更多地表达了高中数学所特有的数学核心能力而非数学核心素养。

三是学生经历数学化活动而形成的良好的数学品格及健全人格。

数学是一种文化，既具有工具性的品格，也具有文化性的品格。数学应用的广泛性，尤其是近代微积分诞生以来，在应用方面的光辉成就，愈来愈突出了其工具品格，而让人忽略了其文化品格。数学是理性精神的化身，深刻地影响着人们的观念、精神以及思维方式的养成。学生在长期的数学活动中，思维缜密的逻辑推导、精确严谨的数学计算、妙趣无穷的数学发现有助于形成良好的数学学习动机、激发浓厚的数学学习兴趣，形成丰富的数学情感及意志力，这些心理品格不仅具有良好的数学特征，而且有助于塑造健全的人格。

# 第三节　数学核心素养的培养途径

数学学科核心素养是学生在数学学习过程中所形成的有利于自身和社会可持续发展的综合素养，是数学课程深化改革的新方向。数学核心素养的形成不是一蹴而就的事情，需要教育工作者在理论探索的基础上不断开展教学实践，寻找新的切入点，厘清数学课程改革新思路，实现以育人为价值取向的数学教育。培养学生的数学学科核心素养可以从宏观融合，强化数学文化熏陶；微观贯通，联结数学理性思维；整体落实，同步数学课程改革；划分水平，完善教学质量评价四个方面具体实施。

**一、宏观融合，强化数学文化熏陶**

莫里斯·克莱因（Morris Kline）在《西方文化中的数学》前言中指出："在西方文明中，数学一直是一种主要的文化力量。"可见数学已经成为思想和行动的指南，是理性精神的化身。数学文化从宏观视角探讨数学学科内在的本质与发展变化规律，强化数学文化的熏陶对于学生数学核心素养的形成具有重要价值。

数学文化不仅包括数学显性知识及其背后的数学思想方法，也包含学生对数学的情感、态度等隐性的非智力因素。数学文化具有知识价值、理性价值、智力价值、美学价值。可以引导学生利用已有的数学知识、数学思想方法分析生活中的数学现象，解决数学问题，感悟数学的智育价值，也可以利用数学符号、公式、图形等的简洁美、对称美帮助学生欣赏数学的美育价值。当学生的数学认知由数学的精神、知识、思想、方法共同构成时，从数学知识的获取到数学方法的提炼，从数学思想的感悟到数学精神的弘扬，数学文化的价值将丰富数学教育的内涵，促进学生数学核心素养的形成。

## 二、微观贯通，联结数学理性思维

数学核心素养的培养离不开数学学科，从素养发展的角度对不同学科在不同学段的核心素养进行研究，实现核心素养在各学科各学段的垂直贯通是非常必要的。数学核心素养离不开数学理性思维。数学理性思维是在数学学习过程中，通过观察、体验、经历及内化等过程逐步形成理性的思考问题、分析问题、解决问题的思维方法和价值观。理性有三个方面的意义：在哲学上，是运用理智的能力；在社会学上，是能够辨别、判断、评价人的行为是否符合特定要求的智能；在数学上，是通过逻辑的判断、推理等活动获得结论的理性认识。无论是对判断、推理等活动的理性认识，还是理智上控制行为的能力，这些都需要潜移默化地领悟，并且具有普遍的终身受用的价值。数学理性思维不只是静态的数学基础知识与基本技能，也不是解决某个问题的简单方法，而是一种提出问题、分析问题、解决问题、评价问题的思维模式。数学理性思维是数学核心素养的灵魂，始终贯穿于数学核心素养的培养过程之中，缺少数学思维的数学核心素养如同没有灵魂的空壳，失去其存在的意义。只有在数学理性思维的指引下，数学核心素养才会产生价值。

## 三、整体落实，同步数学课程改革

从国际数学教育发展趋势来看，许多国家都将数学核心素养作为课程设计的关键因素，并在其指引下，制订新的课程标准，发动数学教育变革。传统的数学教学受制于应试教育，教学中更多以成绩为价值取向，忽略了学生的差异性与主体性；注重对基础知识与基本技能的训练，忽略了对学生数学素养的培养。在落实数学核心素养的背景下，数学课堂开始从"以知识为本"逐渐转向"以人为本"，学生的主体性受到教师的关注，数学素养也逐渐地在教学中得到关注，得到落实。目前，高中课程标准是基于数学核心素养来进行修订的，新课标、新教材、新高考的实施，标志着数学课程改革已经从关注知识技能走向关注数学核心素养。

## 四、划分水平，完善教学质量评价

数学核心素养的阶段水平与数学素养的层次化水平有关。加布里埃莱·凯撒与托本·威尔兰德从学生的角度出发，将数学素养划分为五个不同水平：无素养、名词性素养、功能性素养、概念和程序性素养、多维素养。数学核心素养是学生在不同发展阶段表现出来的一种综合的动态系统，不同阶段具有不同的层次水平。因此，有必要结合学生实际状况，划分数学核心素养水平，制订数学核心素养的评价体系与标准，开发合理的评价工具。"根据核心素养体系，明确学生完成不同学段、不同年级、不同学科学习内容后应该达到的程度要求，指导教师准确把握教学的深度和广度，使考试评价更加准确反映人才培养要求。"例如，对于"数系扩充和复数的引入"，第一阶段要求学生能够回顾数系扩充的历史，在问题情境中感受复数引入的必要性；第二阶段要求学生熟悉复数的基本运算和实际应用。教师在培养学生数学核心素养的过程中要循序渐进，培养学生从数学角度分析问题和解决问题的能力，更好地认识数学世界与现实世界的抽象，借助有效的评价方式和手段。鉴于数学核心素养的阶段性与持续性特征，对不同阶段的学生进行跟踪评估，帮助学生形成良好的非智力品质，从而完善数学教学质量的评价体系，实现基于数学核心素养的育人目标。

**参考文献**

［1］张晋宇,马文杰,鲍建生.数学核心素养系统的演化、结构和功能[J].基础教育,2017,14（06）:67-74.

［2］孙成成,胡典顺.数学核心素养：历程、模型及发展路径[J].教育探索,2016(12):27-30.

［3］喻平.从 PME 视角看数学核心素养及其培养[J].教育研究与评论（中学教育教学）,2017（02）:8-12.

［4］朱立明.基于深化课程改革的数学核心素养体系构建[J].中国教育学刊,2016（05）:76-80.

# 第六章　高中数学学科核心素养的理解与诠释

　　高中数学课程标准修订组为落实"十八大"提出的教育"立德树人"的根本任务，根据《普通高中数学课程标准（实验稿）》（2003 年）实施过程中总结的经验和问题，以教育部 2014 年颁布的《关于全面深化课程改革　落实立德树人根本任务的意见》为重要原则，修订完成《普通高中数学课程标准（2017 年版）》（以下简称标准）。课程标准根据林崇德团队于 2016 年 9 月 13 日公布的《中国学生发展核心素养》，把数学核心素养定义为"学生应具备的、能够适应终身发展和社会发展需要的、与数学有关的思维品质和关键能力"。数学学科是基础教育阶段最为重要的学科之一，通过基础教育阶段的数学教育，不管接受教育的人将来从事的工作是否与数学有关，终极培养目标都可以描述为"会用数学的眼光观察世界；会用数学的思维思考世界；会用数学的语言表达世界"。因此，在本质上，这"三会"就是高中阶段的数学核心素养，是超越具体数学内容的教学目标。

　　数学的眼光是什么呢？就是数学抽象。因为数学的研究源于对现实世界的抽象，通过抽象得到了数学的研究对象，基于抽象结构，通过符号运算、形式推理、模型构建等数学方法，理解和表达现实世界中事物的本质、关系和规律。正因为有了数学抽象，就形成了数学的第一个基本特征，这就是数学的一般性，使得数学能够揭示普遍规律。与数学抽象关系密切的是直观想象，直观想象是实现数学抽象的思维基础，是人在思维过程中逐渐形成的思想方法和思考能力，因此在高中数学阶段，也把直观想象作为数学核心素养的一个要素提出。

　　数学的思维是什么呢？就是逻辑推理。数学的发展依赖的是逻辑推理，通过逻辑推理得到数学的结论，也就是数学命题。所谓推理是指从命题判断到命题判断的思维过程，其中的命题是指可供判断正确或者错误的陈述句。所谓逻辑推理，就是从一些前提或者事实出发，依据一定的规则得到或者验证命题的思维过程，这里所说的规则是指推理过程具有传递性。正因为有了逻辑推理，就形成了数学的第二个基本特征，这就是数学的严谨性。虽然数学运算是逻辑推理的一种特殊形式，但在高中阶段，数学运算非常重要，因此在高中数学阶段，也把数学运算作为数学核心素养的一个要素提出。

　　数学的语言是什么呢？就是数学模型。数学模型使得数学回归于外部世界，构建了数学与现实世界的桥梁。在现代社会，几乎所有的学科在科学化的过程中都要使用数学的语言，除却数学符号的表达之外，主要是通过建立数学模型刻画研究对象的性质、关系和规律。正是因为有了数学建模，就形成了数学的第三个基本特征，这就是数学应用的广泛性。因为在大数据时代，数据分析变得越来越重要，逐渐形成了一种新的数学语言，因此在高中数学阶段，也把数据分析作为数学核心素养的一个要素提出。

这样，课程标准就确定了高中数学核心素养的 6 个要素：数学抽象、逻辑推理、数学建模、直观想象、数学运算、数据分析。为了便于理解，课程标准对每一个要素，都分别从概念内涵、学科价值、学生表现 3 个层次进行了述说。而数学的 3 个基本特征，即一般性、严谨性和应用的广泛性，是全世界数学家的共识，数学核心素养的 6 个要素是实现这 3 个基本特征的思维基础，是高中数学内容体现出来的思维品质和基本能力，因此，课程标准把数学核心素养的这 6 个要素写进课程目标，希望能够贯穿在高中数学教育的全过程。[1]

# 第一节　数学抽象

中国汉代经学家刘向说过："谋先事则昌。"翻开历史的篇章，我们会发现人们思维发展的历程就是一部人类文明的进化史。文字的诞生及以直观与猜测为手段的抽象思维的形成，促使古代的中国、印度和希腊的智者对思维器官、思维方法等展开了广泛的思辨活动。

"抽象"是人们在日常生活中经常使用的词汇，如：这个问题太抽象，这个说法太抽象，等等。这里说的抽象，常常是不易理解的意思。一般认为，"抽象"一词源自拉丁语 *abstractio*，意为排出、抽取。这是抽象这个词的基本含义。《辞海》："抽象是在思想中抽取事物的某个或某些属性（科学抽象要求抽取事物的特有属性或本质属性）而撇开事物的其他属性的逻辑方法。"[2]《现代汉语辞典》："从许多事物中，舍弃个别的、非本质的属性，抽出共同的、本质的属性，叫抽象，是形成概念的必要手段。"[3]科学的抽象，包括物质的抽象、价值的抽象、自然规律的抽象等，都是为了更深刻、更正确、更完全地反映客观世界。

## 一、数学抽象的内涵

（一）什么是数学抽象？

数学抽象是指通过对数量关系与空间形式的抽象，得到数学研究对象的素养。主要包括从数量与数量关系、图形与图形关系中抽象出数学概念及概念之间的关系，从事物的具体背景中抽象出一般规律和结构，并用数学语言予以表征。[4]

与研究对象的存在相比，研究对象之间的关系更为本质。正如亚里士多德在《形而上学》中所说：

> 个体不能同时在多处存在，共相却可以同时存在于众多，所以也不难明白，离开了特殊普遍将不复存在。

> 例如，数学家用抽象的方法对事物进行研究，去掉感性的东西诸如轻重、软硬、冷热，剩下的只有数量和关系，而各种规定都是针对数量和关系的规定。有时研究位置之间的关系，有时研究可通约性，还研究各种比例，等等。……数学家把共同原理用于个别情况，……等量减等量余量相等，这便是一条对所有量都适用的共同原理。对于数学研究而言，线、角或者其他的量（的定义），不是作为存在而是作为关系。

数学抽象就是通过观察、分析、思考，舍弃数学对象的物理的、化学的、社会的属性，即舍弃数学对象外部的、偶然的、非本质的属性，从空间形式和数量关系入手揭示数学对象的本质和规律的数学研究方法。数学抽象不仅仅要抽象出数学所要研究的对象，还要抽象出这些研究对象之间的关系。

（二）数学抽象的内容

数学抽象主要包括两方面的内容：数量与数量关系；图形与图形关系。

1. 数量与数量关系的抽象

人们把现实生活中的数量抽象为数，形成自然数，并且用十个符号和数位进行表示。得到了自然数集。在现实生活中，数量关系的核心是多与少，人们又把这种关系抽象到数学内部，这就是数的大与小。后来，人们又把大小关系推演为更一般的序关系。

由大小关系的度量产生了自然数的加法，由加法的逆运算产生了减法，由加法的简便运算产生了乘法，由乘法的逆运算产生了除法。因此，数的运算本质是四则运算，这些运算都是基于加法的。通过运算的实践以及对运算性质的研究，抽象出运算法则。为了保证运算结果的封闭性，就实现了数集的扩张。在本质上，数集的扩张是因为逆运算。为了减法运算的封闭，自然数集扩张为整数集；为了除法运算的封闭，整数集扩张为有理数集。

数学的第五种运算就是极限运算，涉及数以及数的运算的第二次抽象。虽然极限的思想古已有之，但极限运算的确立，却是牛顿、莱布尼茨于 1684 年左右创立的微积分，微积分的运算基础就是极限。为了合理地解释极限，特别是为了合理地解释函数的连续性，1821 年到 1860 年这一段时间，柯西、魏尔斯特拉斯等数学家创造出了"$\varepsilon-\delta$ 语言"

的描述方法。由此开始构建了现代数学的特征：研究对象符号化、证明过程形式化、逻辑推理公理化。

虽然人们在很早以前就抽象出了数以及四则运算，抽象出了数与数之间的关系，甚至建立了基于极限运算的微积分，但直到 20 世纪初，人们才合理地解释了什么是数，以及各种关于数的运算及其法则。

2. 图形与图形的抽象

图形与图形关系的抽象也经历了类似的过程。现实世界中的图形都是三维的，几何学研究的对象，诸如点、线、面等都是抽象的产物，这些研究对象集中地表述在欧几里得《原本》这本书中。欧几里得用揭示内涵的方法给出点、线、面的定义，比如，点是没有部分的东西。但是，凡是具体的陈述就必然会出现悖论：按照这样的定义，应当如何解释两条直线相交必然交于一点呢？即便如此，欧几里得几何仍然是数学抽象的典范，支撑了数学两千多年的发展，并且成为近代物理学发展的基础，主要表现在伽利略和牛顿的工作中。

随着数学研究的深入，特别是非欧几何以及实数理论的出现，人们需要更加严格地审视传统的几何学。1898 年，希尔伯特在《几何基础》一书中，重新给出点、线、面的定义：用大写字母 $A$、$B$、$C$……表示点，用小写字母 $a$、$b$、$c$……表示直线，用希腊字母 $\alpha$、$\beta$、$\gamma$……表示平面，这完全是符号化的定义，没有任何涉及内涵的话语。那么，完全没有内涵的定义也能成为数学的研究对象吗？事实上，希尔伯特更为重要的成就在于他给出的五组公理，这五组公理限定了点、线、面之间的关系，给出了几何研究的出发点，构建了几何公理体系。希尔伯特几何公理体系的建立，完成了几何学的第二次抽象。

由此可见，抽象是数学得以产生和发展的思维基础，并且与数学的发展同步，数学的抽象也经历了两个阶段。

第一阶段的抽象是基于现实的，人们通过对现实世界中的数量与数量关系、图形与图形关系的抽象，得到了数学的基本概念，这些基本概念包括数学研究对象的定义、刻画研究对象关系的术语和计算方法。这种基于现实的抽象，是从感性具体上升到理性具体的思维过程。随着数学研究的深入，还必须进行第二阶段的抽象，这个阶段的抽象是基于逻辑的。人们通过第二阶段的抽象，合理解释了那些通过第一次抽象已经得到的数学概念以及概念之间的关系。第二次抽象的特点为是符号化、形式化和公理化，这是从理性具体上升到理性一般的思维过程。[5]

我们必须看到，虽然第二次抽象使得数学更加严谨，但第一次抽象却更为本质。因为第一次抽象创造出了新的概念、运算法则和基本原理，而第二次抽象只是更加严谨地解释这些创造。事实上，如果没有第一次抽象作为铺垫，我们将无法理解第二次抽象的真实含义，就像没有欧几里得几何作为铺垫，我们将无法理解希尔伯特所创造的几何公理体系到底说了些什么。

数学抽象的主要表现为"获得数学概念和规则，提出数学命题和模型，形成数学方法与思想，认识数学结构与体系"[4]，数学概念和规则的抽象是指通过抽象活动形成数学概念；数学命题和模型的抽象是指通过抽象建立数学概念的因果关系，形成命题和规则；数学方法与思想的抽象是指通过对数学操作程序的抽象，形成数学方法、数学思想和解决问题的策略；数学结构与体系的抽象是指通过对概念、命题、方法和思想的抽象，建立概念、命题（规则）之间的普遍联系，形成数学体系。[6]

（三）数学抽象的特点

数学抽象与物理抽象、哲学抽象、艺术抽象等相比具有如下特点：

一是纯粹性。数学抽象只考虑事物或现象的数量关系和空间形式而舍弃其他一切属性。数学抽象的这种高度纯粹性，决定了它的抽象程度远高于其他学科的抽象。

二是理想化。一方面，数学源于现实，"不但数学概念本身，而且它的结论、它的方法都是反映现实世界的"。另一方面，数学又高于现实、超越现实。数学对象是抽象思维的产物，是理想化的产物。数学意义上的点源于生活中各种各样的点，它虽然不是欧几里得所谓"没有部分的东西"，但也确实是没有任何物理属性、没有大小的。数学意义上的随机事件源于生活中的随机现象，但必须是在绝对相同的条件下可以重复试验。

三是精确性。由抽象得到的数学概念在经过理想化处理后具有绝对精确的特点。例如，圆（可变为椭圆）是平面内到定点距离等于定长的点的轨迹，任何一个点要么在圆上，要么不在圆上，没有丝毫模糊的空间。数学命题研究的是抽象概念之间的关系，其结论需要通过逻辑推理来确认。数学概念的精确性与推理逻辑的严谨性成就了数学结论的精确性和逻辑必然性。需要指出的是，数学的绝对精确性和可靠性是以数学概念的理想化、以数学与现实相分离为前提的。当数学涉及现实时，它就不具有这种绝对精确性和可靠性。

四是模式化。数学抽象的结果是数学模型、数学模式。美国著名数学家、美国数学联合会前主席斯蒂恩（L.A.Steen）曾指出：数学家在数中、在空间中、在科学中、在计算机中，以及在想象中寻找模式，数学理论解释模式间的关系。函数和映射、算子和映射将一类模式与另一类模式联系起来，产生稳定的数学结构。数学应用则是利用这些模式解释和预测相关自然现象。数学问题、数学概念、数学法则、数学命题、数学方法、数学思想等都具有模型、模式的特点。数学模型、数学模式是连接数学世界与现实世界的桥梁。

五是形式化。数学概念是高于现实的纯形式的东西，数学的研究对象是纯形式化的思维材料。数学的抽象性质预先规定了这个事实，就是数学定理仅仅用从概念本身出发的推理来证明。符号化、公理化是数学形式化的重要组成部分和表现形式。数学符号和术语的引入为数学理论的表述和数学论证提供了极大的便利。正如亚历山大洛夫所说：“如果没有合适的数字符号就不能将算术推向前进。尤其是如果没有专门的符号和公式就不可能有现代数学。”[7]

（四）数学抽象的类型

根据抽象对象的不同，数学抽象可分为性质抽象、关系抽象、等置抽象等。所谓性质抽象是指关于研究对象某一方向的性质或属性的抽象方法。如从量与量之间的相互依赖关系中抽象出函数的概念；所谓关系抽象是指关于研究对象的数量关系或空间位置关系的抽象方法。如直线与平面平行、平面与平面垂直是关系抽象的结果，数与数之间的大小关系、倒数关系与不等关系是关系抽象的结果；等置抽象是利用某种准则，抽取出对象的共同性质特征的抽象方法。自然数概念是等价抽象的结果，其本质是某类等价集合的标记，即集合间可以建立对应关系，它们是“对等”的。

根据抽象方向的不同，数学抽象可以分为弱抽象与强抽象。所谓弱抽象，也叫作“扩张式抽象”，是指对事物某一方面特征（或侧面）加以概括，从而形成比原对象更为一般的概念或理论的一种抽象方式。如按“正方体→正四棱柱→长方体→直棱柱→平行六面体→棱柱”顺序进行的抽象就是弱抽象。弱抽象的特点是研究对象的外延不断扩大，内涵不断缩小。所谓强抽象，也叫作“强化结构式抽象”，是指通过扩大研究对象的特征，从而形成比原对象更为特殊的概念或理论的一种抽象方式。如按“棱柱→平行六面体→直棱柱→长方体→正四棱柱→正方体”顺序进行的抽象就是强抽象。强抽象的特点是研究对象的外延不断缩小，内涵不断扩大。弱抽象与强抽象是人们认识事物的两种基本方式：通过弱抽象，人们可以把结论推广到更一般的情形；通过强抽象，人们可以更深刻地认识事物某一方面的特征。

（五）数学抽象的过程

专家站在学科高度对数学抽象的过程和阶段进行划分。按照抽象的程度不同，史宁中教授把数学抽象分为简约阶段、符号阶段、普适阶段3个阶段，其中简约阶段主要是把握事物在数量或图形方面的本质，把繁杂问题简单化、条理化，并清晰地表达；符号阶段主要是去掉具体内容，利用符号和关系术语，表述已经简约化的事物；普适阶段主要是通过假设和推理，建立法则、模式和模型，在一般意义上描述一类事物的特征或规律。徐利治认为，数学研究中的抽象思维过程基本上经历4个阶段：第一阶段主要研究数学现象问题；第二阶段主要是对各种具体数学属性进行分析，逐步去掉非本质属性；第三阶段，对于已经了解其结构的数学事实，确定其本质属性或特征；第四阶段，对基本上被确定的数学概念进行不断纯化。李昌官站在数学教学视角，按通常情况下学生学习时认知的先后顺序，把数学抽象分为感知与识别、分类与概括、想象与建构、定义与表征、系统化与结构化 5 个阶段。

1. 感知与识别

理性认识源于感性认识；数学抽象源于数学直观，源于人们的观察与感知。数学的发展、学生的数学学习在很大程度上依赖于直观，并且越是抽象的知识越需要依靠生动的直观和能被直观感知的具体。数学发展史上，抽象的负数、虚无缥缈的虚数都曾依靠其几何直观才被人们所广泛接受。因此数学抽象的前提是对客观事物数量关系或空间形式的观察与感知，或者是对需要进一步抽象的数学对象的观察与感知。通过观察、感知和比较，人们发现、识别不同对象之间的相同点和不同点。而这些相同点和不同点就成为下一步区分、归类、概括的基础；其中不同点使研究对象分为不同的类，相同点成为区分这类对象与其他类对象的特征。

2. 分类与概括

"抽象"的本意是排除、提取。斯根普（Skemp）认为，抽象与分类紧密相联，抽象首先是识别事物间的相似性，然后通过"分类"将具有相似性的事物收集起来，最后为了描述抽象结果，定义一个概念。因此数学抽象是在感知与识别的基础上，从数与形两方面对事物本质属性进行分类与概括。这里的分类包含两层意思：一是提取，即从特定的背景中提取、明晰研究对象。如为了研究摩天轮旋转时它上面椅子位置的变化情况，确定从椅子的横坐标 $x$、纵坐标 $y$（假设已经以摩天轮的中心为原点建立了直角坐标系）和旋转角度三个维度进行研究。二是分类，即把所有具有共同特征的事物从整体中分离出来。分类与抽象互为前提和条件：分类离不开抽象，抽象也离不开分类；数学抽象需要把具有共同属性的数学对象放在一起作为一类，进而在分类的基础上，从不同的数学对象中概括出共同的本质属性。如：把三角形、函数分别从多边形、映射中提取出来作为独立的一类。

3. 想象与建构

皮亚杰（Piaget）将抽象分为两个阶段：一是经验性抽象与伪经验性抽象阶段，其中前者直接来源于客观对象本身及其性质，后者源于作用于客观对象上的行动；二是反思性抽象阶段，即个体在前两种抽象形成一些想法的基础上，建立它们之间的联系，形成概念与关系。史宁中教授根据抽象程度的不同，将数学抽象分为感性抽象和理性抽象。

其中，感性抽象是指把现实中的一些与数量和图形有关的东西引入数学内部，形成数学概念、法则和模型；理性抽象是指对进行感性抽象得到的思想材料进行再抽象，是从此理性具体到彼理性具体的思维过程。为了纯粹地、精确地从形与数两方面研究现实世界，必须把数学与现实世界进行驳离，在形式与关系两方面进行自由创造；而这种自由创造，离不开人类思维的想象与建构。通过想象，在纯粹的形式上和理想的状态下建构数学概念和法则是数学抽象的基本方法。没有大小的点，没有粗细的、曲率为 0 的无限延伸的直线，相同条件下可以重复试验的随机事件等，都是在抽象的基础上通过理想化、形式化的想象建构的。函数概念，从初中定义的"一个变化过程"到高中定义的"两个非空数集"是一种想象与建构；四元数、n 维空间、极限、导数、非欧几何、无限集的"势"更是数学家自由想象、建构的产物。因此数学概念、数学法则源于常识与经验，但又超越常识与经验。它们是人类想象力、创造力与现实世界完美结合的产物。

### 4. 定义与表征

命名是不可或缺的步骤和条件，科学的独特工作就是建立在这种明确限定的行为之上。这里所说的"命名"即数学上的定义。如果数学抽象的产物是数学概念，那么就需要以定义的形式对它的本质特征，或内涵，或外延给出确切而简约的界定与表征。如果数学抽象的产物是数学法则与模型，或者是数学思想方法与数学体系，那么就需要用数学语言进行精确地刻画与表征。也就是说，数学抽象需要在用数学眼光观察世界、用数学思维分析世界的基础上，用数学语言表征世界，进而为数学交流和用数学工具改造世界奠定基础。

### 5. 系统化与结构化

柯朗曾指出："一切数学的发展在心理上都或多或少是基于实际的，但是理论一旦在实际的需要中出现，就不可避免地会使它自身获得发展的动力，并超越出直接实用的局限。"[8]弗赖登塔尔曾把数学划分为水平数学化与垂直数学化。其中，水平数学化是指由现实问题抽象为数学问题、建立数学模型的过程；垂直数学化是指在水平数学化的基础上，按照数学知识发展的内在逻辑，对数学材料进行组织、整理和拓展，形成某种数学知识体系。一个新的重要的数学概念一旦建立，就必然按照其自身的逻辑发展，通过组织、整理和拓展，建立一个或大或小的知识体系，形成系统化、结构化的知识网络。如人们由力、位移、速度等抽象出向量概念后，就必然要定义向量的各种运算，研究向量之间的关系；在给出向量有关运算法则后，又必然研究它们的运算律，研究如何运用向量知识解决几何、物理等生产和生活中遇到的问题。不仅如此，向量的概念在不断发展，由平面向量到空间向量，再到 n 维向量；向量的运算也在不断发展，由加减运算到数乘、数量积（即内积）运算，再到向量积（即外积）等。因此系统化、结构化既是数学抽象的产物，也是数学抽象的方向与要求。

## 二、数学抽象的意义与价值

### （一）数学抽象的学科意义与价值

徐利治认为："数学是运用抽象分析法研究事物关系结构的量化模式的科学。"希尔伯特认为："在数学中，像在任何科学研究中那样，有两种倾向。一种是抽象的倾向，即从所研究的错综复杂的材料中提炼出其内在的逻辑关系，并根据这些关系把这些材料作系统的、有条理的处理。另一种是直观的倾向，即更直接地掌握所研究的对象，侧重它们之间关系的具体意义，也可以说领会它们的生动的形象。"史宁中教授认为："数学发展所依赖的基本思想有 3 个，即抽象、推理、模型，其中抽象是最核心的。通过抽象，把外部世界与数学有关的东西抽象到数学内部，形成数学研究的对象；通过推理，得到数学的命题和计算方法，促进数学内部的发展；通过模型，创造出具有表现力的数学语言，构建了数学与外部世界的桥梁。[9] 因此，数学抽象是数学发展最基本的手段与方式。它贯穿在数学知识的形成、产生、发展与应用过程中，并使数学成为高度严谨、高度精确、应用广泛、结构性强的学科。"

### （二）数学抽象的教育意义与价值

杜威认为："抽象是教育所要达到的目的；它是对理智问题自身的兴趣，是为思维而思维的一种嗜好。"怀特海认为："数学课程的目标是学生能够通晓抽象思维，能够认识到它是如何应用于特殊而具体的环境，应该知道怎样在合乎逻辑的调查研究中使用一般的方法。"数学抽象使数学变得简单、简约，富有逻辑与条理，因此它利于学生更好地理解数学知识的层次性与结构性，更好地把握数学知识的本质。由于数学抽象旨在寻找事物共同的、本质的属性，因此它利于学生养成从更一般意义和方法上思考问题的习惯，进而发展概括抽象能力，提升理性思维水平。抽象思维能力对数学学习的效率与效益具有显著的影响；在抽象思维水平上，高效组显著高于普通组与低效组学生，普通组明显高于低效组学生；抽象思维能力、推理分析能力、关系判断能力对学生数学学习效率均有显著影响，其中影响效果最大的是抽象思维能力；提高学生的抽象思维能力有助于提升数学学习效率。这种情况的发生是由于数学抽象思维和抽象能力具有较强迁移的功能，能放大知识与能力的效能，进而帮助学生更好地解决现实和其他学科中的相关问题。由于数学抽象的本质是数学创造，因此它利于学生在更高层次上学会学习数学、学会创造数学。

## 三、数学抽象教学的策略与方法

抽象源于具体，理性源于感性。数学抽象的前两步分别是感知与识别、分类与概括，其第一阶段是感性抽象或经验性抽象，第二阶段是理性抽象或反思性抽象。相应地，数学教学应在明确研究对象的基础上，强化学生的观察、直观感知（包括动手操作和思维实验），强化学生对抽象对象相似性的识别，让学生更深入、更充分地感知抽象对象，熟悉它们的形象，感受它们的内涵与本质，夯实抽象的基础。也就是说，从具体事例的相似性识别开始应当是数学抽象教学的一条基本原则；由真实事物出发，给学生的思维插上想象的翅膀，搞清楚新旧抽象概念之间的逻辑相关性，是数学抽象的基本做法。

（一）指导学生了解数学抽象的方法

真正有用的教育是使学生透彻地理解一般原理，能够将这些原理运用到各种不同的具体情境中。数学抽象教学也是如此，在把现实问题转化为数学问题、数学模型的过程中，最常用、最具有数学特点的抽象方法有 3 种。一是数学化。即舍弃事物的一切非数学属性，只从数与形两方面对其进行抽象。如数的产生只关注数量的多少，而省略其他一切因素；几何图形的概念是舍弃了现实对象的所有性质只留下其空间形式和大小的结果。二是理想化。即对现实事物通过一般化、理想化处理，最后得到超越现实的数学模型。如把生活中各种不需要考虑长短、粗细、比较直的线抽象为数学意义上的绝对直的（即曲率为 0）、无限延伸的直线。三是符号化。数学世界是一个符号化的世界；数学符号是数学抽象物的形态，是数学存在的具体化身，是对现实世界数学关系的反映。

在解决数学内部问题的过程中，最常用、最具有数学特点的抽象方法也有 3 种。一是公理化，即寻找各数学分支的出发点与思维原点，从尽可能少的原始概念和公理出发，依据特定的演绎规则，推导出一系列结论，建构数学知识体系。二是结构化，即作为学科的数学不是满足于解决现实生活中的个别问题或某些问题，而是遵循数学知识发展的内在逻辑，建构系统性、结构性强的知识体系。三是形式化，即数学是以形式化的东西为研究对象，得到的是形式化的结论，建构的是形式化的数学体系。

（二）引导学生经历数学抽象的过程

学生如果缺失基础知识，则无法进行后续的学习，但轻而易举地获取知识，则难以习得智慧。教师操之过急地传授知识，其结果只能是适得其反。

史宁中教授认为，数学的抽象应经历了两个阶段。第一阶段的抽象是基于现实的，人们通过对现实世界中的数量与数量关系、图形与图形关系的抽象，得到了数学的基本概念；第二阶段的抽象是基于逻辑的，由此合理解释了那些通过第一次抽象已经得到了的数学概念以及概念之间的关系。

数学教学应让学生经历完整的抽象过程，参与完整的抽象活动——感知与识别、分类与概括、想象与建构、定义与表征、系统化与结构化。

数学教学因为课时与教学内容之间的矛盾，也因为教师的观念，经常压缩或快速通过其中某些阶段，这是不利于学生数学抽象素养发展的。因为学生的数学抽象素养是在抽象过程中逐步孕育的，并且只有完整的抽象过程、抽象活动才能培养出完整的抽象能力和抽象素养。因此，数学教学应再现抽象的过程，强化抽象的过程。

（三）加强学生数学抽象的实践

抽象经验需要在抽象活动中积累，抽象能力需要在抽象活动中发展，抽象素养需要在抽象经验的积淀与升华中养成。学生接受教材和教师抽象出来的数学知识，未必懂得这些知识与原始的、具体材料的联系，未必理解和掌握其中的抽象思路与方法，而这恰恰是学生最有用、最需要的东西。因此，数学教学应让学生经历层次清晰的抽象过程，参与抽象、尝试抽象，进而在抽象中学习抽象、学会抽象。具体地，应加强学生如下 4 方面的数学抽象实践：一是从具体的数学情境（包括数学的与现实的两方面）中抽象出数学概念和法则；二是从数学概念与概念之间、事实与事实之间抽象出数学关系和定理；三是从数学问题解决的过程中抽象出数学思想方法和思维方法；四是对所学知识及时归纳、梳理、抽象，形成良好的数学认知结构。应加强抽象过程中学生思维的交流与碰撞，加强学生的自我感悟，因为最正确经验的积累不是基于理解而是基于感悟。

概念的形成正是高度抽象和概括的过程，对概念的理解过程正是对这种抽象概括内容的剖析过程。在教学中，教师选取学生熟悉的典型实例，提供丰富材料，让学生经历一个完整的概念教学流程：辨别（刺激模式）→分化（各种属性）→类化（共同属性）→抽象（本质属性）→检验（确认）→概括（形成概念）→形式化（符号表达），对比数学抽象的基本方法，熟悉数学抽象的"基本套路"，在概念形成的学习中学会数学抽象。从辨别到概括可视为第一次抽象，表现为用自然语言表达的直观描述；概括到形式化，完成符号表达为第二次抽象。

例：函数的周期性。

首先可列举生活中大量的周期现象，如春夏秋冬四季轮回、海水涨落的潮汐、弹簧振子运动、摩天轮转动有共同特征，经过相同时刻的考察对象可重复出现，其次列举数学中的周期变化，如"数列 $a_n = 1+ (-1)^n$ 的项""$f(x) =x- [x]$ 的图象""在直角坐标系 $xOy$ 中，角 $\alpha$ 的顶点与原点重合，始边与 $xO$ 轴正半轴重合，终边与单位圆交于点 $P$（$cos\alpha$，$sin\alpha$），当角 $\alpha$ 的终边绕原点从 $xO$ 轴的正半轴开始，按照逆时针方向旋转时，点 $P$ 的横坐标按照由 1 减少到 $-1$，再由 $-1$ 增大到 1 的规律连续地、周而复始地变化，纵坐标也有类似的变化规律"等，同样有一个共同特征，经过相同时刻后考察对象可重复出现，将其特征抽象直观描述函数经过不同的自变量值，函数值重复出现，实现第一次抽象，有了这些经验后，用严密的数学语言及 $f(x+T)=f(x)$ 加以表征，实现第二次抽象。

（四）熟练数学抽象的必要方法

教师在教授立体几何时可让学生类比平面几何的性质，教授等比数列时可类比等差数列，教授双曲线时可类比椭圆，等等。这不仅能提高学生的学习兴趣，还能给学生提供锻炼数学抽象概括能力的机会。例如在学习扇形面积、球体体积时，用类比思想让学生认识到圆面积公式与三角形面积公式，而球体体积公式与锥体体积本质上都是分别相同的。事实上，借助极限思想，将圆周 $n$ 等分，当 $n$ 趋于无穷大时，每一等分可看成一个小三角形，这些三角形面积和的极限就是圆的面积，由此可见，圆面积公式与三角形面积公式结构相同，抽象地看圆面积公式与三角形面积公式是一致的，是三角形面积公式的推广，同理球体体积公式可抽象成锥体体积的推广。

在教学过程中，教师可以通过一题多解、一题多变、多题一解，引导学生从不同思路、不同视角认识问题，将同一问题抽象为不同的数学模型或经过多题一解抽象出一个模型，从中培养学生的归纳和概括的能力。例如函数教学时，可给出如下一组问题，引导学生概括。

（1）（2002 年高考全国理科卷）$f(x)=\dfrac{x^2}{1+x^2}$，则 $\displaystyle\sum_{k=1}^{4} f(k) + \sum_{k=2}^{4} f\left(\dfrac{1}{k}\right)=$ _____ ；

（2）（2017 年上海高中数学竞赛）已知函数 $f(x)=\dfrac{1}{x+1}+\dfrac{2}{1+x^2}$，则 $\displaystyle\sum_{k=1}^{89} f(\tan k^{\circ})$ =_____ ；

（3）（2017 年全国高中数学联赛四川初赛）已知函数 $f(x)=\dfrac{25^x}{25^x+5}$，则 $\displaystyle\sum_{k=1}^{2016} f\left(\dfrac{k}{2017}\right)$ =_____ ；

（4）（2012 年全国高中数学联赛吉林初赛）方程 $2(x-1)\sin\pi x+1=0$ 在区间 $[-2,4]$ 内所有解之和等于_____ ；

（5）（2016 年高考全国 II 卷理科第 12 题）已知函数 $f(x)(x\in R)$ 满足 $f(-x)=2-f(x)$，若函数 $y=\dfrac{x+1}{x}$ 与 $f(x)$ 的图象的交点分别为 $(x_1,y_1)$，$(x_2,y_2)$，$\cdots$，$(x_m,y_m)$，则 $\displaystyle\sum_{k=1}^{m} f(x_k+y_k)=$ _____ ；

这样的题不胜枚举，但通过抽象概括，有一个共同规律是合理配对、对称求和的。

开展数学建模活动，引导学生根据自身所处的生活环境，选择诸如池塘里浮萍增长问题、汽车与油耗问题、打球受伤吃药残留量问题、酒后何时可驾车问题、潮汐现象与轮船进港问题、摩天轮转动等有意义的实际问题进行加工提炼，抽象成数学模型，体验实际问题数学化过程，培养学生用数学知识解决实际问题的意识和能力。

数学抽象素养培养是长期过程，要根据学生不同阶段进行有针对性的培养。对低段学生在教学过程中可充分运用比喻和类比的手段展开教学，比如复合函数求导可用脱外衣的形象语言作比喻，函数周期性可用四季轮回帮助理解，不等式 $\frac{a}{b} < \frac{a+m}{b+m}$ $(0 < a < b, \ m > 0)$ 证明用糖水溶液中加糖可变甜加以理解，其次就是与具体紧密结合，先从具体内容出发，再上升到抽象理论，实现思维的跨越。

学生的数学抽象素养是从点点滴滴的细微处开始培养，是日积月累的潜移默化的过程。当我们上完一节课或者学习完一个章节时，教师就可引导学生对所学内容进行归纳总结。可用列表的方式归纳本章节的基础知识是什么，知识间的前后关联是什么，解题的思想方法是什么，解题要领是什么，也可以用画思维导图的方式寻找本章节知识点与数学思想方法相互间的联系。这种概括不但是对所学数学知识的复习与巩固，而且从中能锻炼学生对所学知识的提炼与概括能力，进而培养学生的数学抽象素养。例如，学习完圆锥曲线可引导学生总结圆锥曲线是一门用代数方法研究圆锥曲线几何性质的学科，常见的较难题是求轨迹方程及与圆锥曲线有关的综合计算问题、范围问题、最大值和最小值问题、是否存在问题、定点定值定向问题、对称问题、求证问题，解题常用方法有定义法、弦长韦达定理联用法、设而不求整体处理法、设参用参消参法、平面几何法等，事实上根据题型的通法解决问题是从一般到特殊的强抽象。因此，复习课、方法总结课是培养数学抽象素养的一类重要课型。

（五）有效进行数学抽象素养的评价

喻平认为，数学知识学习表现为 3 种形态：知识理解、知识迁移、知识创新，并且这 3 种形态生成不同水平的数学核心素养。《课程标准》将数学抽象划分为三级水平。其中关于提出数学问题的三级水平分别是：水平一——能在熟悉的情境中直接抽象出数学概念和规则，并能解释其含义；水平二——能在关联的情境中抽象出一般的数学概念和规则，并能用恰当的例子解释；水平三——能在综合的情境中抽象出数学问题，并能用恰当的数学语言予以表达。

评价是指挥棒，是"牛鼻子"。应从如下两方面入手，加强对数学核心素养的评价。一是在中考、高考和期末考试中加大对数学抽象素养考查的力度；二是在平时课堂教学和作业中加强对学生数学抽象方法、抽象能力的过程性、形成性与诊断性评价。数学抽象的实质是数学发现和数学创造。教好数学抽象、学好数学抽象并不是一件容易的事情，唯有在实践中上下求索、不断优化和改进。

通过高中数学课程的学习，学生能在情境中抽象出数学概念、命题、方法和体系，积累从具体到抽象的活动经验；养成在日常生活和实践中一般性思考问题的习惯，把握事物的本质，以简驭繁；运用数学抽象的思维方式思考并解决问题。

# 第二节　逻辑推理

人们总是将逻辑与智慧联系在一起，给人以高深的感觉，聪明的人总是有善于逻辑思考的头脑。逻辑学中的推理是由一个（组）判断（前提）推出另一个判断（结论）的思维形式。汉语中的"逻辑"一词是严复先生从英语中的 Logic 音译过来的，有"规律"和"法则"等意思，Logic 源于希腊文 λόγος，其原意主要是指思想、言辞、理性、规律性。美国著名逻辑学家皮尔士认为，有关"逻辑"一词的解释极多，但从主要的观点看，逻辑研究的中心课题是思维中的推理。逻辑属于研究人们思维的学科，人们的思维活动主要就是推理活动，当我们知道一些知识之后，总是从已经知道的知识推出新的知识。已知知识是前提，新知识是结论，善于思维就是要善于推理，学习逻辑也就是要学习怎样进行推理。

## 一、数学逻辑推理的内涵

（一）什么是数学逻辑推理？

苏联数学家 A. 亚历山大罗夫指出："一般性、严谨性、广泛的应用性是数学的特点。"这个观点也得到了人们的广泛认同。因为数学具有高度的抽象性，所以才具有一般性，而数学之所以具有严谨性，则是由于数学的结论从产生到验证，都遵循着有逻辑的推理。

推理作为不可或缺的思想方法，渗透在数学的产生与发展过程中。纵观中国数学课程改革的发展历程，课程目标经历了从双基到三维目标，再到核心素养的变迁，体现了从学科本位到以人为本的重大转变。然而，无论数学课程目标如何改革，逻辑推理始终作为中国数学课程目标的重要成分。数学家陈省身说过，学生应该学会推理，推理很要紧，推理不仅在数学，在其他学问里也是要用到的。从世界各国的数学课程标准中可知，逻辑推理能力在国际上被一致认为是一项基础且重要的能力。

作为数学教育研究中重要主题之一的逻辑推理，受到了众多教育研究者的广泛关注。然而，研究者们所使用的相关概念名称亦不尽相同，如数学推理、数学逻辑推理、数学推理与论证等。上述概念间的内涵虽存在差异，但也反映出数学推理的共性，即数学推理的对象是表示数量关系和空间形式的数学符号；数学推理的依据主要来自问题所在的数学系统；数学推理是环环相扣、连贯进行的符合逻辑的过程。总而言之，数学逻辑推理是数学推理的重要组成部分，这里将相似概念统称为"逻辑推理"。

人们普遍认为有三种思维：形象思维、辩证思维和逻辑思维。逻辑推理属于逻辑思维的范畴。数学的研究对象最终以定义的形式出现，可以是基于对象的定义，也可以是基于内涵的定义，如自然数、实数、点、线、面等。数学研究对象之间的关系包括两个方面的内容：一方面的内容是研究对象的度量与运算，包括长度、面积、体积、角度的度量，以及加、减、乘、除、极限这五种运算；另一方面的内容是表述关系的逻辑术语，这些术语具有因果、转折、递进、对比、补充、选择等功能，如存在、相等、属于、介于、平行、垂直、因为、所以等。逻辑推理就是把表示关系的运算方法、逻辑术语运用于研究对象，得到数学的结论或验证数学的结论。因为数学的结论最终可以归结为数学命题，因此，逻辑推理就是得到数学命题或者验证数学命题的思维过程。[5]

逻辑推理的逻辑性表现在基本形式、基本原则。

分析以下两组推理。

第一组：

因为 $a=b$，$b=c$，所以 $a=c$。

所有实数都可以比较大小，3 和 5 是实数，所以 3 和 5 可以比较大小。

至今的计算结果表明，每一个偶数都是两个素数之和，推断所有偶数都可以表示为两个素数之和。

第二组：

因为 $a=b$，$b=c$，所以 $a=d$。

所有实数都可以比较大小，大小是一种关系，所以实数是一种关系。

至今的计算结果表明，每一个偶数都是两个素数之和，推断所有偶数都可以表示为两个素数之差。

我们可以看出，第一组的三个推理都是有逻辑的，虽然其中第三个推理只是一种猜想（哥德巴赫猜想），而第二组的三个推理都是没有逻辑的。第一组的三个推理具有一个共同的特征，那就是话语的前后连贯，从头到尾在讨论一件事情，推理具有传递性。这种具有传递性的推理就是逻辑推理。其中从一般到特殊的推理，得到的结果必然正确，这样的推理称为演绎推理；从特殊到一般的推理，得到的结果或然正确，这样的推理被称为归纳推理、类比推理。

逻辑推理的基本原则。逻辑推理需要明晰判断一个命题正确与否的思维基础。抛开现代学者给出的诸多逻辑形式，逻辑推理应遵循形式逻辑中三个最古老的定律：同一律、矛盾律、排中律。并将其批判性地运用于推理中。

由此可见，逻辑推理是一种有逻辑的推理。逻辑推理是指从一些事实和命题出发，依据规则推出其他命题的素养。主要包括两类：一类是从特殊到一般的推理，推理形式主要有归纳、类比；一类是从一般到特殊的推理，推理形式主要有演绎。[4]

归纳推理、类比推理同演绎推理一样，是逻辑的思维形式。在培养学生逻辑推理素养的过程中，使学生掌握逻辑推理的基本形式，学会用逻辑思考问题；能够在比较复杂的情境中把握事物之间的关联，把握事物发展的脉络；形成重论据、有条理、合乎逻辑的思维品质和理性精神，增强交流能力。

（二）数学逻辑推理的基础

数学最基本的表达方式是定义和命题：数学的定义述说了数学的研究对象，数学的命题述说了数学的研究结果。定义和命题都是陈述句，在形式上是很难区别的。定义本身并不要求必须具有解释对象性质（甚至包括内涵）的功能；命题是一种陈述，命题本身并不具有判断功能，命题陈述的正确与否是需要论证的。如果说数学抽象主要是建立数学定义、关系以及运算法则的思维过程，那么数学推理就是建立数学命题以及验证数学命题的思维过程。

1. 数学定义

如果研究对象没有确切的定义，数学命题就没有了根基，这会直接影响对数学命题真伪的判断。如，命题：数是可以比较大小的。要对这个命题进行判断，就必须明确"数"的确切含义，如果命题中定义的数是实数，那么这就是一个真命题；如果这个命题中所定义的数是复数，那么它就是一个假命题。由此可见，数学定义的重要性。如果研究对象没有确切的定义，数学命题的阐述就没有根基。

生活是如此丰富多彩，为了交流的便利，往往需要对各种各样的东西进行定义，从思维模式的角度，可以将数学定义为两类：一种是基于对应的名义定义；一种是基于内涵的实质定义。

名义定义。名义定义是对某一事物标明符号或指明称谓。比如，关于点、线、面的定义，希尔伯特表述为用大写字母 $A$、$B$、$C$……表示点，用小写字母 $a$、$b$、$c$……表示直线，用希腊字母 $\alpha$、$\beta$、$\gamma$……表示平面，这就是对图形标明符号；关于自然数的定义，用汉语"三"或者英语"three"称谓三个小方块，并且用符号"3"来表示这个称谓，称谓虽然不同，但符号表达是一致的。

可以看到，这样的定义不涉及研究对象的具体含义，甚至不考虑定义对象的存在性（如希尔伯特关于点、线、面的定义）。这种完全符号化的定义最大的好处就是可以避免许多可能的争议。而现实的、确切的定义必然会引发争议，比如，欧几里得几何对象的定义、康托集合的定义，都引发了各种悖论。

数学教学中要重视名义定义，但其缺点是人们无法通过定义把握研究对象的实质，因而很难理解所要研究问题的背景是什么。因此在教学过程中，需要通过各种事例说明作为名义定义的补充，帮助学生更好地理解名义定义。

实质定义。实质定义是指通过事物的内涵而对某一类事物进行刻画的定义方法，经常使用属加种差的定义方法（这种称谓借用了生物学的分类方法）。实质定义的关键是分类的标准，按照某一标准分类一些种，种概念是属概念舍弃一些性质而得到的。

如，方程是含未知数的等式。"等式"是属，"方程"是种，"含未知数"是种差。但要注意到数学定义必须是充分必要的命题，因为有 $2x-x=x$ 这样的反例存在，因此上述命题不能成为方程的定义。由此可见，数学实质定义对数学的严谨性有极高要求。通常的解决方法是对"种"进行更加严格的划分。如，方程是含有未知数的表示量相等的等式。可以看到，"含有未知数"与"表示量相等"是"方程"这个种在"等式"这个属中的本质特征，并且是充分必要的。这个特征表明，方程的本质是借助未知数讲述两个故事，这两个故事在某一个要素上量相等，也正是这个原因，方程可以作为构建数学模型的数学语言。

同所有的科学结论一样，数学的任何一个定义都要经受长时间的实践和理论的检验，随时准备接受反例的挑战。

2.数学命题

如果说定义是对一个事物命名，那么命题就是要陈述已经命名事物的特征。虽然事物的特征是客观的，但对其进行陈述则是主观的，人们可以对这些描述进行判断：肯定或否定。人们可以通过逻辑的方法进行分析判断，也可以通过以往的经验证实判断。因此，我们认为命题是一个可供判断真假的陈述语句。

命题的范畴包括简单命题、复合命题、复合命题真值的判断及命题演算等。数学命题除此之外，还包括数学所特有的公理、定理和数学公式（用数学符号表示的数学命题）。数学命题是依据理论体系判断真假的。在一个数学理论体系中，公理是确定的，无须证明而为真的，定理是需要证明为真的，证明的前提必须是公理或者已经由公理证明为真的定理。就是说，公理是数学证明的起点命题，即"公理法"。

在高中数学中有所涉及。关于命题的另一个重要方面是命题的推广，就是对数学命题进行数学概括。比如，勾股定理就可以推广为三角形的余弦定理、三角形的角边不等式定理、长方体对角线公式、直四面体表面积关系定理。可以推广为勾股数定理：存

在着正整数 $a$、$b$、$c$ 使得 $a^2+b^2=c^2$；由勾股数定理自然推广出问题：是否存在正整数 $a$、$b$、$c$ 满足 $a^3+b^3=c^3$？换一个问法：不定方程 $x^3+y^3=z^3$ 是否有正整数解？接着再推广一下，对于 $n>2$，不定方程 $x^n+y^n=z^n$ 是否有正整数解？一个对此进行否定的命题成为世界闻名的费马大定理，数学界经过 350 多年的努力，该定理于 1994 年被英国数学家怀尔斯证明。数学命题的推广对于数学的发展有着重要意义，是数学概括性发展的表现方式之一。

（三）数学逻辑推理的主要类型

数学推理是得到数学命题、验证数学命题的思维过程。受我国传统教育观念的影响，将数学的推理等同于数学的证明，演绎推理等价于逻辑推理的观念，不论在教师还是在学生的头脑中，都是根深蒂固的。这样就导致教师和学生都对归纳推理、类比推理的逻辑性充满怀疑，在教学和学习实践中运用归纳推理、类比推理也就理所当然地存在着心理障碍。因此，只有使教师明确归纳推理与类比推理跟演绎推理一样都是有逻辑的推理形式，都是解决问题所需要的思维形式，才能使教师放下顾虑，在教学中大胆地应用，进而全面培养学生的逻辑推理素养。

1. 演绎推理

演绎推理是从假设和被定义的概念出发，按照某些规定了的法则所进行的，前提与结论之间有必然联系的推理。[10]

（1）演绎推理的形成与发展

古希腊的亚里士多德创立了公理化方法，为数学科学条理化和系统化创造了条件。数学家欧几里得于公元前 300 年完成了名著《几何原本》，这本著作运用演绎推理，把几个原始定义、公设和公理作为出发点，推演出了其他的概念和命题，该著作也成为演绎证明的典范。后来，射影几何的创始人、德国数学家帕施在他 1882 年出版的著作《新几何学讲义》中提出："如果几何学要成为一门真正演绎的科学，那么必不可少的是，做出推论的方式既要与几何概念的意义无关，又要与图形无关；需要考虑的全部东西只是命题和定义所断言的几何概念之间的联系。"他认为几何公理体系中，必须要有不加定义的基本概念，这样这些概念就会完全摆脱图形的直观和物理属性的束缚，而所给出的公理必须能够刻画那些不加定义概念的全部特征，以及这些概念之间的关系。终于，这样的想法在 1899 年希尔伯特出版的著作《几何基础》中被付诸实施，该著作中将点、直线、平面看作三组不同的对象，用大写字母 $A$、$B$、$C$…… 表示点，用小定字母 $a$、$b$、$c$…… 表示直线，用希腊字母 $\alpha$、$\beta$、$\gamma$…… 表示平面，使得基本概念彻底脱离几何的直观背景，得以符号化。这样，希尔伯特提出了逻辑严谨的公理化系统，逻辑演绎方法就成为能运用于包括数学在内的各种科学领域的重要方法。1933 年，法国著名的布尔巴基学派成立，该学派认为数学是研究形式结构的科学，他们在形式公理化的基础上，用结构的观点和方法，彻底改造和重新组织整个数学的内在结构，把各个数学分支间的本质差异和内在联系进行深入的分析和研究，并出版了系列著作《数学原理》。

（2）演绎推理的常见形式

演绎推理是必然性推理，因为演绎推理是从一般性的前提出发，通过推导即演绎，得出具体陈述或个别结论的过程；在这一过程中，推理形式决定了结论就蕴含在前提之中，所以只要前提真、推理形式真，结论必然真。

演绎推理是验证数学结论的方法，在数学证明中起着非常重要的作用。在中学数学中常用的数学证明方法主要有直接推理、三段论间接推理、反证法、数学归纳法、完全归纳法等。

直接推理就是指对作为前提的原命题进行变形而直接推出结论的一种推理，而间接推理的种类很多，有三段论、关系推理、联言推理、选言推理、假言推理等。

高中阶段，师生在学习过程中常用的间接推理主要就是三段论。例如：等于同一线段的两线段相等——若线段 $DE$ 等于线段 $AB$；线段 $AB$ 又等于线段 $DC$；那么，线段 $DE$ 就等于线段 $DC$。

完全归纳法是指通过考察一类事物的全体对象，发现它们都具有某一属性，从而得出这类事物都有这一属性的结论的一种推理方法。完全归纳推理得到的结论是必然正确的，所以从结论的必然性区分，完全归纳法也是一种演绎推理。在中学数学的定理证明中，运用完全归纳法的典例是圆周角定理。完成圆周角定理的证明必须要考察圆心与圆周角关系的所有情况。不论圆心在圆周角内部、在圆周角外部、在圆周角的一条边上，都需要验证圆周角的度数等于同弧所对的圆心角的一半。由于完全归纳法需要考察一类事物的全体对象，因此运用完全归纳法进行推理时，常常会用到穷举和类分的方法。但是如果被研究对象的数量或者种类过多的话，考察全部对象或各种类别对象，就有一定的难度了。

还一种重要的证明方法，即数学归纳法。这种方法是以皮亚诺自然数公理中的归纳公理为前提，用来证明某些与自然数有关的数学命题的一种方法。数学归纳法可以把含有无限个对象的问题，用有限的方法来解决。这在一定程度上解决了完全归纳法的困难，解决一些完全归纳法无法解决的问题。

中学数学中经常用到的另一种证明方法是反证法。反证法是一种间接证明的方法，为了证明数学命题的成立，先假设该命题的否命题成立，然后根据假设推出矛盾，从而证明所假设的命题的否命题不成立，那么该命题就是成立的，因此反证法得到的结论也是必然正确的。

（3）演绎推理的价值

演绎推理保证推理有效的根据在于它的推理形式，因此，演绎推理的逻辑形式对于人的思维保持严密性、一贯性有着不可替代的作用，人们思维的条理性和严谨性主要依赖于演绎推理。由于能从一般的普遍性命题中推出个别的具体性命题，这在许多领域中就具有开拓性的意义，虽然一般性命题如数学理论的公理系统蕴含了该理论中所有的命题，但在许多情况下具体可能是什么命题却是不知道的，演绎推理能把这个不知道转化成知道，就是一个重要的创新。因此，演绎推理不仅仅是一种总结发现的思维方法，同时也是一种做出发现的创造思维方法。在数学中尤其是这样，数学成果都是证明出来的，也就是都依赖于演绎推理；在证明的过程中还可能推导出一些意料之外的新的有重要意义的命题，那更是创新性成果。看一下近年来的重大数学成果，例如：证明费马大定理、庞加莱猜想等的过程无不是这样。实验科学中也是这样，例如：人们由"自然界的物质都是可分的"推出"基本粒子是可分的"时，基础物理学就面临一个重大的创新时刻，虽然基本粒子的构造是通过实验探究的，但是"观察渗透理论"中如果没有粒子可分的思想就不会设计相应的实验，也就观察不到相应的现象。有人还认为："构造数学证明是人类思维最具创造性的一种活动，只有相对很少的人才能给出真正的原创证明。"进一步肯定演绎推理的创造性，而且演绎推理还是重要的科学方法——假说演绎法的关键组成部分，在科学创造中有着不可取代的作用。

2. 归纳推理

归纳推理是通过观察和组合特殊事例的量性特征，发现一类事物的量化模式的创造性思维活动过程。[11]

（1）归纳推理的形成与发展

从东方到西方，从古中国、古印度到古希腊，古代文明国家关于逻辑的研究既包含了演绎，也包含了归纳。古希腊的亚里士多德用演绎的方法研究了完全归纳推理，把完全归纳推理看作一种特殊的三段论，由于其结论可靠，所以也用于证明。他认为不完全归纳推理作为一种简单枚举归纳推理，其结论是或然的，因此不能用于证明，只能用于诡辩。不完全归纳推理是由个别推广到一般的推理，因此后来又被称为扩展性推理。

到了中世纪，由于神学在当时处于统治地位，经验的实验科学在当时不受重视，因此对归纳与归纳逻辑的研究很少有实质性的进展。随着资本主义的形成和发展，实验科学越来越重要，归纳方法与归纳逻辑的研究也就相应地提上日程，弗朗西斯·培根（Francis

Bacon）在批判经院哲学逻辑的同时，对亚里士多德的三段论演绎逻辑也进行了激烈的批评，也评述了简单枚举的不足，在批判与评述的基础上建立真正的归纳逻辑，作为一种"解释自然的艺术"，能够用来发现物体的属性和作用，以及物体在物质中所具有的确定法则，以便更好地为科学发现服务。培根认为用归纳的方法获得新的知识必须经历三个步骤：尽量完整地收集经验资料；对之加以整理；通过综合归纳推论出肯定的结论。继培根之后，穆勒在他的名著《逻辑体系》中提出了判明因果联系的方法（或规则）——求同法、差异法、共变法与剩余法，后人将求同法与差异法结合起来，提出了同异并用法，这五种方法合称穆勒五法。穆勒将归纳与演绎结合起来进行统一的研究，为古典归纳逻辑奠定了基础。

但是就在归纳的研究不断取得进展的时候，大卫·休谟（David Hume）在《人类理解研究》等著作中对归纳的合理性提出了质疑。"休谟问题"几乎成为对归纳研究的一种致命性责难，因此解决休谟所提出的责难、论证与对待归纳推理的合理性与或然性，导致了现代归纳逻辑的形成和发展。在这个时期，由于归纳推理的或然性和概率概念与数学上概率论的发展，哲学家、逻辑学家与科学家们将归纳的逻辑必然性改变为可能性、或然性，然后用概率论来处理。[12]

（2）归纳推理的常见形式

归纳推理有两种形式。其一是简单枚举归纳，从集合中一一枚举一些元素的经验，将事实中寻找的特性作为前提，并由此推出结论。把这个特性作为整个集合的性质；其二是直觉归纳，把归纳视为一个直觉思维的过程，人们从一个集合的某个随机子集中发现了子集的某种共同特征，并将其作为前提，直接而迅速地推出结论，把这种特征作为整个集合的特征。由前提到结论是一种或然性的联系，前提真结论未必真。这是因为结论中包含有前提中没有蕴含的，即新的东西，结论中有新的东西一方面使得推理没有必然性结论；另一方面则正是创新的本义！所以人们把归纳推理视为一种创造性方法，在数学以至于科学发展中有广泛的运用。例如，数学中许多猜想，像孪生素数猜想、哥德巴赫猜想都是归纳出来的，科学中的牛顿定律、元素周期律也是归纳推理的产物。许多数学问题和科学问题的提出和解决都依赖于归纳推理。

（3）归纳推理的价值

演绎推理是从一般到个别的推理，归纳推理是从个别到一般的推理，它们有密切的联系和直接的互动关系。演绎推理需要的一般性知识前提通常是由归纳推理提供的；归纳推理需要运用演绎推理对已有的理论知识、对归纳推理的个别性前提进行分析，把握其中的因果性、必然性；归纳推理还需要演绎推理来验证自己的结论。例如，俄国化学家门捷列夫通过归纳发现元素周期律，指出"元素的性质随元素原子量的增加而呈周期性变化"。后用演绎推理发现，原来测量的一些元素的原子量是错的。于是，他重新推导了它们在周期表中的位置，并预言了一些尚未发现的元素，指出周期表中应留出空白位置给未发现的新元素（后来真的发现了他预言的新元素，这是假说演绎法的一个成功的案例）。所以元素周期律是演绎推理和归纳推理互动得到的发现。人们认为："在数学研究中，归纳推理和演绎推理互相联系、融为一体地发挥作用是数学发现与创造的真谛。因此，数学教学中，强调归纳推理和演绎推理能力的培养，是充分发挥数学育人功能的关键所在，把培养学生灵活运用归纳推理与演绎推理解决数学问题的能力放在核心地位，才能真正有效地促进学生数学能力的发展。有利于发展学生数学品格中的科学精神、理性精神和创新精神。"

### 3. 类比推理

类比推理的逻辑过程是指两个集合中元素具有相同的属性，如果一个集合的元素具有某种性质，可以推断另一个集合的元素也具有这个性质，类比与归纳都是通过有经验的东西推断没有经验的东西，因此，在本质上类比属于归纳推理的范畴。

（1）类比推理的形成与发展

类比推理同样有着灿烂的历史。在希腊语中，"类比"是比例的意思，用来表示数字之间的关系。亚里士多德将类比推理称为"例证"，很明显，例证所描述的关系，不是部分对整体或整体对部分，而是一个部分对另一个部分，二者从属于同一个一般的词项，其中之一是已知的。亚里士多德虽然给类比推理作出了定义和举例论述，但他对类比推理并没有非常重视。中国古代的先秦诸子百家以及之后的许多流派，对类比推理的研究和应用还是非常丰富的。刘培育认为："古代人最先发现的是比喻推理和类比推理，最常用的也是这两种形式。"例如：齐国的邹忌貌美，一天，他问他的妻子、妾和客人他和徐公谁美，他们都说城北的徐公不如他美。第二天，邹忌见到了徐公，自愧不如。后来他想："我的妻子赞美我是因为爱我；妾赞美我，是因为怕我；客人赞美我，是因为有求于我。"所以，邹忌上朝对君王说了这件事，提醒齐王要小心人们的恭维所造成的耳目闭塞之害。邹忌的思考就是根据事物之间的相似或相关进行类比的。

中国古代的类比推理最早见于《周易》，《周易》为类比推理奠定了基础，但是《周易》中的类比推理带有一定的演绎性质，得出的结论较传统的类比推理可靠性高。其中，阴爻代表柔顺，阳爻代表刚健，由此构建的八经卦、六十四重卦，除了代表天、地的乾、坤两卦之外，其他卦象均为"负阴而抱阳"；这些卦象，可以类物之情、尽事之理。墨家通过对事物之间的类同、类异关系的考察，构建了系统而丰富的类推理论，首次提出了"察类明故"命题，将其运用于论辩之中，将中国古代的类比推理研究推向了顶峰。类比推理是在类的基础上进行的，名家们着重从"类"的同与异的统一、"类的转化"等来把握"类"的范畴，儒家的孟子就十分善于运用比喻式类推的方法来论证复杂的问题，例如，他用揠苗助长的故事说明"养浩然之气"既要付出辛苦，又需要符合自然规律。经过长期的历史发展，类比推理已经发展出了多种形式和方法，比如因果类比、对称类比、仿生类比、综合类比等。

（2）类比推理的模式

类比推理的主要思路是依据两个不同的对象在某些方面有类同之处，推出这两个对象在其他方面也可能具有类同之处。具体的类比推理就是由表述前者的命题作为前提推出表述后者的命题作为结论。其一般模式是：对象 A 和对象 B 都有属性 $a$、$b$、$c$，对象 A 还有属性 $d$，所以，对象 B 也有属性 $d$。对象 A 和对象 B 不一定是同类的，说"都有"的属性 $a$、$b$、$c$ 不必都是一样的，可以是 $a$、$b$、$c$ 和分别与之相似的 $a'$、$b'$、$c'$，结论中 B 有属性与 $d$ 相似的 $d'$。

按照这个模式可以明确的是，类比推理是一种个别到个别的推理，其前提和结论都是对个别对象的判断；类比推理是一种或然性推理，结论中包含前提中没有的新内容，因此，类比推理的前提真，结论未必。同时，结论里包含前提中没有蕴含的内容，因而也是一种创造性的方法。

（3）类比推理的价值

类比推理是一种人类应用非常广泛的思维形式，是创造性问题解决、科学研究发现、因果关系推理和隐喻的核心机制。类比推理是人类认知发展的中心能力之一，是人类认知的核心。在数学和科学研究、法学探讨、法庭审判和人工智能研究中都有重要的应用。数学中类比于低维（简单）的成果推出高维（复杂）的问题是一类典型的类比推理案例，例如，类比于算术基本定理人们提出代数基本定理；类比于整数理论建立多项式理论。反过来在数学学习中可以通过降维（简单化）的类比来解决高维（复杂）的问题，例如，常用类比于平面几何的问题来解决立体几何的问题。

与归纳推理的情况一样，类比推理与演绎推理也有密切的联系：类比的可能性需要演绎推理来判定（两类对象是不是真的相似，是不是存在相似的关系），类比的结果需要演绎推理的证明。归纳和类比正好就是数学概括中表述"扩张"的基本方法，而演绎推理则表达了概括中"分析"的方法，在表述数学概括时这三种数学推理密切结合起来。不仅如此，数学抽象的表述也是三种推理结合的过程。

### 二、逻辑推理的意义与价值

（一）逻辑推理素养的数学学科价值

数学是按公理体系来建立自己的表述系统的，即从不证自明的少数几个前提（公理）出发，逻辑地演绎出整个系统，这种体系论清晰、严密、极具理性，令人信服严谨性是数学最重要的特点之一，这一特点的形成是以逻辑推理为基本保证的。逻辑推理是得到数学结论、构建数学体系的重要方式，是数学严谨性的基本保证，是人们在数学活动中进行交流的基本思维品质。对于得到数学结论、构建数学体系而言，逻辑推理作为一种重要方式是不可或缺的。通过对具体问题或具体对象的观察、实验、归纳与类比等发现数学结论，并在此基础上进一步通过演绎推理验证数学结论，从而得到数学结论。数学内部的发展、数学理论体系的构建都是建立在逻辑推理基础之上的，逻辑推理不仅是一种重要方式，而且是数学的基本思想。

（二）逻辑推理素养的育人价值

数学是锻炼思维的体操，在发展人的思维水平时起到不可替代的突出作用。数学学习与研究不仅有探索与发现的过程，也有严谨理性的证明过程，数学课程的学习是培养逻辑推理素养最好的和最重要的途径。通过数学课程的学习，学生能掌握逻辑推理的基本形式，学会有逻辑地思考问题；能够在比较复杂的情境中把握事物之间的关联，把握事物发展的脉络；形成重论据、有条理、合乎逻辑的思维品质和理性精神，增强交流能力。这就是逻辑推理的育人价值或育人目标，反映了较为完整的（包含知识、技能、能力、品质、精神等）目标指向。逻辑推理在形成人类的理性思维和理性精神方面起着核心作用。

### 三、逻辑推理教学的策略与方法

（一）完备数学知识与技能，形成逻辑推理能力

影响逻辑推理能力形成的因素是多方面的，如遗传素质及其生理因素、数学活动的内在需要、个人的情感动力因素以及数学知识与技能储备等，其中数学知识与技能储备是其中十分重要的因素。

逻辑推理能力是在掌握数学知识与技能的基础上，通过数学学习的迁移，在获得的数学知识与技能概括化、系统化的过程中形成的。数学知识不仅包括那些结构性的数学知识（数学思维的结果）、概念性定义、定理的语言叙述、逻辑证明的文字表达、方法规则的程序，空间形式的图形构造，还包括围绕知识产生的种种过程，如数学推理方法、数学思想方法。数学技能包括头脑中的思维操作和外部的行为运作，如按一定的程序进行计算、应用、书写表达，按一定程序进行推理等。而更高层次的数学推理能力的形成与发展，是在原有数学推理能力的基础上，不断将获得的新

知识、新技能进一步类化的过程。现有知识的获得与掌握，离不开原有知识与技能的准备状况。而且，在学习的迁移过程中，有关知识和技能的准备状况又作为原有的发展水平，直接关系到迁移中内容的共同性、经验的概括水平和概括技能等迁移条件，直接影响到构建能力心理结构的发展水平。因此，在不同层次数学推理能力的形成、发展过程中，有关知识与技能的准备状况，作为原有发展水平向潜在水平发展时，是不可忽视的重要条件。

重视有关知识与技能的准备状况，是逻辑推理能力形成、发展的客观条件，这就是说，在逻辑推理能力发展问题上不仅注意到数学推理能力的层次差别和发展水平，而且要重视个体数学推理能力的差异。

重视学生知识与技能的准备状况，就要求经常通过作业、考核等反馈活动，了解学生现有知识与技能的掌握状况，并经常分析学生在知识学习与技能训练中的断裂点与断裂带，加强针对性的教学和训练活动。知识的讲授不在于"精"，而在于"实"。既要符合知识本身科学性、逻辑性的实际，又要遵循构建能力结构的学生学习规律的实际；技能的训练不在于"多"，而在于"巧"。按照心智技能和操作技能的特点和形成规律，结合学生和学习内容的具体实际，准确、适时、有计划地进行巧妙的训练。根据学生现有的发展水平，在学习过程中不断地概括化、系统化，促进学生能力的形成，加速能力的发展。

（二）根据学生的知识水平适时培养逻辑推理能力

1. 当数学知识是从现实对象或直接关系中抽象而成时，可采用归纳的方式进行学习

归纳推理的关键是获取用于归纳的事例，要求事例量要足够多，范围要足够广。这些事例有些来源于对现实对象的抽象，如数与图形都是从现实生活的具体场景中抽象出来的；有些事例则来源于对直接关系的抽象，如计算法则、运算律以及变化规律等都是对抽象了的数学关系的进一步抽象。同时，归纳也可以依据所要归纳出的结论的复杂性，分为直接归纳和分类归纳两种。当结论中存在并列的几个子结论时，可采取分类归纳模式，反之则采用直接归纳模式。在这个过程中，有两点需要强调，一是用于归纳的事例尽量由学生给出，二是归纳的过程要放开让学生充分猜想，以训练学生的合情推理能力。

2. 当一类知识对学生而言并非完全陌生而是可以由已有对象或旧知延伸而来时，可采用类比的方法进行学习

高中学生的思维水平与知识储备已经可以支撑起从已有对象或旧知中延伸出数学新知的思维方式。类比的关键是找到类比对象，即建立起与类比对象的联结。类比过程与归纳过程基本一致，只是将"分类"环节变成了"联结"环节。在联结环节，教师引导

学生基于类比对象的性质或属性提出关于研究对象的性质或属性的猜想，使得在验证笔算方法的猜想过程中让类比推理得到应用和训练。在类比推理训练中，要善于引导学生发现可类比对象的"相似性"特征。

（三）设计开放性学习任务有效提升学生的逻辑推理能力

我国课程标准及教科书把解决问题作为课程目标和重要教学内容，教学可以通过开放性任务驱动，引导学生独立探索，教师根据学生的表现水平选择汇报交流或者提供不同程度的支持以促进学生的逻辑推理思考。开放性学习任务往往不像封闭性学习任务那般"直截了当"，较少透露可以直接解决问题的数学知识或步骤，需要学生回忆题干中相关概念的数学意义、规划解决问题的过程、构思可能的答案形式、选择合适的表述结果的方式等，从而提升学生在问题解决过程中的"控制感"，训练学生的逻辑推理与思考。因此，与封闭性任务相比，开放性任务能更多地给予学生经历观察、猜测、计算、推理、验证等活动过程的机会。

学习任务的开放性设计可有多种体现：（1）任务目标的开放，即教师对某项任务只设计普遍的、整体的目标，学生在解决任务的过程中差异性地产生个人的明确目标；（2）解决方法的开放，即一项任务解决方法的多样性；（3）任务复杂程度的开放，即教师所提供的学习任务对学生而言具有一定的挑战性，不是一下子就能计算出结果的简单问题，而是有一定难度层级；（4）答案的开放，既包括一项任务的多种答案，也包括教师无法事先预设出的所有答案，不同学生在面对这样的开放性任务时会有不同的创造性想法；（5）任务的延伸性开放，即一项任务通过改变任务中的数据或条件可以帮助学生收获新的数学知识。[13]开放性的学习任务并不是要求教师提供的所有学习任务都要满足上述五项开放要求（事实上这在常规的课堂教学中也无法实现），只有当教师有意识地要发展学生的逻辑推理素养时，上述开放性学习任务的五项开放要求可以为教师设计学习任务提供"脚手架"。

# 第三节　数学建模

## 一、数学建模的内涵

（一）什么是数学建模?

《课程标准》中"数学建模是对现实问题进行数学抽象，用数学语言表达问题、用数学方法构建模型解决问题的素养。数学建模过程主要包括：在实际情境中从数学的视角发现问题、提出问题、分析问题、建立模型、确定参数、计算求解、检验结果、改进模型，最终解决实际问题。"

数学建模虽然一直被广泛应用，但目前对其并无一致公认的定义，不过各个领域对它的理解并不会有太大的偏差。若将整个世界划分为现实世界和数学世界，那么数学建模便可以将两个世界打通并建立联系。是否涉及现实背景，是区分数学建模与一般的数学问题的重要标准。建模就是联结数学的"两张脸"，即现实的数学和抽象形式化的数学。

把数学之外领域选择出来的实体，包括问题，映射（或翻译）到数学领域里，通过数学方式寻找答案，并将数学领域的答案翻译到数学之外的领域，然后解释和评估这些答案是否适合开始提出的数学之外领域的问题。这种从数学之外领域开始，移动到数学领域寻求答案，获得数学的结论并翻译回到数学之外领域的过程叫作数学建模。

数学建模通过分析和抽象，为实际问题建立一个数学模型，即用数学符号、数学式子、程序和图形等对实际课题的本质属性的刻画，提供给人们分析、预测、决策或控制的定量结果。而数学模型与实际问题之间存在着客观的差异，数学模型建立后要不断回到原问题进行调整、修正，以期达到与实际问题相一致的目的，这样一个不断深化、循环的过程就是数学建模的过程。[14]

综上分析，数学建模是利用形式化的数学模型去反映（摹写、刻画、表征）现实系统中的关系结构（关系—映射），然后利用对模型的逻辑分析演绎得出的结论把它反演（翻译）回去解答现实原型中的某些问题（反演）。其中的数学模型是一个包含元素、关系、操作和相互作用的法则，并用符号系统表示的数学概念系统，这个概念系统被用来建构，描述，或解释现实系统的行为，以便能操作或预测它们。数学建模能力就是这种将现实问题表述为数学形式，并使用数学求解，将数学结果转译为现实结果并检验的能力。[15]

数学建模过程的丰富性决定了它既能体现数学与外部世界的相互作用，又离不开数学内部的运算推理思想。所以，数学建模素养的发展无疑会带动其他数学学科核心素养的共同进步，反之，其他数学学科核心素养又是数学建模素养发展的基石。[16]

（二）数学建模的发展历程

至少从汉代开始，中国就测定阳历一年的周期是 365 又 $\frac{1}{4}$ 日，《后汉书·律历志》说："日发其端，周而为岁，然其景不复，四周千四百六十一日，而景复初，是则日行之终。以周除日，得三百六十五度四分度之一，为岁之日数。"这就是说，观察冬至（或夏至）那一天的日影长度，一岁过去后，日影长度不能重合，四岁即 1461 日过去之后日影长度才重合，说明是周期结束，所以 4 除 1461 得到岁的日数为 365 又 $\frac{1}{4}$ 日。尽管参照系不同，古代中国关于一年周期的结论与古埃及是一致的，都是因为农耕的需要。这也就是那个时代最为精准的结果。也正因为如此，古代中国才可能在很远古的时候就制定出相当准确的二十四节气，这对指导农业是至关重要的。[15]

数学建模是指利用数学模型法解决问题，有三个主要的来源。

来源于数学的实际应用。利用数学模型解决实际问题的思想可追溯到中国古代，公元 1 世纪，《九章算术》就为当时社会生活各个领域利用数学提供了系统的数学模型，其中"盈不足""勾股""方程"等章提供了用"盈不足术"、直角三角形、线性方程组作为数学模型解决各种实际问题的方法，这就是为解决实际问题采用数学建模的开端。公元 2 世纪，古希腊学者托勒密提出"地心说"，采用了几何模型研究天文学，也是数学建模的早期活动之一。16 世纪初，哥白尼认为托勒密的模型不能很好地解释行星运动的物理实质，他建构了新的几何模型并且定量地考察了它，从而得出著名的"日心说"，数学建模在此学说的建立过程中有着决定性的意义。

来源于运用数学方法进行科学研究。伽利略（1564—1642）是在实际的科学研究中开创实验方法与数学方法相结合的第一个人。他将比率和三角形相似理论作为落体运动的数学模型，以之推导出著名的自由落体运动的规律，从而开创了数学建模在近代科学中应用的先河（值得注意的是他的这个自由落体运动规律即自由落体运动公式又直接构成自由落体运动的数学模型）；笛卡儿的"万能方法"所揭示的方法论原则也就是采用数学模型解决"任何问题"的方法论原则。从此，在解决各种科学理论和实际问题时，数学建模成为首选方法之一。笛卡儿在数学研究中也采用了数学建模，他为几何学建立了代数模型，并通过模型推导解决原型（几何）的问题，从而创立了解析几何学。

来源于数学基础研究中的数学应用。例如，为证明非欧几里得几何学的无矛盾性，采用了解释的方法；1899 年，希尔伯特的《几何基础》使用了一个著名的解释：用实数来解释欧氏几何，同时他还用解释法来证明公理系统的独立性和完全性。

数学建模是联接现实世界与数学世界的桥梁。把数学建模作为一门课程可以追溯到 20 世纪 70 年代，英国的剑桥大学率先给研究生开设了这门课程，后来人们尝试给大学本科生、中小学生开设数学建模课程。作为一个世界性的研究课题，从 1983 年起在美国每两年举行一次数学建模大赛。进入 21 世纪，各国数学课程标准纷纷对数学建模提出明确要求，如美国、澳大利亚、德国、瑞典、新加坡、中国等，数学建模越来越受到世界范围内教育界的关注和重视。

我国的中学数学建模教学首先在北京、上海等发达地区展开实践。1991 年 10 月，上海市举办了首届"金桥杯"中学生数学知识应用竞赛（初赛），并于翌年举行了决赛，这场比赛成为中国中小学数学应用和建模活动的肇始。1997年，北京市举办的高中生数学知识应用竞赛，迄今为止已经连续举办了19届，在中国高中数学教育界产生了较大的影响。中学生数学知识应用竞赛旨在培养学生的数学应用意识和数学建模能力，比赛吸引了大量的学生参加，引起了广大师生和数学教育研究人员的关注。随着中小学数学建模的研究和普及，2003年，数学建模首次被写进《普通高中数学课程标准（实验稿）》，要求在高中阶段至少为学生安排一次完整的数学建模活动。这标志着数学建模成为高中生正式学习的内容。2018年初由教育部颁布的《普通高中数学课程标准（2017年版）》把数学建模作为数学六大核心素养之一，要求数学建模作为课程内容主线，并安排了具体课时，这意味着我国高中数学建模教学又往前迈进了一大步。

（三）数学建模的原则

由数学建模原理了解到，数学建模是一个认识过程、经验选择过程和数学过程。针对不同的过程可以得到数学建模的原则，由原则保证数学建模的顺利实施。

1.反映性原则

数学建模是一个认识过程，数学模型实际上是人对世界的一种反映形式，因而数学模型和原型就应有一定的"相似性"。当然，并不是采用的载体的"物"的相似性，而是所表达的"形式和关系"的相似性。

按照这一原则，并不是随便什么数学工具（数学理论或者数学表达式）都能成为某一背景中的问题即某一原型的数学模型的，只有那些与原型问题有相似性的数学工具（数学理论或数学表达式）才能成为该原型问题的数学模型。

这就带来了两个问题：一个是，如果数学中有不止一个与原型问题相似的数学工具（数学理论或表达式）怎么办？一个是，如果数学中没有与原型问题相似的数学工具（数学理论或者表达式）怎么办？前一个问题是一个经验选择的问题，后一个问题是一个数学创新的问题，正好就是数学建模原理的后两个过程，我们有下面两个建模原则来保证。

2.简化原则

现实背景中的原型都是具体的即具有多因素、多变量、多层次的比较复杂的系统，对原型进行数学抽象就要舍弃其中的除了空间形式和数量关系之外的一切因素，所以数学模型一定是比原型简化的，一般不可能采用比原型更加复杂的模型。除了模型比原型简化外，数学模型自身也应简化，在数学中有多个与原型相似的理论或者表达式的时候，应该在能解决问题的前提下选择最简单的模型，比如选择变量较少、较低阶的、线性的模型，也就是在建构数学模型时，在能解决原型问题的前提下选择尽可能简单的数学工具。

这就要求在进行数学建模解决某一原型领域时，对于原型领域、对于数学工具以及已有的数学模型具有比较完善的知识。因此，数学建模能促进原型领域及能解决该领域的数学模型的有关知识的发展，这两者结合起来构成了原型领域的新的知识，这个新知识既是原型领域的知识，又是数学领域的知识。现在从原型领域的角度看，叫作科学的数学化；从数学的角度看，叫作数学科学的发展。这两者都是现代科学发展的趋势。

3. 可推演原则

这是针对数学建模中的创新来说的，如前所述，如果对于某个原型没有现成的数学模型可以利用怎么办？那就要建立新的前所未有的数学模型，就是创造一个新的模型，形式上可以是一个新的数学符号构成的式子或者一个新的算法程序，这样的式子或程序能不能构成新的数学知识，就看能不能由其推演出一些确定的结果，如果建立的数学模型在数学上是不可推演的，得不到确定的可以应用于原型的结果，这个数学模型就是无意义的。如果能推演出确定性的结果，并且这些结果可以解释为原型的语言解决了原型的问题，那么这个数学模型不仅是有意义的，而且可以作为数学以及原型领域的创新性成果成为新的数学知识和原型领域的知识，促进了理论的发展，也为以后的应用准备了新的数学模型，这也是数学发展的一个途径。

（四）数学建模的分类

在教育领域的数学建模研究也逐渐形成了许多不同的国际视角。Kaiser 对学校中数学建模的最新观点进行了分类，研究视角包括应用建模、理论建模、教育建模、情境建模、社会文化建模、元认知建模等。"应用建模"观点强调务实主义，认为建模的目的在于应用数学而非发展数学，"理论建模"观点则恰恰相反，他们强调科学与人文主义，认为数学建模不只是解决实际问题，更重要的在于为数学概念与算法的发展服务。"教育建模"观点则有两派，其中"教学建模"观点强调在建模教学中应该注重发展学生各种能力，而"概念建模"观点则认为，建模的教学应该是为数学概念学习服务的。"元认知建模"视角更加关注的是学生数学建模过程中认知与情感的变化。

（五）数学建模的几种模型

把数学建模看作一种现实世界到数学世界的映射求解过程，则数学建模有典型的四阶段循环（图 2-6-1）。

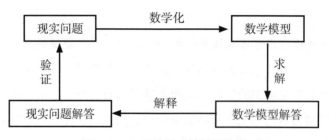

图 2-6-1　四阶段建模循环模型

但是，如果更细致地关注数学建模过程中参与者心理状态的变化，就会发现"现实问题"和"数学模型"之间还存在一个关键的中间状态——"现实模型"，这便是 Blum 提出的五阶段建模循环（图 2-6-2 右）。

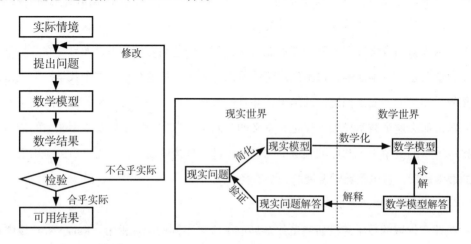

图 2-6-2　"03 高中"数学建模框架与五阶段建模循环模型

更进一步地，把客观存在的现实情境和主观对现实情境的理解（情境模型）细分为两个状态，则有了 2007 年 Blum 等经过几次修订而提出的七阶段建模流程框架（图 2-6-3）。该框架中，建模过程包含 6 个状态和 7 个环节。

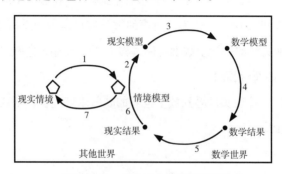

图 2-6-3　七阶段建模循环模型

基于七阶段建模循环模型，研究定义数学建模能力表现为"面对某个综合性情景，能够理解并建构现实情境模型，会将该模型翻译为数学问题，建立数学模型，然后会用数学方法解决该数学问题，再根据具体的情境，解读与检验数学解答，并验证模型的合理性。"[17]

（1）理解"现实问题"，构造"情景模型"；

（2）简化"情景模型"，构造"现实模型"；

（3）数学化，即用数学的语言描述"现实模型"，从而构造"数学模型"；

（4）运用数学方法得到数学结果；

（5）根据现实问题解释数学结果，获得现实结果；

（6）结合原来的情景验证结果，如果答案差强人意，则重新进行建模过程；

（7）介绍问题解决方案，并与他人交流。

数学建模是一个过程，而最重要也是学生感觉最困难的是"现实问题→……→数学模型"这一子过程。为了更好地提高学生的数学建模能力，寻找一个好的数学建模问题是关键。

（六）数学建模的方法和步骤

因为数学模型法的应用特别广泛，具体的建构方法和应用方法可以说是千变万化、层出不穷，所以至今尚没有得出一套公认的比较完善的规律和程序——这正是数学建模学科研究的内容——这里只能指出一般的方法论意义下的建模方法和步骤。

1. 数学建模的方法

主要的建模方法有两大类。

（1）机理分析法。所谓机理分析，指对基本结构比较清晰的对象，根据对要建模的原型领域的事物特征的认识，找出反映其内部机理的空间形式和数量关系的规律，也就是通过事物涉及的基本定律和系统的结构来寻找与之相似的数学工具作为数学模型。这样建立的模型一般都有明确的物理或者实际意义。例如，离散性的问题可以运用代数方法模型，社会学、经济学领域的问题和涉及决策对策的问题一般用逻辑方法模型，涉及变量之间关系的问题一般用微分方程模型。

（2）数据分析法。所谓数据分析，指对内部机理不是很清晰的对象，可以把要建模的原型领域的事物看作一个"黑箱"系统，通过对系统输入输出数据的测量和统计分析，按照一定的准则找出与数据拟合得最好的数学工具作为数学模型。例如，可以用回归分析法建立模型，叫作数理统计模型；也可以用时序分析法建立模型，叫作过程统计模型。数据分析法还可以利用计算机仿真，甚至利用人工智能系统建立数学模型。

**2. 数学建模的步骤**

数学建模一般经过模型准备、模型假设、模型构成、模型求解、模型分析、模型检验和模型应用等步骤。

（1）模型准备。了解问题的实际背景，明确建模目的，搜集必需的各种信息，尽量弄清对象的特征。提出要解决的问题并用清晰明确的语言加以表述，为进行机理分析或者数据分析奠定基础。

（2）模型假设。根据对象的特征和建模目的，对原型问题进行适当的抽象和假设，决定采用何种方法建构模型——是机理分析还是数据分析。然后依据采用的基本方法，分析各种因素，做出理论假设。

（3）模型构成。根据所做的假设分析对象的因果关系，并进一步抽象出表述对象特征的形和量，利用对象的内在规律，确定各个形和量的数学结构，也就是用数学的语言，或者利用现成的数学工具，或者创造新的数学工具描述对象的内在规律。这就具体地构成了数学模型。这里应该遵循反映性原则，数学模型应该与原型的空间形式和数量关系相似，也应该遵循简化原则，使所采用的现成的数学工具具有最简性，遵循可推演原则，使所创建的新的数学工具是有数学意义的有效的数学模型。

（4）模型求解。就是解数学模型表达的数学问题，可以采用解方程、画图形、证明定理、逻辑运算、数值计算等各种传统的和近代的数学方法，特别是计算机技术，解得模型问题的结果。也可以采用数据分析的方法，对统计模型进行数据分析，并进行统计推断得出相应的模型问题结果。两者都需要得到有意义的数学结果，这也是可推演原则的要求。无论是机理方法还是数据分析方法，得到的模型求解一般都需要大量的计算，许多时候还需要采用计算机模拟，因此可推演原则中自然也就包括了计算机编程和数学应用软件利用在内。

（5）模型分析。对模型解答进行数学上的分析。例如数学推演结果的逻辑分析、误差分析，及数据分析结果的灵敏度分析。若符合要求，可以将数学模型进行一般化和体系化，按此解决问题；若不符合要求，则进一步探讨，需要返回模型求解的步骤重新求解，直到数学上符合要求为止。

（6）模型检验。把数学模型的解概括到原型的领域，也就是把模型分析的结果翻译回到原型问题，并用原型问题的实际的现象、实际发生的数据与之比较，检验模型的合理性和适用性。如果经过检验，模型的推演结果和原型的真实结果一致，那么这个数学模型就构成这个原型领域的一个成果，不仅解决了建模开始时提出的原型问题，而且作为经过验证的数学模型可以在以后运用。如果是创新的数学模型，还同时是数学成果。如果经过检验模型推演的结果与原型的真实结果不一致，则需要返回到模型假设那一步重新进行假设，并依新的假设，重复以上各个步骤，直到得到需要的结果。

（7）模型应用。原来现成的模型的应用就是用数学模型达到建模的目的——解决原来提出的原型问题；此次新创建的数学模型则可以作为新的数学工具得到存储和编目，以备以后的建模运用。同时，无论对哪种模型，都需要在应用中不断优化，即对假设和数学模型不断加以修改，得到几个不同的模型，并对它们进行比较，直到找到最优模型。

**二、数学建模的意义及其教育价值**

（一）数学建模的意义

数学建模对于各个门类的科学技术以及人的实践都有巨大的促进作用，对于数学来说也有促进发展、开拓领域的巨大作用。当然，能产生这样的作用是因为数学模型比较其他科学方法来说具有易于操作、成本较低、求解迅速快捷等特点。不过更重要的则是数学建模，或者应用数学模型的方法还有着这样一些不同寻常的意义。

1. 数学建模是科学中运用计算方法的基础

对于现代科学来说，计算方法已经成为与实验方法、理论方法并列的第三种一般性的科学方法，计算方法在现代科学研究（无论是自然科学、技术科学，还是经济科学、思维科学，甚至人文科学的研究）中得到广泛的应用，甚至可以说现代科学的发展也就是计算方法的发展，现代高科技就是与计算密切相关的数学技术。而任何一门科学之所以能够运用计算方法就是因为该门科学中建构了相应的数学模型。要运用计算方法，首先要把该门科学的问题转化为数学问题，就是把背景（科学）问题表述成为数学问题，也就是建构了数学模型，对数学模型进行推演（演，演算，即计算）得到计算结果，然后再解释为该门科学的结果。因此，数学建模就为各门科学运用计算方法提供了可计算的技术基础。

2. 数学建模是数学成为人类文化的重要组成部分的关键

数学课程标准指出，数学是人类文化的重要组成部分。其关键因素在于："数学与人类发展和社会进步息息相关，随着现代信息技术的飞速发展，数学更加广泛应用于社会生产和日常生活的各个方面。数学作为对于客观现象抽象概括而逐渐形成的科学语言与工具，不仅是自然科学和技术科学的基础，而且在人文科学与社会科学中发挥着越来越大的作用。特别是 20 世纪中叶以来，数学与计算技术的结合在许多方面直接为社会创造价值，推动着社会生产力的发展。"无论在哪门科学、在哪个学科中的应用的关键都是数学建模，与计算技术的结合主要就是运用前面说的计算方法，当然数学建模也是关键。数学语言和数学工具的基础作用就在于是任何领域中数学建模的基础，在一些不同的文化领域中数学建模都起着关键的作用。

**3. 促进了数学科学的发展和各门科学的综合**

由于数学自身特别是数学在其他科学技术中的应用发展，现在的数学已经发展到了数学科学的层次。数学科学主要包括核心数学（或纯粹数学）和应用数学、统计学和运筹学、延伸到理论计算机科学等其他领域的数学范围。其他许多领域，如生物学、生态学、工程学、经济学的理论分支与数学科学无缝地结合。数学科学与其他许多科学，如工程学、医学，以及越来越多的商业领域，如金融和市场营销，存在交叉和融汇。一句话，由于数学应用的领域日益广泛，把所有运用数学的学科的数学内容与核心数学、应用数学综合起来，就是数学科学。数学科学的强大核心包括基本概念、结果，以及持续进行的、能够以不同方式被应用的探索，这是联系所有数学家的共同基础，对整个数学科学事业也是必不可少的。这个持续进行的能够应用的就是数学建模，正是数学建模构成了数学科学的基础。数学建模的发展自然推动着数学科学的发展。数学建模这个基础以及在所有的数学应用中都有数学知识的交叉和融汇，在各门科学中广泛采用的数学模型的交叉和融汇提供了这些学科综合发展的新的可能性，这又直接促进了各门科学的综合。而综合是现代科学发展的趋势之一。[18]

**（二）数学建模的教育价值**

现代心理学的发展揭示了主体的认知结构在认识活动中的作用。瑞士心理学家皮亚杰通过对发生认识论的深入研究后指出，认识不是一个单纯的、被动的接受过程，而是一个主动的建构过程，也就是把新的知识纳入已有的认知结构之中（同化）；或是发展已有的认知结构以容纳新知识（顺应）。认知结构也不是先天固有的东西，它是认识活动的产物，即主体与外部环境相互作用的产物。相应地，数学建构主义的学习观认为：数学学习不是一个被动的吸收过程，而是一个以已有知识和经验为基础的主动建构过程。由此得到结论：学习数学就是做数学，只有在做数学的过程中才有可能学会、学懂数学。中学生数学学习的认知活动主要是在学校这样的特殊环境中，在教师的指导下进行的。因此相对于数学家的创造来说，学生的认知活动只是一种再创造的工作，但它必须由学生相对独立地完成。因为任何数学知识的获得都必须经历"建构"这样一个由外向内的转化过程。学生的学习只有通过自身的操作活动和再现创造性的"做"，才可能是有效的。也可以说，数学是"做"出来的，不是教出来的。一个学生，没有活动，没有"做"，就形不成学习。数学教学过程必须重视让学生亲自感受，动手操作，动口交流，数学建模是实现"做"的有效途径。在教师的指导下，学生有目标地探索和高度自主解决问题的过程，是形成学生良好认识结构的基础。

在数学建模过程中表现出的问题形式与内容的多样性，问题解决方法的多样性、新奇性和个性的展示,问题解决过程和结果层次的多样性,无疑是对参与者创造力的一种激发、挑战、考验和有效的锻炼。教师在陌生的问题前感到困难,失去相对于学生的优势是自然的,常常出现的。这里有两个认识需要改变,一是数学建模教学能力提高的主要途径恰恰是自己多参与、多独立的思考和实际去"做";二是数学建模教学过程中,教师的角色不应该总是"正确的指导者,正确的化身",而应该平等地参与,适时扮演"同事、参谋、建议者、欣赏者"角色。实际上数学建模的教学过程(或者更自然地说是师生一起学和做的过程)更有利于发挥教师的主导作用和学生的主体作用。教师的主导作用体现在创设好的问题环境,激发学生自主探索解决问题的积极性和创造性上;学生的主体作用体现在问题的探索和发现、解决的深度和方式尽量由学生自主控制。它体现了教学过程由以教为主到以学为主的重心转移,加强了学生自主学习、讨论、调查、探索、解决问题的过程。教师参与学生的探索、学习活动,在教与学的组织中体现"学法",把教和学融为一体。数学建模的学习和实践也促进了课本外其他数学知识的学习,使学生在解决问题时的困惑和克服困难的过程中体会到数学理论知识的作用。

### 三、数学建模教学的策略与方法

(一)拓展"最近发展区"

高中生的学习动机和态度对于学习效果有显著的影响。动机是影响学习策略的重要因素,学习策略的选择又直接影响到学习效果。

研究表明:知识处于"最近发展区"时,最能激发学生的学习动机。太难的问题会打击学生学习的积极性,太简单的问题会使学生失去兴趣。在数学教学活动中,教师若能挖掘出具有典型意义且能激发学生兴趣和好奇心的问题,并通过创设问题情景充分展现数学的应用价值,就能激发学生的求知欲。帮助学生正确认识数学建模活动的成败,使之建立起积极的期望和自信心,也可以端正学生的学习动机和态度。数学建模不像解常规的数学题,它是开放性的,具有一定的难度。如果学生一遇到困难就放弃,不敢挑战,没有克服困难的自信心和毅力,就很难提高数学建模能力。

由于学生之间的差异较大,要调动学生学习的兴趣、好奇心和积极性,教师就应根据学生的基础知识、经验、性格等来设计数学建模的问题和教学活动的形式,及时了解学生反馈的情况,培养学生数学建模的兴趣,使之主动地参与数学建模活动,最终让不同水平的学生都获得成功的体验。

(二)强化"问题意识"

解决任何问题都需要具备相应领域的知识,数学基础知识对于数学建模来说是必不可少的。数学建模需要综合性的、跨学科的知识。要使学生能有效地利用已获得的知识来进行数学建模，教师一定要引导学生学习，创设民主和谐的氛围，鼓励学生大胆地提出问题，敢于质疑、猜想、发表自己的独立见解；帮助学生理清、掌握知识以及知识间的纵横联系、层次结构，让学生学会概括和组织知识，使新旧知识实现结构化、系统化；关注具体实际问题与抽象模式之间的灵活转换，学会数学建模的有效思维策略，形成一种在复杂的联系中思考问题的良好习惯。

数学建模的过程是一个综合运用知识的过程，它不是简单的外部知识与内部知识的叠加过程，而是一个通过反复交流、相互作用而使知识重新组合的过程。数学建模的过程同时也是一个互动合作的过程，它真正体现了"做中学"。在这样的活动中，学生不再是被动接受知识的载体，而是整个活动的主要参与者、活动的主体。数学建模的问题是没有现成答案、没有固定求解模式的实际问题，它给学生提供了充分发挥自己创造力的空间，使学生在对问题进行抽象建模、求解验证的过程中体验到数学发现的全过程，进而发展数学思维、扩大知识面。

（三）建构"思维模式"

我们既要把数学思想、数学方法理解为数学学习中深层次的基础知识，又要理解为数学建模的思维策略。在数学建模的过程中，策略性知识与事实性知识结合得非常紧密，相互渗透、相互融合，数学化能力要在高层次的策略性知识与低层次的描述性知识以及程序性知识之间不断地进行转换。数学建模教学的载体是数学知识，但数学建模的教学更应该注重学生对数学思想和数学方法的应用以及策略性知识的学习。认知心理学的研究已经表明：一个人不能"数学地"思考和解决问题的主要原因是缺乏必要的数学知识。数学知识既包括描述性知识、程序性知识，也包括过程性知识。

学生在将实际问题数学化时，需要从多角度思考问题，需要具有开阔的视野和灵活的思维，这就涉及策略性知识。专家与新手在策略性知识的选用上有着明显的差别。训练学生策略性知识是提高学生数学化能力的基础。

学生数学建模的认知策略主要有以下几点：

（1）形象表征和整体把握实际问题。通过阅读范例，以及分析、思考和研究范例，使学生感知认识数学建模；借助数据、图形、表格的表征，使学生学会从局部到整体地把握实际问题。

（2）多向思维相结合。数学建模的问题都有假设条件及要达到的目标。建模就是要将条件与目标联系起来，这种联系是多向的，要完成它，不仅需要顺向思维，也需要逆向思维，更需要多向思维的结合。

（3）克服思维定势的消极影响，实现多角度思维相结合。在建立数学模型时，常常会出现"山穷水尽疑无路"的情况,这时,改变思维的角度和换一种思考方式就会"柳暗花明又一村"。

（4）利用信息技术丰富思维。通过上网查阅资料、阅读参考文献,以及计算器、计算机模拟仿真等打开数学建模的思路。

（5）合作讨论。小组合作交流讨论,各抒己见,激发思维,提出不同的观点。

（6）总结建模思路。数学建模需要不断地总结和反思。唯有如此,学生的建模能力才能得到提高。

（四）调用"监控系统"

Ａ·Ｈ·舍费尔得（A.H.Schhoenfeld）明确指出了"调节"在解题中的作用。他认为:调节能使解题者减少盲目性,促使解题者对自身的行为进行评估。数学建模是一个反映学生综合能力的"调节"活动。数学建模可能会遇到许多问题。面对问题,学生需要不断地提出一些更为仔细的自我指导语:"这是一个什么样的问题?""它涉及哪方面的知识?""需要查阅哪方面的资料?""这种分析问题的思路是否可行?""实际问题的假设都考虑全了吗?""变量之间的关系能这样处理吗?""我为什么这样考虑?""用什么方法求解模型?""这个结果是否符合实际情况?""我应该做怎样的修改?"数学建模尤其需要这样的思维活动。在建立数学模型时,学生一定要加强对元认知的监控,不断地修正数学模型。[19]

《普通高中数学课程标准》要求数学建模活动以课题研究的形式开展,课题研究的过程包括选题、开题、做题、结题四个环节。如果从逆向的角度来理解,实际上就是以数学建模为载体锻炼了学生课题研究的能力,因为学生要做的不仅仅是一篇数学建模的小论文或其他研究成果,还要撰写开题报告、进行结题答辩等,在数学建模的全过程中提倡以小组为单位,齐心协力应对相对复杂的实际问题,并从中培养学生良好的团队协作能力。同时,数学建模的全过程应充分体现"独立"二字,也就是说独立建模强调的是学生的自主研究、自主实践,但并不意味着完全没有教师的指导。教师应当在学生出现问题或困难的时候,及时给予必要的指导和帮助。数学建模是一种能力,它不仅要求学生知识面广、洞察力强、兴趣广泛,更重视师生在面对纷繁复杂的现实世界时能用数学元素描述与化简,用数学思想方法分析与解决从中所提取的问题。数学建模又是一种实践活动,它重在实践,也难在实践。在教学中,教师应秉承"以生为主"的理念,重视建模的过程与思想,充分应用问题引导、利用数学知识与技巧提升学生数学应用能力与数学建模核心素养,并渗透与传播数学文化,真正树立学生敢于质疑、勇于思考、严谨扎实、求真务实的科学精神及合作协作与创新精神,为其终身可持续发展提供必要条件。

# 第四节　直观想象

如：对于 $\dfrac{1}{2}+\dfrac{1}{4}+\dfrac{1}{8}+\cdots+\dfrac{1}{2^{n-1}}+\dfrac{1}{2^n}=1-\dfrac{1}{2^n}$，我们固然可以应用等比数列求和或采用错位相减法加以证明，但若呈现图示（图2-6-4）的"无字证明"，恰可以引发"原来如此"的会心一笑。简而言之，可视化就是"看见不可见"。

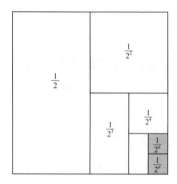

图2-6-4　数学公式的可视化表达

如：两角差的余弦公式的无字证明，如图2-6-5。

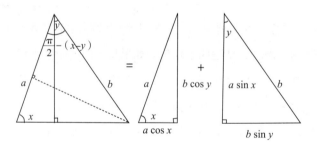

图2-6-5　$\cos(x-y)=\cos x\cos y+\sin x\sin y$

## 一、直观想象的内涵

（一）什么是直观想象？

《普通高中数学课程标准》指出："直观想象是指借助几何直观和空间想象感知事物的形态与变化，利用空间形式特别是图形，理解和解决数学问题的素养。主要包括：借助空间形式认识事物的位置关系、形态变化与运动规律；利用图形描述、分析数学问题；建立形与数的联系，构建数学问题的直观模型，探索解决问题的思路。"它是《普通高中数学课程标准（实验稿）》中"空间想象"和《义务教育数学课程标准（2011年版）》

中所提及的"空间观念""几何直观"的融合与凝练,是从几何学的视角——"几何直观""空间想象""空间形式""图形"等进行的描述,凸显了直观想象的几何特征。

直观想象是数学核心素养的基本成分,包括两个要素,分别是几何直观和空间想象。

几何直观主要是指利用图形描述和分析问题。史宁中教授和孔凡哲教授认为:"几何直观是指借助于见到的(或想象出来的)几何图形的形象关系,对数学的研究对象(即空间形式和数量关系)进行直接感知、整体把握的能力。"[20]它有 3 个方面的内涵,分别是:(1)利用图形描述、分析数学问题;(2)建立形与数的联系;(3)建构数学问题的直观模型,探索解决问题的思路。

空间想象是个体对其周围环境的直接感知,对二维和三维图形及其性质的理解,图形之间的相互关系和图形变换是空间观念的重要方面。可以从 4 个方面阐述空间想象的内涵,分别是:(1)根据物体特征抽象出几何图形,根据几何图形想象出所描述的实际物体;(2)想象出物体的方位和相互之间的位置关系;(3)描述图形的运动和变化;(4)依据语言的描述画出图形等。

几何直观可以帮助学生直观地理解数学,借助几何直观可以把复杂的数学问题变得简明、形象,有助于探索解决问题的思路、预测结果,有助于培养学生的创新能力以及用数学的思维方式进行思考。空间想象作为一种抽象思维能力,对于提高学生的数学素养,培养学生用数学的眼光观察世界都有着较为重要的作用。与几何直观相比,空间想象更倾向于即使是脱离了背景也能想象出图形的形状、关系的能力;而几何直观更强调借助一定的直观背景条件而进行整体把握、综合思考的能力。

总体而言,直观想象是依托、利用图形进行数学的思考和想象,本质上是一种基于图形展开想象的思维能力;直观想象是发现和提出数学问题、分析和解决数学问题的重要手段,是探索和形成论证思路、进行逻辑推理、构建抽象结构的思维基础。在直观想象核心素养的形成过程中,学生能进一步发展几何直观和空间想象能力,增强运用图形和空间观念思考问题的意识,提升数形结合的能力,感悟事物的本质,逐步形成创新思维。[21]

(二)几何直观与空间想象

1. 什么是几何直观?

几何直观是一个偏正短语,几何是说明直观的,因此,需要先探讨直观的含义。按《辞海》释义,直观即感性认识,其特点是生动性、具体性和直接性。要真正认识事物,必须由生动的直观进入到抽象的思维。按《中国大百科全书(哲学卷)》释义,直观是通过对客观事物的直接接触而获得的感性认识的直观。直观的字面意义是直接的观察。以上指的都是感性直观。而由思维直接把握本质的内在认识的直观,叫作理智直观，也叫作理性直观。

因此，直观一方面指的是通过与事物的直接接触，例如，对事物的直接观察得到的感性认识；另一方面，还可以指人们通过某种理性认识对事物本质的整体把握。当然，这种整体把握仍然属于感性认识，因为人的认识发展就是由感性到理性，再到感性（在这个理性的基础上进行的感性认识），再发展到"感性—理性—感性"的循环，每一个循环都使认识达到更高一级的程度。这里说的直观应该既包括感性直观，也包括在感性直观基础上的理性直观，并且包括在新的理性基础上的新的感性直观以及在新的感性基础上的理性直观。可以说成，直观既是一种直接感知，又是一种在直接感知基础上的整体把握。

几何直观就是通过几何图形对事物进行的直接感知和整体把握。实际上就是利用几何学知识，通过几何图形的形象或者表象对事物进行直接观察得到的感性认识，以及通过几何学的理性认识并在感性认识的基础上得到的对事物的整体把握。

2. 什么是空间想象？

空间是在测量和描述物体及其运动的位置、形状、方向等性质中抽象出来的，是物质客体的广延性和并存的秩序。对这个抽象出来的广延性和并存的秩序的认识就表现为对（物质客体的）大小、形状、场所、方向、距离、排列次序等通常被称为"空间形式"的认识。通常人们对空间的表象无论是感知表象还是记忆表象一般也就表现着前面说的空间形式。那么，空间想象自然就是人们以现有的对事物的大小、形状、场所、方向、距离、排列次序等（空间形式）的感知和记忆为基础，在头脑中创造尚不具体存在的事物的大小、形状、场所、方向、距离、排列次序等广延性和并存的秩序（空间形式）方面的形象的心理活动。进而人们顺利而有效地进行空间想象，在头脑中创造出所需要的形象的个性心理特征就是空间想象能力。对事物的大小、形状、方向、距离、排列次序等的认识，也就是对空间形式的认识，无疑是数学内容——数学是研究（现实世界的）空间形式和数量（量的）关系的科学。空间想象能力是一种数学能力。

（三）直观想象素养的构成与发展水平

直观想象由四个方面构成：建立形与数的联系、利用几何图形描述问题、借助几何直观理解问题、运用空间想象认识事物。[22]

1. 建立形与数的联系

这是数形结合的第一步，包括"由数到形"的转化以及"由形到数"的转化。例如：水平一要求能够在熟悉的情境中，抽象出实物的几何图形，建立简单的图形与实物之间的联系，体会图形与图形、图形与数量的关系。水平二要求能够在关联的情境中，想象并构建相应的几何图形，等等。

**2. 利用几何图形描述问题**

数形结合后，可以借助几何图形描述问题，这是数形结合的进一步，也是几何直观的初级形式。例如，水平一要求能够描述简单图形的位置关系和度量关系及其特有性质，能够通过图形直观认识数学问题。水平二要求能够借助图形提出数学问题，能够通过直观想象提出数学问题。水平三要求能够在综合的情境中，借助图形，通过直观想象提出数学问题。

**3. 借助几何直观理解问题**

这是几何直观的深化，包括借助几何问题理解代数问题和几何问题等。例如：水平一要求能够在熟悉的数学情境中，借助图形的性质和变换（平移、对称、旋转）发现数学规律。能够用图形描述和表达熟悉的数学问题启迪解决这些问题的思路，体会数形结合。水平二要求能够掌握研究图形与图形、图形与数量之间关系的基本方法。能够用图形探索解决问题的思路并形成数形结合的思想，体会几何直观的作用。水平三要求能够综合利用图形与图形、图形与数量的关系，理解数学各分支之间的联系。能够借助直观想象建立数学与其他学科之间的联系，并形成理论体系的直观模型，等等。

**4. 运用空间想象认识事物**

除了运用几何直观描述、理解问题，还需要进行空间想象。例如：水平一能够在熟悉的情境中抽象出实物的几何图形等。水平二在交流的过程中，能够利用直观想象探讨数学问题。水平三通过想象，对复杂的数学问题进行直观表达，反映数学的本质，形成解决问题的思路在交流的过程中，能够利用直观想象探讨问题的本质及其与数学的联系，能够在日常生活中利用图形直观地进行交流。以上水平划分，体现了《课程标准》力图说明直观想象素养的不同层次要求，强调了数形结合，以及借助几何图形提出问题、解决问题，体现了几何直观和空间想象的重要作用。这无疑对实践教学和考试评价都具有一定的指导意义。

**二、直观想象的意义与价值**

《课程标准》还指出："直观想象是发现和提出问题、分析和解决问题的重要手段，是探索和形成论证思路、进行数学推理、构建抽象结构的思维基础。通过高中数学课程的学习，学生能提升数形结合的能力，发展几何直观和空间想象能力；增强运用几何直观和空间想象思考问题的意识；形成数学直观，在具体的情境中感悟事物的本质。"可见，直观想象不仅是着眼于学生"四能"的培养，还着力于学生数形结合、几何直观、空间想象能力的发展，而且更为宏观地期望通过直观想象素养的发展，使学生借助直观想象思考问题、感悟事物本质的能力得以提升；直观想象能够成为学生论证思路、推理、抽象的思维基础。这些正是直观想象素养的数学学科价值和育人价值。[23]

### 三、直观想象教学的策略与方法

（一）培养学生想图、画图、用图的习惯，利用图形描述问题和分析问题

"在大多数情况下，数学的结果是'看'出来的，而不是'证'出来的，所谓的'看'是一种直接判断，这种直接判断是建立在长期有效的观察和思考基础之上。"[24]很多数学问题看起来很复杂、抽象，比如复杂函数问题和新型曲线方程问题等，如果能够画出其相应的图形或图象，观察图形或图象的性质，通过"几何"的手段把问题中的代数形式的表象和几何直观的深层次含义建立起联系，加深对所求问题的认识和理解，达到用"直观"的眼光看问题的目的，进而将抽象、复杂的问题变得简明、形象，有助于快速发现问题的本质，以及快速寻找到求解问题的方法，培养学生的直观想象素养。

（二）借助几何直观，从变换的视角认识问题和分析问题

数学教育家傅种孙先生曾言："几何之务不在知其然，而在知其所以然；不在知其然，而在知何由以知其所以然。"数学概念是抽象的，借助图形或图象可以在一定程度上帮助学生更好地理解这些抽象概念，借助几何直观可以更巧妙地解决一些复杂问题。对于一个看起来"陌生复杂"的代数式，如果能够挖掘出其内在的几何模型或含义，借助这个几何模型，不断地变换问题，就可以更清晰地认识问题，更快速地解决问题，也就能真正学会用几何直观的眼光看问题、思考问题。

（三）数缺形时少直观，形少数时难入微，培养数形结合的意识和能力

很多数学知识或问题既可以从"数"的角度去思考，也可以从"形"的角度去分析，"数"和"形"适当碰撞，才能更深入地直达问题的本质。正如华罗庚先生所说的，"数缺形时少直观，形少数时难入微。"很多解析几何、函数、不等式、立体几何等问题都具有"数"和"形"的双重性质，代数运算是外在，几何性质蕴含其中。借助数形结合，降低度量计算，突出直观想象素养，有助于帮助学生构建数学问题的直观模型，探索解决问题的方法。

（四）关注不同层次学生的需求和能力，循序渐进，培养学生对直观的敏捷洞察力

直观想象由四个构成成分组成，每个构成成分对应着不同的水平。直观想象素养的构成成分和其对应的水平是螺旋上升的，对学生的能力要求也是不断提高的，但不同层次的学生的几何直观的洞察力不同，数形结合的意识和能力也不同。在构建几何直观模型解决问题时，要尊重学生的心理认知水平的差异，遵循学生的认知规律，依托最近发

展区理论，在学生的现有水平和学生的未来水平之间无缝衔接，让不同层次的学生在对几何直观都有进一步的认识，逐步帮助学生形成数形结合的思想，帮助学生逐步建立起一定的数学直观，能够借助直观想象提出问题、分析问题和解决问题，真正落实直观想象素养课程目标的要求。

# 第五节　数学运算

## 一、数学运算的内涵

（一）什么是数学运算？

《课程标准》指出："数学运算是指在明晰运算对象的基础上，依据运算法则解决数学问题的素养。主要包括理解运算对象、掌握运算法则、探究运算思路、选择运算方法、设计运算程序、求得运算结果等。"

"数学运算"核心素养几乎贯穿于其他五个数学核心素养之中，是数学学科核心素养的基本成分。"数学运算"是解决数学问题的基本手段，是演绎推理、计算机解决数学问题的基础。通过高中数学课程的学习，培养学生的"数学运算"核心素养能进一步发展学生的数学运算能力；能有效借助数学运算方法解决实际问题；能促进数学思维发展，培养学生形成规范化思考问题的优秀品质，帮助学生养成一丝不苟、严谨求实的科学精神。

"数学运算"并不是简单的数学计算能力，"数学运算"主要是对运算对象、运算法则、运算思路、运算方法的理解、掌握、探究和选择，提升学生的"数学运算"核心素养显得尤为重要。[25]

数学运算是指在明晰运算对象的基础上，依据运算法则解决数学问题的过程。数学运算是数学活动的基本形式，也可以将其视为演绎推理的特殊情况，是获得数学结果的重要手段。在科学与计算机技术迅猛发展的今天，数学运算的重要地位与作用日益得到凸显，已经成为日常生活的必备素养，是学生学习数学的前提与基础。数学运算是借助运算进行的数学思考，作为半独立的数学力量，数学运算不受数学家个人意图的控制，而是由公式本身规律推动其前进，数学运算往往能够强行推出新概念和新运算。对于数学运算的理解，关键在于对通性通法的理解。数学运算作为数学抽象结构的基本要素，不仅能够使学生的思维更加条理化、清晰化，还能培养学生的意志力与创新能力。

（二）数学运算素养的组成

数学运算素养的提出是顺应时代发展要求和人才培养需求的结果。一方面，数学运算素养是数学运算能力的继承，它包含了数学运算能力，是在弄清和理解运算对象、深刻理解运算法则的基础上，选择合适的算法解决问题；另一方面，数学运算素养又是数学运算能力的延伸，除了能力之外，它还包括思维品质，以及情感、态度与价值观，是这三者的综合体。

第一，运算本质上是一种映射，是一种通过变换、演绎进行严密的推导的思维过程。中学里将运算看作法则和公式的运用，数学运算能力是一种特殊的逻辑推理能力。通常进行的数学运算都属于逻辑推理中的演绎推理范畴，其中主要包括关系传递性推理，如等式运算和不等关系比较、四则运算和极限运算等。

第二，在运算的对象方面，从最开始的数的运算，到后来增加了式的运算，再到之后补充了数据的处理，内容变得越来越丰富，《课程标准》中将这些数字、算式、数据等统称为运算对象。在运算法则的运用方面，除了单纯地根据法则进行计算以外，之后还强调了根据问题条件寻求简捷合理的运算途径；后来，随着情境这一概念的提出，问题条件也被修改为问题情境；到现在，对于数学运算的要求不仅局限于能力，还有思维和品格。

第三，数学运算素养的提出是数学运算能力的继承和发展。一方面，数学运算素养是数学运算能力的继承，它包括了数学运算能力：在弄清和理解运算对象的基础上，深刻理解运算法则之后，能灵活运用法则去解决情境中的数学问题的一种能力。另一方面，数学运算素养又是数学运算能力的进一步发展，除了能力之外，它还包括了思维品质，以及情感、态度与价值观，它是这三者的一个综合体。

第四，数学运算素养包括的数学运算能力、数学运算的思维品质，以及数学运算涉及的情感、态度与价值观三者不是简单的并列关系，而是具有层次性的递进关系。[26]

（三）数学运算素养特点

数学运算素养具有思维性、贯通性、发展性、数量化、创新性、变通性、时代性等特点。笔者认为，与其他五大数学核心素养相比，数学运算素养具有如下特点。

一是思想性。数学运算的源头是数学思想，是"道"。不管哪种运算，总是在一定的数学思想支配下，为了揭示、刻画量与量之间的内在联系与规律，为解决某类特定的数学问题而建立。运算背后蕴含着量化思想、数学建模思想、程序化思想等。

二是概念性。数学运算的实质是由一般到特殊的演绎推理，推理的依据是运算法则与运算律。由于运算法则与运算律总是建立在相应的数学概念之上，因此，任何一种数学运算总是伴随着特定的数学概念的产生而产生的，都是在一定的概念系统中进行的。数学概念是数学运算的前提和基础。

三是综合性。运算素养是一种综合性素养。它不仅与记忆能力、观察能力、理解能力、表达能力、概括能力及空间想象能力等紧密相连，而且与数学抽象素养、逻辑推理素养、数学建模素养、直观想象素养、数据分析素养相互渗透，相互支撑。

四是技能性。运算最终表现为一种行为、一种技能、一种"术"。它需要借助特定的技能与操作来获得相应的结果。没有一定的运算技能，与之相关的数学思想、数学概念、数学思维只能是无法落到实处的"空中楼阁"。

五是独特性。抽象、推理、建模、直观想象等思想方法，其他学科都有，而运算则为数学学科所独有，其他学科只是运用数学运算的思想、方法与结论。因此运算是数学区别于其他学科的最大特征。

六是层次性。运算能力的发展总是从简单到复杂、从低级到高级、从具体到抽象，有层次地发展起来的。低一层次的运算能力与运算素养没有形成，高一层次的运算能力与运算素养就难以形成。[27]

## 二、数学运算的意义与价值

（一）数学运算的学科意义与价值

运算几乎渗透到数学的每一个角落，是贯穿数学的基本脉络，是贯穿数学课程的主线。数学运算是数学发展的引擎与源头。每一个新的运算体系的形成，都极大地促进了数学的发展。数学运算蕴含着数学思想、数学原理与方法，它是解决数学问题与现实问题的基本手段，是计算机解决问题的理论基础。

（二）数学运算的教育意义与价值

数学运算素养对其他数学素养的发展具有基础性、全局性的影响。强化数学运算教育有助于学生更好地把握数学的发展脉络、基本结构与基本原理，有助于为学生其他数学素养的发展奠定坚实的基础。基于运算素养培育，明晰运算的逻辑主线，有助于提高数学教学的整体性、深刻性、合理性和有效性。由于条理不清、粗心马虎、心情浮躁、怕难怕繁等极易诱发运算错误，因此数学运算对学生的耐心、细致、意志、毅力等非智力品质有极高的要求。数学运算能有效地促进学生形成善于思考、言之有据、严谨求实、灵活创新的学风和科学精神，形成条理化思考问题、不怕繁难的个性品质。

## 三、数学运算教学的策略与方法

（一）加强"数学运算"核心素养与数学文化的结合

高考对学生的"数学运算"核心素养的考查要求较高，并且要求有再提高的趋势。这使得"数学运算"核心素养与数学文化的结合显得尤为重要，通过数学文化的结合，对抽象的数学知识追本溯源，提高学生的趣味性、积极性，有利于学生创新思维的培养，有利于学生的"数学运算"核心素养向拓展结构水平发展。新课标明确指出：数学文化是指数学的思想、精神、语言、方法、观点，以及它们的形成和发展；还包括数学在人类生活、科学技术、社会发展中的贡献和意义，以及与数学相关的人文活动。我们应加强"数学运算"核心素养与数学文化的结合，"数学运算"核心素养主要是对运算对象、运算方法、运算程序、运算结果等的考核，若与数学文化相分离会割裂数学的整体性，原本血肉丰满的数学只剩下"骷髅"式的知识骨架，进而也就失去了数学和数学教育的"灵魂"。对于还处在应试教育的当代，若未能将"数学运算"核心素养与数学文化结合，关于数学文化的传承极易被教师们所遗忘。为了让学生能够站在数学思想的高度体会数学的本质，为了数学回归育人应有的样子，应加强"数学运算"核心素养与数学文化的结合。

（二）倡导教师积极教学，提升学生"数学运算"核心素养

倡导教师积极教学，教师在讲授新课时，应该将概念讲透讲清楚，加强概念教学，注重概念的引入，分析概念的含义，了解概念的本质，掌握概念的内涵和外延，从多方面入手，加深学生对概念的理解。让学生能在概念与概念之间能够建立联系，教师应该帮助学生对相关知识制作思维导图，使零散的知识点建立起直观的联系；教师在讲习题课时，应该将习题所涉及的知识点、思想方法讲清楚讲明白。不提倡教师要求学生进行题海战术，毕竟万事万物过犹不及，学生刷题刷多了，在一定程度上会形成机械式的答题思路，当遇到灵活的题目时就无从下手。倡导教师积极教学，提升学生"数学运算"核心素养，维持关联结构水平并向拓展结构水平迈进。做到以下几点：

1. 发展学生数学运算的核心素养，要加强概念教学，注重概念的引入，分析概念的含义，了解概念的本质，掌握概念的内涵及外延，从多方面入手，加深学生对概念理解。

2. 发展学生数学运算的核心素养，要加强对算理的教学，不能以解题训练代替算理分析讲解，明晰算理，掌握算法，实现算理、算法内在的统一。

3. 发展学生数学运算的核心素养，例题讲解要清晰，明确思路，剖析解法，更要规范解答，切忌让学生简单套用模式。

4. 发展学生数学运算的核心素养，要培养学生在具体情境中能够将有关数学问题转化为运算问题，确定运算对象和运算法则，合理构造运算程序。

数学运算包括理解运算对象，掌握运算法则，探究运算方向，选择运算方法，设计运算程序，求得运算结果。算法不是针对某个具体问题的解决方法，而是针对一类问题的解决方法。算理是运算的道理、原理，也是算法的理论依据，由数学概念、性质、定律等内容构成数学的基础理论知识，指引着算法一步一步地展开。可以借助数学的算法

与算理来驱动生成数学运算核心素养,在这个过程中,需要重点注意以下4个方面:第一,在高中的数学运算中,运算对象不仅仅是数与式,还包括例如集合之间的运算、函数之间的运算,因此在运算之前,首先需要明确的是运算对象是什么,不同的运算对象对应不同的算法,例如集合的交、并、补运算与数的加减运算是有区别的;第二,理解运算法则是保证运算结果正确的关键,运算法则中蕴含着算理,只有很好地理解算理,才能保证运算结果的准确;第三,运算是有方向的,在数学运算过程中要注意运算的方向;第四,算法具有多样化,因此,可以摆脱固有模式,从不同角度思考问题,运算方法的合理选择可以简化整个运算过程,减少不必要的运算步骤,进而提升运算结构的正确率,例如高中数学中的解析几何中蕴含着大量的、复杂的运算,掌握相关的运算方法与技巧可以简化运算。

# 第六节　数据分析

## 一、数据分析的内涵

（一）什么是数据分析?

《课程标准》:"数据分析是指针对研究对象获取数据,运用数学方法对数据进行整理、分析和推断,形成关于研究对象知识的素养。数据分析过程主要包括收集数据、整理数据、提取信息、构建模型、进行推断、获得结论。"数据分析观念作为"统计与概率"内容的核心,是重要的数学核心素养之一,也是当前信息化社会对人们的基本素质要求。培养学生的数据分析观念是统计教学的核心任务,也是发展学生核心素养的关键。对"数据分析观念"的阐释,培养数据分析观念可从以下三方面加以落实:数据分析意识、数据分析技能及数据分析评判质疑能力。

## 二、数据分析素养的意义与价值

（一）促进科学和社会的发展

数据分析素养是我们认识客观世界的依据,整体来说,客观世界的发展变化更多的是以随机现象表现出来的,以统计分析或者数据分析的观点才能更好地认识客观世界。就连生物进化论这样反映世界的理论也是建立在随机统计的基础上的。例如,关于生物进化的关键词"适应"——实际上,并不是物种真正的适应;恰恰相反,是那些纯粹由于偶然性能更好地适应环境的个体有可能存活下来,并为该物种的后代定了型。"进化"的不是个体,而是物种的总体特征,进化的大多数过程具有随机性特点。更不用说经济学,因为研究的是人的经济活动,而人总是各有各的目标和决定,就是说人的活动具有随机性，因而总的经济活动只能以统计分析的方式进行，研究的初级成果就是大量的数据，离开数据分析素养，就无法深入地理解经济现象。

数据分析素养使我们可以从整体上反映和分析事物的数量特征，考察事物的本质和发展规律，对之进行有依据的判断，从而做出正确的决策。这种决策在宏观层面上，是国家宏观调控和各方面管理的重要工具；在微观层面上，是各类企事业单位管理与决策的依据。在科学研究中，是进行研究的重要方式。甚至对个人生活，数据分析带来的有效的、正确的决策也将产生重大的影响，使人生活得更加惬意幸福，随着社会的发展得到自身的全面发展。特别是在这个大数据时代，通过数据挖掘能够得到用普通方法得不到的信息，从而生成前所未有的知识，并有力地促进知识的运用；这将生成更多的数据，于是数据分析将得到一个"数据—现实—数据"的良性循环，促进科学、社会和每位社会成员的发展。

（二）促进教育领域的突破性变革

特别强调一下，数据分析素养对于教学具有特殊意义。人们认为，当下信息技术在教育领域引起的突破性变革的核心有这样三个成分：个人化教学、精确化和专业学习。显然在这三个核心成分中，精确化占有重要的特殊的地位，个人化教学是教育变革的目标——以人为本。促进每一位学生的发展，促进学生的个性发展和全面发展，最理想的就是个人化教学。为了做到这一点，就必须使教学精确化，精确到明确指出每一位学生的每一点发展和进步、每一个发展中的问题。而在教学的精确化中，精确化的教学评价处于中心位置，精确化更容易理解的说法是用准确的数据活动驱动教学，包括依据准确的数据活动进行准确的教学评价。为了实现教学精确化，教师的专业水平就必须有极大的提高，所谓提高指的是"在自己的工作环境中做正确的事情"，那么在需要精确化教学的环境中做正确的事情的能力就是教师需要学习的专业能力。教师专业水平的提高将有效地促进教学的精确化，从而促进个人化教学的发展，促进学生更好地发展。

要做到这三点，信息技术或者说数据技术的运用是一个关键，现在各级各类学校中相当普遍地应用了基于信息技术、数据技术的学习测试评价系统。最典型的学习测试评价系统有以下四种互相关联的功能：

1. 一套有力的评估工具，这套工具与每堂课的学习目标相配套，它使教师每日获得有关每位学生进步的准确的、综合的信息，这套工具的管理使用不会过度干扰正常的课堂秩序。

2. 一个不用太多时间而又能捕捉到过程评估数据的方法。自动分析数据，并把数据转换成可有效推动教学的信息，使教师很快可以做出教学方案，而无须等到将来。

3. 一种使用每位学生的评估信息来设计并实施个人化教学的措施，为教学而评估成为提高教学精确性的策略。

4. 一套嵌入的手段来监测和管理学习，测试那些能有效地、系统地提高课堂教学的效果，从而使之更加精确地应对教室中每位学生的学习需求。

这个方案是一个利用信息技术系统的方案，也是一个运用数据活动驱动教学的方案，与前面分析的数据活动相比较，这里的第一种功能就在于获取数据，特别是对研究目的、方法（工具）、条件（不过度干扰课堂）等都做了设计；第二种功能则是解释数据、分析数据、表达数据，使得教师由数据得到信息，又由信息得出知识，做出自己的教学方案；第三种功能是继续表达数据，进一步运用得到的知识—精确性评估—促进教学的个人化，形成精确化教学的策略；第四种功能则是进行数据挖掘，运用从大量学习数据中直接得到的知识监测和管理学习系统提高教学的效果，精确地满足每一位学生的学习需求。

**三、数据分析素养教学的策略与方法**

（一）创设合适的问题情境，感受数据分析价值

实践证明，创设的问题情境越贴近生活，对学生实践能力和解决问题能力的培养越有利。通过数据蕴含的信息进行判断与决策，用数据说话，初步培养数据分析意识；激发学生对数据的来源、真实性进行合理判断与质疑，培养数据质疑评判能力；"多因素影响下的问题"旨在提高学生的数据分析能力。此外，培养数据分析观念最好的方式是让学生经历收集、整理、描述、分析这一完整的统计过程，让学生经历这一全过程。能够使学生体会到统计活动需要收集、整理数据，进行数据分析，能利用数据解决日常生活中很多实际问题，从而感受统计的实际价值，发展应用意识。

（二）设置问题串，层层追问，激发学习兴趣

美国数学家哈尔莫斯说"问题是数学的心脏"。因此，在教学中设置合适的问题显得尤为重要。首先以生活中的实际问题激发学生的好奇心，使学生对数据的来源与真实性产生合理质疑；其次让学生根据给出的详细数据认真思考；最后对问题进行拓展，提出多因素影响下的不同问题，适当提升难度，激发学生的学习兴趣。在这一过程中，虽然数据分析观念的内涵在不同问题中各有侧重，但通过问题串层层追问，有助于激发学生的学习兴趣，帮助学生理解并实践数据分析观念的不同内涵。

（三）渗透数学思想，培养数据分析能力

数学思想是培养学生核心素养的基本要素之一，在教学中渗透数学思想方法可以帮助学生厘清数学知识的形成过程，锻炼学生的逻辑思维能力。首先给出生活情境，让学

生对生活问题做出判断，再抽象出数学问题"如何选择统计量"，利用统计量等数学知识去解决实际问题。学生经历了完整的数学建模过程，提高了利用数据分析问题、解决问题的能力，培养了数据分析意识，发展了数据分析技能。此外，情境将生活中多因素的复杂问题转化为利用加权平均数解决的计算问题，利用统计知识将问题化难为易，化繁为简，体现化归思想在统计活动中的运用，也有助于进一步提升学生整理数据、分析数据并做出决策的能力。因此，在统计活动中以数据分析观念为主线，渗透数学思想，不仅可以促进数学建模等核心素养的提升，更使数据分析观念与其他素养紧密结合，有助于学生在数学学科获得更好的发展。

**参考文献**

[1]史宁中.高中数学课程标准修订中的关键问题[J].数学教育学报,2018,27（01）:8-10.

[2]孙宏安.谈数学抽象[J].中学数学教学参考,2017（07）:2-5，9.

[3]中国社会科学院语言研究所词典编辑室.现代汉语词典（第七版）[K].北京：商务印书馆,2020,184.

[4]中华人民共和国教育部.普通高中数学课程标准（2017年版,2020年修订）[M].北京：人民教育出版社,2020.

[5]史宁中.数学基本思想18讲[M].北京：北京师范大学出版集团,2018,1-2.

[6]张金良.解密数学抽象 探索教学策略[J].数学通报,2019,58（08）:23-26，66.

[7]李昌官.数学抽象及其教学[J].数学教育学报,2017,26（04）:61-64.

[8]R·柯朗，H·罗宾著.左平，张怡慈译.什么是数学[M].上海：复旦大学出版社,2017.

[9]史宁中.漫谈数学的基本思想[J].数学教育学报,2011，20（4）:8.

[10]王瑾,史宁中,史亮,孔凡哲.中小学数学中的归纳推理：教育价值、教材设计与教学实施——数学教育热点问题系列访谈之六[J].课程·教材·教法,2011,31（02）:58-63.

[11]李兴贵,王新民.数学归纳推理的基本内涵及认知过程分析[J].数学教育学报,2016,25（01）:89-93.

[12]林玉慈.高中数学课程中的逻辑推理及教学策略研究[D].东北师范大学,2019.

[13]吴维维,邵光华.逻辑推理核心素养在小学数学课堂如何落地[J].课程·教材·教法,2019,39（03）:88-95.

[14]胡炳生,陈克胜.数学文化概论[M].合肥：安徽人民出版社,2006.

［15］朱娅梅.义务教育阶段学生数学建模能力评价框架和行为测评指标［J］.数学教育学报,2018,27（03）:93-96.

［16］鲁小莉,程靖,徐斌艳,王嵘雨.学生数学建模素养的评价工具研究［J］.课程·教材·教法,2019,39（02）:100-106.

［17］黄健,鲁小莉,王嵘雨,徐斌艳.20世纪以来中国数学课程标准中数学建模内涵的发展[J].数学教育学报,2019,28（03）:18-23，41.

［18］孙宏安.谈数学建模［J］.中学数学教学参考,2018（10）:2-6, 17.

［19］但琦,朱德全,宋宝和.中学生数学建模能力的影响因素及其培养策略［J］.中国教育学刊,2007（04）:61-64.

［20］孔凡哲,史宁中.关于几何直观的含义与表现形式［J］.课程·教材·教法,2012,（7）:93.

［21］徐德同,钱云祥.基于质量监测的初中学生直观想象发展状况的调查研究［J］.数学教育学报,2017,26（01）:22-24.

［22］刘佳,刘攀坤,郭玉峰.基于直观想象素养的构成和水平划分的数学高考试题研究［J］.数学通报,2020,59（03）:35-40.

［23］郑雪静,陈清华,王长平,林京榕.高中生直观想象素养的测量与评价研究［J］.数学教育学报,2020,29（04）:7-12.

［24］史宁中.数学思想概论·图形与图形关系的抽象［M］.长春:东北师范大学出版社,2009,222-225.

［25］邱婉珠,周仕荣.从"三角与三角函数"考点看高考中的"数学运算"核心素养——以2016—2019四年高考理科全国卷Ⅰ卷为例［J］.数学通报,2020,59（02）:49-54.

［26］郭玉峰,段欣慰,孙艳.数学运算素养的理解与商榷[J].中国数学教育,2019(20):3-8.

［27］李昌官.数学运算素养及其培养［J］.数学通讯,2019（18）:1-5.

第三篇　基于数学学科核心素养的教学实践

# 第七章　落实"立德树人"，实现数学育人价值

《左传·襄公二十四年》："太上有立德，其次有立功，其次有立言，虽久不废，此之谓不朽。"立德、立言、立功被称为"三不朽"。德才兼备是中国古代对人才的界定和要求，司马光称："才德全尽谓之圣人，才德兼亡谓之愚人，德胜才谓之君子，才胜德谓之小人。"而古希腊"三杰"苏格拉底、柏拉图和亚里士多德都倡导以陶冶人的美德和训练人的理性作为教育的目标，其中，美德包括正义、智慧、勇敢和节制。意大利人文主义教育家弗吉利奥（P.P.Vergerio,1349—1420）认为，学问和品行是一个人共同的学习目标，而学问从属于道德范畴。数学课程作为基础教育学科课程的重要组成部分，在内容的选排上，体现着国家、民族的意志，并反映出广泛的价值认同。通过数学教育实现文化育人、教育育人，是社会主义核心价值观教育的必然要求，是数学教育功能的自然拓展，也是增强文化自信的重要手段。数学学科育人是当今数学课程立德树人的基本路径和主要形式，作为数学教育的重要环节，必须落实立德树人根本任务，体现正确的育人导向，促进学生全面发展、健康成长，发展素质教育。

## 第一节　数学育人价值观念的演进

1978 年 2 月，教育部颁布《全日制十年制学校小学数学教学大纲（试行草案）》和《全日制十年制学校中学数学教学大纲（试行草案）》，均提到要通过数学教学向学生进行思想政治教育。1988 年 11 月，国家教委颁布《九年制义务教育全日制小学数学教学大纲（初审稿）》和《九年制义务教育全日制初级中学数学教学大纲（初审稿）》，各学段的数

学学科德育内容也因此得到进一步细化。"培养学生良好的个性品质和初步的辩证唯物主义的观点"被纳入初中教学目的。值得关注的是，结合教学内容对学生进行思想品德教育，首次被认定为数学教学的一项重要任务，以后"初审稿"进行了数次修订，但数学学科德育的主要内容基本保持不变。

20世纪90年代，在教学大纲对数学学科德育高度重视的背景下，政策方案持续继承和发展，理论研究也不断深入，内容涉及德育的主要任务、渗透方法、价值意义、实施原则等。纵观这一时期，改革开放的时代旋律呼唤价值主体的回归和理性精神的张扬，为推进数学学科德育建设孕育了前所未有的契机。在关注学生全面发展的同时，培养体现数学学科特征的德育目标得到了初步的重视。但是，数学学科德育体系没有形成系统全面的总体设计，显得较为松散，这使得实践中，教师对数学学科德育的认识还不够深入，实际效果难以保证。

1999年6月，全国教育工作会议提出全面推进素质教育，在《中共中央国务院关于深化教育改革全面推进素质教育的决定》中，明确指出：要"寓德育于各学科教学之中"，为面向新世纪的学科德育建设吹响了号角。

2000年3月，教育部颁布了《九年义务教育全日制小学数学教学大纲（试用修订版）》《九年义务教育全日制初级中学数学教学大纲（试用修订版）》和《全日制普通高级中学数学教学大纲（试用修订版）》，就树立科学的世界观和人生观等内容进行了增补和完善。2001年，《全日制义务教育·数学课程标准（实验稿）》颁布，进一步提到要使学生认识数学的科学价值和人文价值。2003年，《普通高中数学课程标准（实验稿）》颁布，指出应引导学生崇尚数学的理性精神，逐步形成正确的数学观，并特别强调了数学的文化价值。《义务教育数学课程标准（2011年版）》中提出了义务教育数学学科德育的总目标和三个学段子目标，数学学科德育内容更加细致，更具有针对性。

2014年3月，教育部印发《关于全面深化课程改革　落实立德树人根本任务的意见》，明确提出要进一步提升数学课程的育人价值，发挥学科独特育人功能。《普通高中数学课程标准（2017年版）》明确指出，"数学教育承载着落实立德树人根本任务、发展素质教育的功能"，强调数学教育在学生形成正确人生观、价值观、世界观等方面发挥独特作用。同时，更新了教学内容，落实习近平新时代中国特色社会主义思想，有机融入社会主义核心价值观，中华优秀传统文化、革命文化和社会主义先进文化教育内容，从树立科学精神和认识数学的科学价值、文化价值等方面较为全面地确立了课程德育目标。

这一阶段，数学学科德育开始聚焦理论和实践研究，研究成果可概括为以下三个方面：

首先，尝试建立较为系统的数学学科德育框架。代表性的工作是张奠宙教授根据多年数学教学实践，形成规律性认识，对数学学科德育做出的具有指导意义的总体设计。

其次，数学学科德育的实证研究。在经验思辨研究的基础上，为数学学科德育的健全和完善提供了数据参考和理论保障。

最后，数学学科德育实践逐步成熟。实践中，数学学科德育价值得到了更广泛的认同，经过教学实践，并不断总结提炼，产生了一大批研究成果。

党的十九大提出："把立德树人作为教育的根本任务，培养德智体美劳全面发展的社会主义建设者和接班人。"[1]国务院办公厅《关于新时代推进普通高中育人方式改革的指导意见》提出："全面贯彻党的教育方针，落实立德树人根本任务，发展素质教育，遵循教育规律……努力培养德智体美劳全面发展的社会主义建设者和接班人。"要求"把综合素质评价作为发展素质教育、转变育人方式的重要制度，强化其对促进学生全面发展的重要导向作用。强化对学生爱国情怀、遵纪守法、创新思维、体质达标、审美能力、劳动实践等方面的评价"。

从 20 世纪 70 年代以来，我国高中数学教育改革从以双基（基础知识、基本技能）优先的学科价值阶段，逐步演进为以发展数学核心素养为指向的育人价值阶段，科学态度、人文精神逐渐成为数学学科德育的重心。数学学科育人的内涵被不断挖掘，体系得到不断的健全和完善，实施的重要性和紧迫性被深刻认识。数学学科育人在数学教学中的地位明显提升，呈现出繁荣发展的局面。[2]

# 第二节　数学的社会价值和育人功能

## 一、数学的社会价值

在数学发展进程中，人们逐步认识到数学是研究数量关系和空间形式的一门科学。20 世纪 50 年代，《数学——它的内容、方法和意义》（第一卷）中明确表述了数学的基本特征：抽象性、严谨性、应用广泛性。数学所具备的这些基本特征，使数学不断发展完善，形成了完备的理论体系，从而成为与自然科学、人文科学、社会科学等并列的科学领域，构成人类文明发展的重要组成部分。

在人类历次科学和技术的革命中，数学总是扮演着先导和中坚作用。例如 17 世纪，笛卡尔创立解析几何，牛顿、莱布尼兹创立微积分，等等，不但促进了自然科学的发展，也奠定了第一次工业革命的基础。在人类思想、精神、文化的形成和发展过程中，数学学科有着不可替代的作用。

数学实力往往影响着国家实力，世界强国一定是数学强国。美国、德国、英国、法国、俄罗斯等强国都走过这样相似的道路。美国数学教育顾问委员会在给总统的报告中，表达了这样的观点："几个世纪以来，国家的崇高地位、安全、康宁和发展总是与国民能力紧密联系在一起，这种能力又会受到面向各种复杂事物观念的影响。引导社会发展需要数学能力，数学能力会在医学和健康、技术和商业、航行和太空探索、防御和金融等方面给国家带来发展优势。另外，在分析过去失败经验和预测未来发展能力等方面也会带来优势。"

在很长的一段历史时期，数学常常是通过其他科学来发挥自身的作用，扮演着"幕后英雄"的隐性角色。从20世纪中叶开始，数学已经从幕后走到前台，直接为社会创造价值！数学凝聚着理性思维、科学精神的精华，在人类文明发展中发挥出愈来愈重要的作用。尤其是大数据时代，数学的技术特征日益显现。高科技本质上是数学技术，在自然科学、人文科学、社会科学、技术科学、军事科学等方面，在航天、医药、生物、环境、材料等领域，特别是在当下迅猛发展的信息技术、大数据分析、人工智能等领域中，数学正在发挥着不可替代的引领作用。马克思曾说："一门科学只有当它达到了能够成功地运用数学时，才算真正发展。"数学无处不在，现在我们能够更加深入地理解这句话的内涵。

**二、数学的育人功能**

（一）培养学生理性精神

在哲学中，相对于感性，理性是指人类能够运用理智的能力，它通常指人类在审慎思考后，以推理推导出结论的思考方式。理性通过论点与具有说服力的论据、事实发现真理，通过符合逻辑的推理而不是依靠表象获得结论。数学通过逻辑推理、符号演绎和科学计算认识世界。数学是思维的体操，在形成人的理性思维、科学精神和促进个人智力发展的过程中发挥着不可替代的作用。[3]因此，数学教学要利用数学的思维价值观念，引导学生领悟、学习、掌握理性辩证思维、规则规范意识、探索创新精神、科学求真态度。

1.培养理性辩证思维

"辩证法"一词源出古希腊文，是进行对话和辩论的意思，《现代汉语词典》将其解释为"关于事物矛盾的运动、发展、变化的一般规律的哲学学说。它是和形而上学相对立的世界观和方法论，认为事物处在不断运动、变化和发展之中，是由于事物内部的矛盾斗争所引起的"。

现代数学突破了传统数学的众多桎梏，是在与人们思想中根深蒂固的观念进行斗争的过程中产生的。变革的过程突破了感性直观，使人们的认识深入到感性无法触摸到的领域，展示出世界崭新的图景。这种思想变革的动力，正是来自辩证思维。[4]例如：19世纪初非欧几何的诞生，是现代数学产生的一个重要标志。在此之前，欧氏几何公理体系被当作永恒不变的真理，是几何学唯一正确的逻辑出发点。甚至连黑格尔也认为"初等几何就欧几里得遗留给我们的内容而言，已经可以看作相当完备了，不可能有更多的进展"。然而，罗巴切夫斯基在尝试证明平行公理时，通过假设，提出了与欧氏平行公理并行不悖的新公理，从而开拓出几何学的一片崭新天地。非欧几何的产生，冲破欧氏几何的桎梏，极大地震动了数学界。罗巴切夫斯基指出，没有理由把欧氏几何看成唯一的真理，非欧几何将适用于我们直观感觉所达不到的世界。正是因为这种革新精神，罗巴切夫斯基被后人誉为"几何学中的哥白尼"。如恩格斯所说，在现代数学产生之前，笛卡尔的变数已使运动和辩证法进入了数学，但仅限于微积分等少数领域，数学的主体仍然是僵硬刻板的严格演绎体系。当数学家们将变化发展的观点引入对数学公理和基本规律的认识，对数学体系结构进行改造，使现代数学焕发出了无限的活力。数学家们也许没有读过黑格尔的著作，但他们的变革精神，同辩证自然观的产生和发展是相互联系的；他们的言论和行动，表明他们已经实践了辩证思维方法，并促成了现代数学的诞生。

学生时代是人生成长的黄金时期，是学生形成正确三观的关键阶段。数学向学生揭示出数学本身所蕴含的魅力、深邃的哲理、动人心魄的真善美，对于启迪学生的智慧、净化学生的心灵、涵养学生的德性、培养学生对真善美的向往以及对理性真理的追求具有重要意义。从唯物辩证的角度来看，意识依赖物质而存在。任何思想、理论的形成，务必依赖于一定的物质基础。要想培养学生学会数学地思维，就应当立足于对学生在数学学习中真实思维活动的深入了解，唯有如此，相关的教学理论才能脱离经验之谈，上升到应有的理论高度。同样，数学学习仅有系统化的记忆、操作和应用是不够的，还需要经历知识发生阶段洞察的过程。基于形式逻辑的思维，偏重于概念的确定性、判断的准确性和推理的严谨性，适用于理论的系统化过程。而基于辩证逻辑的辩证思维，更强调用多元、变化和联系的眼光看问题。因此，在数学课程中融入辩证思维的内容，在教学中引导学生经历辩证思维的思考过程，是数学课程与教学研究的一个方向。

2.遵循规则规范意识

数学有不同于其他学科的品性和风格，要求数学学习者运筹有章、计算有法、应用有方、分析有规、假设有度、论证有据、构造有序。[5]前苏联著名数学家辛钦曾进行过这样一种比较："在庸俗的诉讼中，甚至在某些科学的讨论中，辩论双方总是根据自己所希望的，对自己有利的东西，想方设法寻找根据。每一方不仅力图强化自己的观点，甚至不惜使用某些手段损害对方的威信，达到自己的目的。人们很难在这里找到诚实和勇气。"而数学的概括、推理、判断服从于客观真理，来不得半点虚假和欺诈。数学思维是以数和形为思维对象，以数学语言和符号为载体，并以认识和发现数学规律为目的的思维。数学思维是理性思维的重要体现，在数学推理和运算中，对错的判断不是先贤个人论述，不是权威主观判断，更不是金钱和强权，而是公理、定义、定理和推论，这就是规则、秩序和事实。因此，长期的数学训练，将会塑造人的诚实与正直的品格。数学可以帮助学生正确认识规律的客观性、规则的严肃性、运算的程序性和秩序的规范性，学会尊重客观事实，逐渐形成规则意识，逐步养成遵纪守法、正直诚实的优良品质。

3. 培育探索创新精神

数学是一门探索与创新的学科，其高度的抽象性、严谨的逻辑性、思维的灵活性、分析问题的开放性、解决问题方法的多样性，都是探索精神的生动体现和创新精神的本质要求。清华大学心理学院院长彭凯平教授指出："真正的求知需要心理的参与：思考、想象、描述、沟通、交流、感染、体会。""思维的过程就是将知识打上自己的烙印。用心理学的观点，是将概念依照自己的思路纳入自己的概念系统之中。"学生的数学学习需要真实思维的参与，在参与中体验，在体验中感悟，在感悟中提高认识。因此，教师要积极引导学生在数学学习过程中的心理参与和思维参与，充分体会数学概念的形成和发展的历程，使数学成为培养学生创新思维的最好介质。

例如："复数的引入与数系的扩充"一节的教学，教师不仅要让学生理解复数的有关概念，掌握复数相等的充要条件，为今后的学习奠定基础，而且要让学生回忆数系的扩充过程，感悟现实生活与数学发展之间的矛盾，体会新知学习的合理性、必要性。教学过程中学生经历与数学家一起发现问题、提出问题、思考问题、解决问题的过程。从卡尔丹于 1545 年引入复数以后的 100 年中，笛卡尔才给这种"虚幻之数"取了一个名字——虚数。但是又过了 140 年，欧拉还是说这种数只是存在于"幻想之中"，并用 i（imaginary，即虚幻的缩写）来表示它的单位。后来德国数学家高斯给出了复数的定义，但他们仍感到这种数有点虚无缥缈。1830 年，高斯详细论述了用直角坐标系的复平面上的点表示复数 $a+bi$，使复数有了立足之地，人们才最终承认了复数。到 1837 年，哈密顿（Hamilton）用有序实数对（$a$, $b$）定义了复数及其运算，并说明复数的加、乘运算满足实数的运算律，把实数看成特殊的复数，从而建立完整的复数系，前后历经 300 年，数系从实数系向复数系的扩充才大功告成。

复数的发现史，是数学家不断探索、创新的过程。数学家并不神秘，他们也曾有无法解决的难题，小小的"i"是经过近 3 个世纪的努力才被人们接受；数学发现并不神秘，数学家通常是在人们习以为常的现象中发现新问题，并化腐朽为神奇；数学并不神秘，只要我们勇于探索、敢于创新，就能打开一片属于自己的广阔的数学天地……

数学知识是对数学本质规律探究的结果，是创新思维的结晶。数学学习中，需要学生树立信心、勇于挑战、不懈探索、锲而不舍、刻苦钻研。在国际竞争日益激烈的今天，探究和创新精神是世界发展的原动力，是一个民族的灵魂，是一个国家兴盛的不竭动力。

4. 倡导科学求真态度

古希腊时代的数学与科学是一体的，而近现代数学与科学也有许多共通之处。"世界是可被认知的"的科学观、科学的"真、善、美"的本质观、科学理论评价的"外部确认"与"内部完美"两条标准、科学知识的发展性和不确定性、科学探索中的"观察、实验、验证、证据"、科学的解释和预测功能等诸多的科学特性，也无不是数学学科的基本特性。[6]

科学精神是一种以客观事实为依据、尊重客观规律的实事求是的精神，是一种对于世界持理智的分析态度、对未知世界进行不断探索的求知精神，是一种包含着丰富美学价值与艺术价值的求美求真精神，它是开放的心态、谦虚的态度。数学体现的科学精神有求真、求实、客观的精神，合理怀疑、批判、创新的精神，民主、平等、合作的精神，不断探索、顽强执着、锲而不舍的精神等。

科学研究中经常使用的实证方法、理性方法，科学发现中的类比推理、合情推理，以及直觉与灵感，也都是数学的发现方法。如：法国著名的科学家、哲学家庞加莱详尽地论述了"数学美"和"数学直觉"在数学发现和学习中的作用，指出："数学的美感、数和形的和谐感、几何学的雅致感，这是一切真正的数学家都知道的审美感……缺乏这种审美感的人永远不会成为真正的创造者。""没有直觉，年轻人在理解数学时便无从着手；他们不可能学会热爱它，他们从中看到的只是空洞地玩弄辞藻的争论；尤其是，没有直觉，他们永远也不会有应用数学的能力……如果直觉对学生是有用的，那么对有创造力的科学家来说，它更是不可或缺的。"

数学教学应在科学求真精神的引领下，引导学生认识数学在解决实际问题中的应用价值，培养求真务实的优秀科学品质和态度，激发科学精神。引导学生发现来源于生活实际、具有时代的特色、情境鲜活的数学问题。提出问题的过程能够提高学生将文字语言、图形语言转化为数学语言的水平，提升学生数学建模、数据分析、资料收集、阅读理解等能力。与其他学科相结合开展研究，感受数学与社会生活的密切联系，彰显数学解决实际问题的威力。真实情境的学习过程，可以启发学生对"真、善、美"的认识、理解和尊重，培养学生实事求是的科学精神。[7]

（二）增强民族自豪感与自信心

数学发展的历史，是社会发展史的重要组成部分。中国数学文化历史悠久，在发展过程中，形成了东方数学的特点：归纳结论、注重实用、程序算法。我国古代数学家既能发现运用于生活实践的独特成果，又能吸收世界先进的数学思想并予以拓展创新。他们的研究成果对世界数学的发展做出了巨大贡献。中国传统应用数学文化与古希腊演绎推理的公理化数学文化共同促进世界数学文化的繁荣，推动了世界数学的发展。

与西方数学不同，中国古代数学表现出了强烈的算法精神，着重算法的概括，而不注重命题的形式推导。所谓"算法"，不只是简单的计算，而是为了解决一整类实际或科学问题而概括出来的、带一般性的计算方法。在以《九章算术》《周髀算经》为代表的著作中，中国古代数学家创造了大量结构复杂、应用广泛的算法，很难再仅仅被看作是简单的经验法则，它们是一种归纳思维能力的产物。这种能力与欧几里得几何的演绎风格迥然不同却又相辅相成。

中国传统数学文化具有强烈的伦理诉求和人文情怀。加强中国数学文化的介绍和考查，可以传递中华传统数学文化中的精粹：精益求精、艰苦奋斗、崇尚正义、实事求是、开拓创新，有助于增强学生的价值观认同和文化自信，有助于学生认识、了解、继承、升华中华传统数学文化的思想内涵和精神实质，构筑具有时代特征和中国特色的科学和人文精神，推进社会主义核心价值观教育，为世界科技的发展贡献中国智慧、中国思维和中国方案。

# 第三节　数学育人价值的实现路径

## 一、建构中国特色，挖掘内涵

我国数学学科育人经历了从借鉴国外经验，到本土实践与创新的过程，正在稳步构建较为系统的总体设计方案。目前，应不断夯实相互协调、上下联通、科学合理的数学学科育人"框架"，创生具有中国特色、中国风格的数学学科育人体系。

我国自古以来重视道德教育，德育思想在我国古代德育方法论中占有独特的地位。思想家、教育家孔子就曾主张德育要通过智育来进行，使学生"知德"。孔子认为，道德教育要贯穿到文化知识的学习中，文化知识的学习又能服务于道德教育。今天的数学学科育人理应在创新、突破中形成蕴含独特中国基因的理念和方法，结合中国传统价值观提升学生思想道德水平。数学学科育人实践应注重不断传承和发展我国独特的历史、文化和思想精髓。引导学生在数学学习的过程中领悟仁、信、义、勇、勤、恒、俭、谦等中国传统优秀品质。

我国古代数学历史悠久，形成了不同于西方数学的独特风格，《九章算术》等数学著作在世界上有着十分深远的影响。教师应注重在数学课程中彰显数学历史和数学文化的魅力，让数学与人文相互滋养，让理性与文化相得益彰。数学教学应注重体现我国传统数学实用化、算法化、模型化等独特的数学思想，感染和激励学生，增强学生民族自信、文化自信。未来，展开数学学科育人"中国经验"的"国际表述"、推动"中国智慧"的"国际对话"、增进"中国特色"的"国际理解"、提升"中国贡献"的"国际认同"应是数学教育工作者努力的方向。

**二、推动制度落实，盈科后进**

课堂是数学育人的"主渠道"。以考试为中心的教学评价方式，使教师在教学中过度关注学生知能，以"讲、练、测"为教学手段，以成绩为衡量标准，一堂课"好"与"坏"，这种评价标准变得功利化、形式化、狭隘化，从客观上阻碍了学科育人的有效实践。面对当前的新形势，数学学科育人应在更新教学的评价理念、评价内容、评价形式和评价体制的基础上，研究构建目标多元、方式多样、注重过程的育人评价指标和体系，逐步建立学科德育落实情况考评和督查机制，切实顺畅课堂教学这一落实数学学科育人的主要渠道。

教材是数学育人的"主载体"。教材是实施学科育人的重要标准，教学过程应对教材中关于数学理性和人文精神的内容进行解读，适度增加数学文化、数学探究、数学阅读、数学写作等方面的教学内容，开设适合高中学生认知水平的校本课程，注重育人内容渗透，提高德育元素在数学教学中的运用水平。

教师是数学育人的"主力军"。数学学科育人的落实离不开教师，要打造一支具备学科育人意识、秉持学科育人原则、精通学科育人方法的教师队伍，需要不断加强数学学科育人理念和方法论的指导，引导教师将数学学科育人的内容适时、合理、灵活地融入课堂，无声地浸润、滋养学生的心灵，实现知识价值和育人价值的和谐统一。

**三、强化育人实效，精准施教**

数学学科育人应结合数学学科特点，依托数学教学内容，根据学生的实际情况采取多种教学方式，努力提升有效性和亲和力，使之更具有针对性，注重教学实效，做到精准施教。

精准渗透数学育人的人文理念。要充分考虑高中学生的年龄特点，将数学知识的学习融入精彩的数学发展历史中，让学生在追溯知识源流的过程中，潜移默化地感悟数学家的个性品质、感受数学发现的快乐、领会数学学习的真谛。

精准实施数学育人的信息技术。要顺应现代信息技术的发展，推动新一轮教育教学变革。通过网络授课、翻转课堂、微视频等多种形式，提升数学教学的张力；使用几何画板、GeoGebra等实用教学软件，开展以数学实验为主导的可视化教学，增强数学学习的直观感受；推广数学软科普类网络微课、影视作品、数学游戏等的宣传、引导、普及，收获数学理性精神的启迪。

精准开展数学育人的实际操作。数学教学要在学科固有的抽象性、演绎性、逻辑性的基础上，引导学生关注身边的数学元素，培养学生数学建模的能力。[2]数学建模不仅要求学生知识面广、洞察力强、兴趣广泛，更要求师生能够对纷繁复杂的现实问题进行数学的抽象，使用数学的思想方法分析问题，进行数学的推理。数学建模又是一种实践活动。教师应秉承"生本主义"理念，充分应用问题引导，引导学生借助数学知识与技能，解决实际问题，培养学生敢于质疑、勇于思考、求真务实的科学精神，在真实情境中提升学生对现实问题进行数学抽象，用数学语言表达问题、用数学方法构建模型解决问题的素养。

# 第四节　教学案例

数学课堂落实"立德树人"的教学实践——以"神奇的九连环"教学为例。

立德树人是当今教育的根本任务，如何在教学过程中落实立德树人，是数学教育研究的重要课题。《课程标准》将数学学科育人列为数学课程的目标之一："通过高中数学课程的学习……树立敢于质疑、善于思考、严谨求实的科学精神；认识数学的科学价值、应用价值、文化价值和审美价值；进一步促进学生全面、可持续发展。"[3]美国著名教育家威金斯曾经说过："学校教育的目标是使学生在真实世界能得心应手地生活、迁移，是指能够熟练地解决核心任务中的真实挑战。""九连环"是人教A版《普通高中课程标准实验教科书·数学·必修5》第59页"阅读与思考"栏目中出现的内容。作为中国古代的智力玩具，九连环肇源甚古，文献记载可以上溯到春秋战国时期，在之后漫长的岁月中，九连环代代相传。九连环因其解环的神秘性和挑战性，在古今中外拥有无数的爱好者。本节课，学生将在操作"九连环"的过程中，感受知识构建的和谐，营造探究数学的快乐，了解数学文化的魅力，体会方法彰显的美妙，从而达成数学育人的实效。

## 一、教学内容分析与学情分析

（一）教学内容分析

高中数学教学中开展数学育人，可以从激发学生的学习兴趣、提升学生的学习能力、培养学生的数学核心素养入手。基于此，我们将本节课的内容设置如下：

（1）通过收集相关的学习资料，研究九连环的源流、结构和玩法，感受中国传统文化，培养自主探究的能力；

（2）根据九连环的解环特点，建立数学模型，推导"$n$ 连环"解法步数的递推公式；

（3）通过数学运算，推导"$n$ 连环"解法步数的通项公式；

（4）了解九连环解环步数与二进制格雷码之间的关系。

（二）学情分析

本节课的教学对象为高一年级学生，他们通过"数列"相关内容的学习，掌握了"数列"的基础知识和求解"数列"通项公式的基本方法。学生具备一定的自主学习能力，能够针对一些简单的数学问题开展学习与讨论，并基本具备发现问题、提出问题、解决问题的能力。

（三）教学目标

（1）了解九连环的构造，能够熟练地解开九连环；

（2）在解九连环的过程中，推导"$n$ 连环"解法步数的递推公式；通过小组合作学习，探究"$n$ 连环"解法步数所对应数列 $\{a_n\}$ 的通项公式；

（3）了解九连环解环步数与二进制格雷码之间的关系。

二、教学过程

（一）情境引入，感受民族文化

观看微视频《神奇的九连环》。微视频从《战国策·齐策·齐闵王之遇杀》这一章的玉连环故事引入，介绍了九连环在国内外的流传、九连环的构造和操作技法、九连环与数学。[8]

学生活动：请简述九连环的构造及解法并解开九连环。

小组展示1：

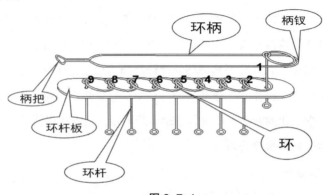

图 3-7-1

如图 1，九连环由柄把、环柄、九个圆环、环杆、环杆板等组成。

小组展示 2：解九连环。学生最快仅需 4 分 2 秒就能解开九连环，大多数同学能在 7 分钟以内完成解环。

设计意图：

解九连环的过程可以激发学生的学习兴趣，体验发现问题、提出问题、分析问题、解决问题的过程，汲取前人的经验和智慧，提升探究解决问题的能力，培养锲而不舍的钻研精神和科学态度。

（二）设疑启思，提出"华生问题"

20 世纪 70 年代早期，美国加州一位生产玩具的老板杰本·华生（Jesse R.Watson）提出了这样一个问题：假设前 8 个环都已经解下，只剩第 9 个环在柄上，问解开这个九连环需要多少步？[9]（如图 3-7-2）

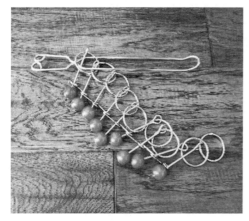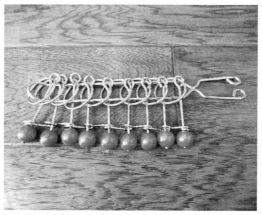

图 3-7-2　　　　　　　　　　　　　　图 3-7-3

问题引导 1：如果每次只能上或者下一个环，图 3-7-2 和图 3-7-3 中哪一种情况解开九连环需要的步数更多？各需要多少步？

解"一连环"需要移动的步数为 1 次，记 $a_1=1$。

解"二连环"，先把第 2 环解下，然后再解下第 1 环即可，需要移动的次数为 2 次，记 $a_2=2$。

解"三连环"需要移动的次数为 $a_3=1+1+1+a_2=5$。

解"四连环"需要移动的次数为 $a_4=a_2+1+a_2+a_3=2a_2+a_3+1=10$。

依次类推，得到 $a_2=21$，$a_6=42$，$a_7=85$，$a_8=170$，$a_9=341$。

问题引导 2：如果每次只能上或下一个环，那么解"$n$ 连环"需要移动的次数为 $a_n$，

则数列 $\{a_n\}$ 的递推公式是什么?

归纳类比可得"$n$连环"($n \geq 3$)的解法可分为四步:第一步:先解前 $n-2$ 环,需要移动 $a_{n-2}$ 次;第二步:解下第 $n$ 环,需要移动 1 次;第三步:套上前 $n-2$ 环,所以需要移动 $a_{n-2}$ 次;第四步:解下前 $n-1$ 环,需要移动的次数为 $a_{n-1}$ 次。于是解"$n$连环"需要移动的次数为 $a_n = 2a_{n-2} + a_{n-1} + 1$($n \geq 3$),其中 $a_1 = 1$,$a_2 = 2$,$a_3 = 5$。

问题引导 3:能否根据数列 $\{a_n\}$ 的递推公式,求出其通项公式?

解:

$$\left.\begin{array}{l} a_n = 2a_{n-2} + a_{n-1} + 1 \\ a_{n-1} = 2a_{n-3} + a_{n-2} + 1 \end{array}\right\} \Rightarrow a_n - a_{n-1} = 2a_{n-2} + a_{n-1} - 2a_{n-3} - a_{n-2},$$

即 $a_n - a_{n-2} = 2(a_{n-1} - a_{n-3})$,设 $b_n = a_n - a_{n-2}$,则数列 $\{b_n\}$ 是以 2 为公比,$b_3 = 4$ 的等比数列,$b_n = b_3 \times q^{n-3} = 4 \times 2^{n-3} = 2^{n-1}$,即 $a_n - a_{n-2} = 2^{n-1}$。

当 $n$ 为奇数时,

$$\left.\begin{array}{l} a_3 - a_1 = 2^2 \\ a_5 - a_3 = 2^4 \\ a_7 - a_5 = 2^6 \\ \vdots \\ a_n - a_{n-2} = 2^{n-1} \end{array}\right\} \Rightarrow a_n - a_1 = 2^2 + 2^4 + 2^6 + \cdots + 2^{n-1},$$

$$\therefore a_n = 1 + 2^2 + 2^4 + 2^6 + \cdots + 2^{n-1} = \frac{1 - 4^{\frac{n+1}{2}}}{1-4} = \frac{2^{n+1}-1}{3}。$$

当 $n$ 为偶数时,

$$\left.\begin{array}{l} a_4 - a_2 = 2^3 \\ a_6 - a_4 = 2^5 \\ a_8 - a_6 = 2^7 \\ \vdots \\ a_n - a_{n-2} = 2^{n-1} \end{array}\right\} \Rightarrow a_n - a_2 = 2^3 + 2^5 + 2^7 + \cdots + 2^{n-1},$$

$$\therefore a_n = 2 + 2^3 + 2^5 + 2^7 + \cdots + 2^{n-1} = \frac{2(1 - 4^{\frac{1}{2}})}{1-4} = \frac{2^{n+1}-2}{3}。$$

即

$$a_n = \begin{cases} \dfrac{2^{n+1}-1}{3} & (\text{n 为奇数时}) \\ \dfrac{2^{n+1}-2}{3} & (\text{n 为偶数时}) \end{cases}$$

问题引导 4：我们学会了解九连环，你能解开 33 连环吗？

学生：如果以 6 分钟解开九连环为例，360 秒完成 341 步，大约一秒钟完成一步。根据通项公式，解开九连环需要 5726623061 秒，约 180 年。也就是说从出生开始，不眠不休，永不出错，大约需要三生三世才能解开（笑声）。

设计意图：数学概念、数学方法与数学思想的起源与发展都是自然生成的。教师引导学生运用机理分析法进行数学建模，通过对九连环基本结构的清晰认识，找出解环过程中内部机理的数量关系，使用数列的相关知识探求数列 $\{a_n\}$ 的递推公式和通项公式。循序渐进地探究过程，使知识的生成自然而顺畅。[10]

（三）深入探究，感悟文化交融

根据上面的学习，我们知道如果每次只上或下一个环，解开图 3-7-3 状态的九连环所需的最少步数为 341 步。但解开图 3-7-2 状态的九连环需要多少步呢？

1. 九连环与二进制数

研究九连环的解环过程，我们发现每一个环只有在柄上或在柄下两种状态。如果我们用 1 表示环在柄上，0 表示环在柄下，那么解环过程的每一种状态就对应着一个九位二进制数，所以解环的过程就可用一系列二进制数来表示。图 3-7-2 中，环的状态可表示为 100000000；图 3-7-3 中，环的状态可表示为 111111111。

为了简单起见，我们先以 5 个环为例分析（如图 3-7-4）。表 1 中左边起第一列的五位数是 5 个环的状态，依次由第一环到第五环，如 11000 就表示第一环和第二环在柄上，其他三个环在柄下。第二列是将环的状态由二进制转换为十进制；第三列是从初始状态到这个状态所用的步数。

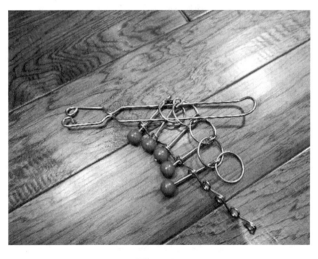

图 3-7-4

表 3-7-1　五连环状态表（二进制格雷码）

| 环的状态（二进制格雷码） | 环的状态（十进制） | 步数 |
| --- | --- | --- |
| 00000 | 0 | 0 |
| 00001 | 1 | 1 |
| 00011 | 3 | 2 |
| 00010 | 2 | 3 |
| 00110 | 6 | 4 |
| 00111 | 7 | 5 |
| 00101 | 5 | 6 |
| 00100 | 4 | 7 |
| 01100 | 12 | 8 |
| 01101 | 13 | 9 |
| 01111 | 15 | 10 |

由表 3-7-1 可知，将环的状态表示成的二进制数转换为十进制数之后，与相应的步数没有必然的关系。我们能否建立环的状态与相应步数之间的联系呢？

2. 九连环与格雷码（Gray Code）

格雷码（Gray Code）又叫循环码或反射码，是美国贝尔试验室的数学家弗兰克·格雷为解决无线电通信中，由于线路间的脉冲干扰严重，而造成误码率太高的问题而发明的。[11]

3. 二进制格雷码与自然二进制码的互换

二进制格雷码转换为自然二进制码：从右到左检查，如果某一数字的左边数字的和是偶数，该数字不变；如果是奇数，该数字改变（0 变为 1，1 变为 0）。如格雷码 10101 表示为二进制数是 11001，简称奇变偶不变。

自然二进制码转换为二进制格雷码：将一个二进制数，从右到左检查，如果某一数字左边是 0，该数字不变；如果是 1，该数字改变。二进制数 11011 的格雷码是 10110。

表 3-7-2　五连环状态表（二进制格雷码与自然二进制码）

| 环的状态<br>（二进制格雷码） | 环的状态<br>（十进制） | 自然二进制码 | 自然二进制转<br>换为十进制 | 步数 |
| --- | --- | --- | --- | --- |
| 00000 | 0 | 00000 | 0 | 0 |
| 00001 | 1 | 00001 | 1 | 1 |
| 00011 | 3 | 00010 | 2 | 2 |

**续表**

| 环的状态<br>（二进制格雷码） | 环的状态<br>（十进制） | 自然二进制码 | 自然二进制转<br>换为十进制 | 步数 |
|---|---|---|---|---|
| 00010 | 2 | 00011 | 3 | 3 |
| 00110 | 6 | 00100 | 4 | 4 |
| 00111 | 7 | 00101 | 5 | 5 |
| 00101 | 5 | 00110 | 6 | 6 |
| 00100 | 4 | 00111 | 7 | 7 |
| 01100 | 12 | 01000 | 8 | 8 |
| 01101 | 13 | 01001 | 9 | 9 |
| 01111 | 15 | 01010 | 10 | 10 |
| 01110 | 14 | 01011 | 11 | 11 |
| 01010 | 10 | 01100 | 12 | 12 |
| 01011 | 11 | 01101 | 13 | 13 |
| 01001 | 9 | 01110 | 14 | 14 |
| 01000 | 8 | 01111 | 15 | 15 |
| 11000 | 24 | 10000 | 16 | 16 |
| 11001 | 25 | 10001 | 17 | 17 |
| 11011 | 27 | 10010 | 18 | 18 |
| 11010 | 26 | 10011 | 19 | 19 |
| 11110 | 30 | 10100 | 20 | 20 |
| 11111 | 32 | 10101 | 21 | 21 |
| 11101 | 0 | 10110 | 22 | 22 |
| 11100 | 1 | 10111 | 23 | 23 |
| 10100 | 3 | 11000 | 24 | 24 |
| 10101 | 2 | 11001 | 25 | 25 |
| 10111 | 6 | 11010 | 26 | 26 |
| 10110 | 7 | 11011 | 27 | 27 |
| 10010 | 5 | 11100 | 28 | 28 |
| 10011 | 4 | 11101 | 29 | 29 |
| 10001 | 12 | 11110 | 30 | 30 |
| 10000 | 13 | 11111 | 31 | 31 |

我们发现，环的状态转换为自然二进制码后，其对应的十进制数与从初始状态到这个状态所用的步数，完全吻合。对于只有 5 个环的五连环，从初始到状态 11111 所需的步数并不是最多的，到状态 10000 才是最多，共 31 步！

根据上面的研究，图 3-7-2 状态的环可表示为二进制格雷码 100000000，转换成自然二进制码 111111111，解环需 511 步；图 3-7-3 状态的环可表示为二进制格雷码 111111111，转换成自然二进制码 101010101，解环需要 341 步。多出的 170 步恰好是解八连环所需的步数。

设计意图：波利亚说："没有一道题目是可以解决得十全十美的，总能剩下些工作要做，经过充分的探讨总结，总会有点滴发现，总能改进这个解答，而且在任何情况下，我们都能提高自己对这个解答的理解水平。"通过了解九连环和格雷码之间的关系，既拓宽了学生的数学视野，又呈现了数学内容、渗透了数学方法、浸润了数学文化，从而提升学习兴趣，锻炼学习品质，进一步深化了学生对数学学科的认识。

（四）小结

今天我们一起研究了九连环，探究解"n 连环"需要移动步数的递推公式和通项公式，了解九连环与格雷码之间的神奇联系。吴文俊院士研究了九连环的玩法和数学原理后说："数学是生动的、形象的、丰富多彩的。我们的祖先把玩具和数学结合起来，创造出数学玩具。使玩具有了数学的文化底蕴，使数学有了玩具的形象载体，珠联璧合，相得益彰。"

**三、教学反思**

课本中的"阅读材料"既是教材内容的有机组成部分，又是对教材内容的补充和延伸。本节课从九连环入手，引导学生了解数学文化、开阔数学视野、发展数学能力，充分发挥数学育人的思想教育、思维训练、文化传承的作用。

（一）增强学生爱国情怀和国家认同

中华文化博大精深，我们从中撷取符合学生年龄特征，具有趣味性、科学性、有效性和新颖性的内容，创设与学生认知水平相适宜的教学情境，在教学过程中逐步揭示数学的文化意义。学生在感知与学习数学文化的过程中，感受到数学不只是冰冷的表述和推理，知识的背后还蕴含着丰富的数学文化。强调中华文化的传统特色，让学生了解和感悟前人的智慧和品格，在潜移默化中接受中国传统文化的熏陶，从而自觉传承中国优秀文化，弘扬爱国主义精神。

（二）培养学生理性思维和理性精神

数学学科的发展受到来自内部和外部的文化的影响：一方面，数学的思想、精神、方法和观点，对人类文明发展与进步的历程起着不可替代的作用；另一方面，数学又从其他文化的发展中汲取各种营养成分。从这个意义上说，数学育人就是以数学文化育人，目的就是为了让学生发展理性思维，学会用数学的眼光观察世界、用数学的思维探索世界、用数学的语言表达世界，领会数学的理性精神，开阔视野，从而真正将数学核心素养的培养内化于心、外塑于形。

（三）发展学生人文情怀和科学精神

数学文化育人的学习内容具有可读性、趣味性、教育性、实用性等特点。通过对数学文化课的深入了解和学习，学生能初步了解数学与现实生活的关系，感受到优秀文化的熏陶，提升对数学的宏观认识和整体把握，感知数学的科学价值、应用价值和人文价值，提升综合文化素养，真正落实数学教育立德树人的根本任务。

**参考文献**

［1］习近平．决胜全面建成小康社会　夺取新时代中国特色社会主义伟大胜利：在中国共产党第十九次全国代表大会上的报告［M］．北京：人民出版社，2017.

［2］姜浩哲，沈中宇，汪晓勤．新中国成立70年数学学科德育的回顾与展望[J]．课程·教材·教法,2019,39（12）:22-27.

［3］中华人民共和国教育部．普通高中数学课程标准（2017年版）［M］．北京：人民教育出版社，2018.

［4］王前．现代数学与辩证思维［J］．自然辩证法研究,1985（02）:36-41.

［5］何伯镛．大哉，数学之为德——试论数学的德育意义［J］．数学教育学报,1996（02）:6-9，14.

［6］涂荣豹，杨骞．略论数学教育的科学价值［J］．中国教育学刊,2002（04）:35-37.

［7］任子朝，赵轩．论高考数学的育人功能［J］．数学通报,2020,59（11）:14-20，52.

［8］沈康身．智力玩具九连环研究［J］．高等数学研究,2012,15（05）:56-63.

［9］［英］劳斯·鲍尔．［加拿大］H·S·M·考克斯特．杨应辰等译．数学游戏与欣赏［M］．上海：上海教育出版社,2015:303-308.

［10］孙宏安．谈数学建模［J］．中学数学教学参考,2018（10）:2-6，17.

［11］吴鹤龄．七巧板、九连环和华容道［M］北京：科学出版社,2018:132.

# 第八章 注重知识整体，开展单元（主题）教学

## 第一节 学科单元教学的内涵

学科核心素养是学科育人价值的集中体现，旨在规范学科教学活动的目标、内容与方法，培养新型人才。教师要使学生通过学科学习逐步形成正确的价值观念、必备品格和关键能力，就需要在"核心素养—课程标准（学科素养/跨学科素养）—单元设计—课时计划"环环相扣的链环中聚焦核心素养展开运作。[1] 把单元教学作为撬动课堂转型的一个支点，整体把握课程结构，真正落实学科核心素养。

### 一、学科单元教学的含义

所谓"单元教学"，不仅仅是教师所熟悉的"教材单元"，更是基于一定的主题、目标、方法等构成的知识与经验的模块。从高中数学教学实际出发，"单元"应理解为介于课程标准与课时内容之间，对外相对独立，对内关联性强、共同特征多、相对完整的"教学单位"。[2] 因此，单元教学也被称为主题教学。而"课时主义"则造成了知识过度分解、内容碎片化、学习成效低等问题，对教学缺乏全局性的掌握。教材的人为分割使得学生学到的知识碎片化，难以建构完整的思维体系，不利于学生能力的发展、合作精神的培养。单元教学恰能打破"课时主义"的束缚，将知识模块化地、有机地组织起来，使学生的学习内容与学习活动形成整体，更有利于学生核心素养的培育。

### 二、学科单元教学的历史

单元教学最初起源于欧美的"新教育运动"，其历史可以追溯到19世纪赫尔巴特学派戚勒（T.Ziller）提出的五阶段教授法——分析、综合、联合、系统和方法。[3] 他不是仅以题材作为教材单位，而是在教学过程中以采用某种方法的模块作为单位，谓之方法论单元。比利时的教育家、"新教育运动"的倡导人德克乐利，于20世纪初，提出教学整体化的原则，即将单元作为相对独立的整体，制定单元题目，组织教学内容，确定教学方式，要求在一个相对连续的时间内完成既定的单元内容。随后，杜威提出了"五步教学法"，即设置问题情境、确定问题、拟出解决方案、执行计划、反思与评价，它被

看作单元教学的表现形式。美国心理学家莫礼生创设的"莫礼生单元教学法",则为单元教学的实践提供了重要的理论依据。20世纪60年代,布卢姆的"掌握学习"教学理论和实践,为单元教学的系统化发展做出了巨大贡献。20世纪90年代,冯曼伯格提出了面向整体教学的"四成分教学设计模式"。[3]

我国单元教学的萌芽可追溯到20世纪初期。林纤、吴曾祺等人编写的"国文"用书中已蕴含单元编排的思想。20世纪20年代,梁启超提出"分组比较教学法",认为教学需要通盘考虑,文章不能一篇一篇去讲解,要将其进行恰当地分组,且可以选择两三个星期教一组,成为我国单元教学的雏形。20世纪80年代以后,随着西方教育思想的不断涌入,国内教育界对于单元教学的理论和实践研究关注度大大提升。单元教学理论推动了我国教学的单元化,形成了"四步骤多课型单元教学""六课型单元教学""大单元教学"等有代表性的教学设计模式。[4]其中,学者覃可林(1995)提出在单元教学中可将几个单元组成一个更大的单元,使得单元教学不再局限于教科书中的"单元""章"或者"编",教师可以在教材基础的素材之上,创造性地进行单元的组合,构成"大单元"。21世纪以来,单元教学研究的领域逐渐延展,复杂学习也被看作某种意义上的单元教学;随着现代教育技术的飞速发展,单元教学研究逐渐朝向技术理性方向发展。

### 三、学科单元教学的分类

钟启泉教授认为:教学中的"单元"是基于一定的目标与主题所构成的教材与经验的模块或单位。根据对单元类型认识和理解的不同,产生了不同的分类方法。

从选择核心内容的范围大小的角度分类,可分为"大单元""中单元""小单元"。

对单元内容分类,可以分为以重要的数学核心内容为主进行组织的核心内容类单元;以数学思想方法为主线,从知识之间的关系出发进行组织的方法类单元;以综合性、实践性问题为主的问题类单元。[5]

回顾单元的历史变迁,主要有两种思考方式:(1)基于人类文化遗产的、以系统化的学科为基础所构成的"教材单元"。(2)基于学习者生活经验的活动模块的"经验单元"。"教材单元"是作为学科框架内的模块式学习内容来组织的,"经验单元"是借助师生的合作或者学习者的创造,打破学科框架,作为学习者自身的经验活动来计划和组织的。[6]

### 四、数学学科单元教学的理论依据

(一)布鲁纳

布鲁纳认为,发展一种螺旋式上升的课程是教师成功组织学习材料的重要途径。课程组织要与学生的思维方式相契合。尽可能早地将学科的基本结构置于课程的中心地位，随着教学的深入，不断增加更复杂和更精细的内容，使基本结构不断拓展和加深并呈螺旋式上升的态势。从布鲁纳的观点可以看出，教师的教学应以关注学生的学习和发展为出发点，依据学生的认知水平，设计出"聚焦核心内容的单元结构"。将结构精良的学习材料，按特定的顺序展开教学，从而实现学生的螺旋式认知过程。尽管近年来高中数学教材基于这一理念进行的尝试引发了很多争议，但知识"螺旋式上升"的理念，是需要在教学实践（包括单元教学实践）探究中不断理解、应用、发展的。

（二）厚实认识论

厚实认识论从知识论层面上规定了知识的"三义"：（1）知识的内容义，也就是传统认识论意义上的公共的"无人"类属的明述知识；（2）知识的状态义，相对于具体的认识者而言，是指其具体的认识状态，譬如信念、动机、情感、情绪、意志等；（3）知识的能力义，相对于具体的认识者而言，是指其在具体的认识状态下运用知识的内容义去认识问题、解决问题的能力。从厚实认识论的角度出发理解知识，就可能发现关于知识与能力背后的方法与价值，也可能挖掘潜意识深处并未被加工的知识和能力，这些因素可能会影响着一个人认知倾向、思维方式、关键能力的养成和价值观念的形成。因此，在厚实认识论思想指导下，单元知识结构整体教学设计模式从知识的内容义、状态义和能力义三个维度来综合考量教学内容的安排，强调知识"三义"的内在结构与关联，目的是使学生获得系统和连贯的知识与学习经验。整合当前单元教学设计模式的一般过程，以单元知识结构为基点，借鉴心理学关于学习过程的理论，搭建起"单元知识结构整体教学"的设计框架。[7]

（三）认知心理学

认知心理学认为，学习的直接性心理机制是学习者的知识结构。奥苏伯尔的有意义学习的过程，其实就是使符号所代表的新知识与学习者认知结构中已有的适当概念建立非人为的、实质性的联系。在学习新知识的过程中，个体认知结构中原有的适当观念对新知识的学习有固着的作用。因此，学习者如果拥有完整的知识结构，那么在学习的过程中就可以不受知识表面形似性的制约，而从知识的结构特性着眼，提高学习的效率与质量，进而发展学会学习的能力。因此，为提高教学效率，组织、构建合理的知识体系成为教师的重要任务。单元知识结构教学模式具有认知心理学意义上的理论基础，教学知识的组织、建构是认知结构形成的重要影响因素。这要求教师在高度理解单元教学知识的基础上，具有较强的组织能力，以及构建单元知识结构的能力。

（四）脑神经科学

脑神经科学认为，大脑是通过原先确定的事物辨别模式来存储新信息的。大脑在接收未知事物信息时，会搜寻已经确立的各种神经网结构，从中找到可作为理解未知事物的基础。任何已知事物信息——感官信息（如气味）、某种模式、某种关系，都可以与大脑中既存的信息挂钩。大脑如果搜寻不到理解新信息的任何基础，就会将新信息置之脑外。由此可知，大脑的运转总是基于某种制衡机制，以先前的认知活动作为选择后续认知活动的基础。学生在学习单元知识的过程中，大脑会搜寻已经确定的各种知识基础，并与新知识产生联结。概言之，规范的单元知识结构有助于学生形成或接通脑中的事物辨别模式。大脑具有多重性，解决难题的频次越高，就会变得越灵敏，系统的单元知识结构能够适应并开发大脑的多重复杂性特征。

（五）情意交往教学理论

布卢姆等人将教育目标区分为认知层面、情感层面和心理动作层面。这项工作对教学理论研究中重视师生的情意交往有一定的影响。交往说的基本观点是，教学是一种有目的、有计划和有组织的师生之间的特殊交往活动。比如，罗杰斯倡导的人本主义教学理论主张"非指导性教学"。他认为有效的学习条件应把学生具有的自我发展潜力的意向、体验自我和他人情绪情感的敏感性视为学习动力；教师的角色是一个可供学生合理利用的灵活的学习资源、一位真诚善良的帮助者、一位潜能开发的促进者、一位让学生进行独立思考和做出自主决策的咨询者；教学过程从本质上说旨在创造一个无威胁性的融洽气氛，让师生之间、学生之间积极交往、充分合作，共同承担责任、分享权力，以此形成一种课堂的"群体动力"。此外，"开放教育""合作学习""暗示教学"等都可以看作是情意交往教学的多样方式。单元知识结构教学模式要求教师在把握知识的内容义的基础上，重视认知主体的心理状态，即将学习过程中动机、需要、兴趣、意向、情感、态度、价值观念等心理品质的陶冶纳入教学过程中，从而最大可能地帮助认知主体达到对知识理解与运用的能力义层面。单元知识结构教学模式着眼于情意交往，强调不能把教学简单地理解为师生授受知识的过程或者学生内在潜力展开的过程，而应把教学理解为师生之间知识、情感、行为相互作用的过程。单元知识结构教学模式强调现代教学的开放性和交互主体性，重视课堂中的人际交往与群体互动（知识的态度义），从而在一定程度上弥补了传统教学理论对学生的非认知心理品质关注不够的弊端。[8]

**五、数学单元教学的意义与诉求**

高中数学教学过程中，对知识进行适度的分解以便于开展课时教学，已被实践证明具有必要性和可行性，但现在存在两方面的问题：一是这种由教材或教师人为进行的分解或设定，压缩了问题的知识空间和学生的思维空间；二是这种过度关注知识细节与局部的分解，对认识知识的整体性、结构性和关联性等产生了制约。因此，基于知识分解的课时教学比较适合于知识传授和技能训练，单元教学则能够弥补课时教学的不足，可以为核心素养的发展搭建更好的平台。同时，单元教学能够促进教师加深对数学知识本质和结构的认识，转变教学观念，优化教学方法，提升教学水平。

钟启泉教授认为，发达国家的学校大体上有两种不同的单元设计，一种是学科课程的单元设计，一种是活动课程的单元设计。学科知识单元设计，它的关键是"目标—达成—评价"；活动课程的单元设计关键是"主题—探究—表达"。"活动单元"类型的开发涵盖调查研究、综合表现、社会参与、企划实践、合作交流、自我实现，着力点在于3E，即组织"探究、表现、交流"的活动。基于核心素养的单元设计，其实贯穿了一根"真实性"红线。这需要"真实性学力"，要有真实性学力就要有真实性学习来支撑，而这个支撑最终需要真实性评价来支持。所以，要关注"真实性"诉求，寻求真实性课题。[9]

数学单元教学的实质是从知识的整体和结构入手，围绕大问题和大概念设计、组织、开展教学。从学习的视角来看，数学是一个不可分割的、相互联系的整体。建构完整的数学知识体系，应该在大的观念、大的策略指导下，寻求解决问题的具体策略与方法。数学核心素养所具有的整体性和关联性也决定了数学教学应该强化整体性和关联性。不同知识背后所蕴含的数学素养和数学思维方法往往是相同的或相似的。因此，从单元和整体出发设计教学，比用割裂的方法或用课时主义思路设计的教学更有利于核心素养的养成。

# 第二节　数学学科单元教学实践

## 一、数学单元教学的四种模式

（一）以问题解决过程为主题的单元教学模式

数学中的概念、命题是在解决问题的进程中产生和发展的，而教材的编写经常会根据知识的逻辑结构组织教学内容，知识以结果的形式进行表述，很难反映知识产生的过程。以问题解决过程作为主题的单元教学，应从需要解决的问题入手，追溯知识产生的缘由，还原知识生成的过程，发现可能由此衍生出的概念和命题，此法较适合于新授课的教学。

如：学习向量加法的平行四边形法则。$\triangle ABC$ 中，点 $D$ 为 $BC$ 边上的中点，$\overrightarrow{AB} + \overrightarrow{AC} = 2\overrightarrow{AD}$ ；若点 $G$ 为 $\triangle ABC$ 的重心，可以得到 $\overrightarrow{GA} + \overrightarrow{GB} + \overrightarrow{GC} = \overrightarrow{0}$ ；判断出 $S_{\triangle GBA} =$

$S_{\triangle GBC} = S_{\triangle GCA}$，得到 $S_{\triangle GBA}\overrightarrow{GC} + S_{\triangle GBC}\overrightarrow{GA} + S_{\triangle GCA}\overrightarrow{GB} = \vec{0}$；如果 O 为 $\triangle ABC$ 内部的任意一点，是否有 $S_{\triangle OAB}\overrightarrow{OC} + S_{\triangle OBC}\overrightarrow{OA} + S_{\triangle OCA}\overrightarrow{OB} = \vec{0}$？由此，学生发现了所谓的"奔驰定理"。

以问题解决过程为线索组织单元教学，知识展示的顺序与知识产生的历史过程是相似的。在解决问题的过程中，通过反思和探寻，可能会发现许多新问题，以此为契机设计问题串，引导学生进行深度学习。

（二）以建立个体 CPFS 结构为主题的单元教学模式

喻平教授于 2003 年提出了 CPFS 结构理论，填补了我国数学知识表征研究的空白。简单地说，CPFS 结构由四个概念组成的：概念域、概念、命题域、命题系。取概念、命题、域、系四个英文单词的第一个字母组成 CPFS。以建立 CPFS 为主题的单元教学设计，是以某个概念为中心，探究并得到与这个概念等价或有抽象关系（强抽象、弱抽象、广义抽象）的概念，或以某个命题为中心，探究并得到与这个命题等价或有推出关系的命题，并将这一组概念或命题用于解决一类问题的教学设计。这种设计一般用于复习课的单元教学，如：指（对）数运算与等差（比）数列的运算结构。

表 3-8-1　指（对）数运算与等差（比）运算对比

| 性质 | 指数 | 若 $m+n=p+q$，则 $a^m \cdot a^n = a^p \cdot a^q$（和等→积等）<br>若 $m-n=p-q$，则 $\dfrac{a^m}{a^n} = \dfrac{a^p}{a^q}$（差等→商等） | 等差数列 | 若 $m+n=p+q$，则 $a_m + a_n = a_p + a_q$（和等→和等）<br>若 $m-n=p-q$，则 $a_m - a_n = a_p - a_q$（差等→差等） |
|---|---|---|---|---|
| | 对数 | 已知 $M$、$N$、$P$、$Q$ 都是正数，若 $MN=PQ$<br>则 $\log_a M + \log_a N = \log_a P + \log_a Q$（积等→和等）<br>若 $\dfrac{M}{N} = \dfrac{P}{Q}$，则 $\log_a M - \log_a N = \log_a P - \log_a Q$（商等→差等） | 等比数列 | 若 $m+n=p+q$，则 $a_m a_n = a_p a_q$（和等→积等）<br>若 $m-n=p-q$，则 $\dfrac{a_m}{a_n} = \dfrac{a_p}{a_q}$（差等→商等） |

如表 3-8-1，从高中教学教材选编来看，指数、对数运算性质的内容与等差、等比数列的内容分别在人教 A 版高中数学必修 1 和必修 5 两本书中，学习时间间隔跨度较大，内容之间联系不紧密。但是，将等差、等比数列这两个概念回到最基础的算术体系中加以观察，会发现与指数、对数的运算结构完全等同，展现出惊人的结构之美。维果茨基说："一个概念不是一种孤立的、僵化的、不变的形式，而是智力过程的主动部分，始终参与交流、理解和问题的解决。"

以建立个体 CPFS 结构为主题的单元教学，要突破教材原有章节的限制，在知识体系中学习概念，强调概念的前后联系、融会贯通，使学习者形成良好的认知结构。使学生在探究、发现、创造的过程中完成知识的整合，进而养成数学核心素养。

（三）以概念生长作为主题的单元教学模式

以概念生长作为主题的单元教学，是指由概念生长新的概念或命题为主线，贯穿单元来组织知识学习的教学设计。这种设计可以用于新授课也可以用于复习课。

通过扩大或缩小核心概念的外延和内涵，产生了一些与概念密切相关的新的概念，此时我们说概念得到了生长。也就是说，如果两个概念之间是强抽象关系或弱抽象关系，那么后一个概念都是前一个概念的生长结果。其实，从这个意义上说，数学领域中研究的许多问题都是概念生长的问题。

如：函数到一次函数、二次函数、反比例函数、指数函数、对数函数、幂函数、三角函数、数列、抽象函数等，是概念生长的过程。[10]

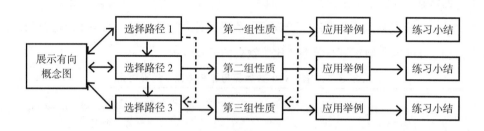

图 3-8-1　以核心概念发展为主题组织单元的教学结构

1. 如图 3-8-1，学习函数的概念，选择路径 1，如指数函数，从图象、两域（定义域、值域）、四性（奇偶性、单调性、对称性、周期性）等内容得到性质，然后教师举例，学生练习，教师小结。

2. 如图 3-8-1，选择路径 2，研究路径 2，如对数函数，完成步骤，并发现与指数函数的关系。

3. 如图 3-8-1，完成所有路径，归纳、总结、提升，完成单元学习。

（四）以数学思想方法解决问题为主题的单元教学模式

以数学思想方法解决问题作为主题组织单元，是指以解决问题的某种思想方法为主线来组织单元内容的教学设计。这种单元设计适合于复习课。如："构造法解决函数与导数客观题"为主题进行单元教学。

1. 选择数学思想方法作为贯穿单元的骨架

构造法是在解决数学问题时，根据问题的条件和结论的结构特征，从新角度、新观点出发，对问题进行观察、分析、综合与联想，抓住反映问题本质的内在联系，有目的地构造一个特定的数学模型，并借助该数学模型方便快捷地解决数学问题的方法。

2.精心设计问题进行单元学习

（1）从基本函数和基本函数的性质出发进行构造

例：函数 $f(x)=a^x-x^2$（$a>1$）有三个不同的零点，则实数 $a$ 的取值范围是_____。

（2）从已知条件或结论出发变形为同构式进行构造

例：（2012浙江9）设 $a>0$，$b>0$，（　　　）。

A　若 $2^a+2a=2^b+3b$ 则 $a>b$　　　　B　若 $2^a+2a=2^b+3b$ 则 $a<b$

C　若 $2^a-2a=2^b-3b$ 则 $a>b$　　　　D　若 $2^a-2a=2^b-3b$ 则 $a<b$

（3）从问题特征出发，深入本质变形构造

例：若 $a^x \geqslant x^a$ 对任意 $x \in (0, \infty)$ 恒成立，求正数 $a$ 的取值集合。

（4）借助三角函数、解析几何等知识，数形结合进行构造

例：求函数 $f(x)=\left| x-3+\sqrt{1-x^2} \right|$ 的值域。

（5）借助导数的定义或导数量运算性质进行构造

例：对于函数 $f(x)$，已知 $f(3)=2$，$f'(3)=-2$，则 $\lim\limits_{x \to 3}\dfrac{2x-3f(x)}{x-3}=$_____。

（6）多元问题依序减元化归构造

例：函数 $f(x)$ 是奇函数，且在 $[-1, 1]$ 上递增 $f(-1)=1$，若 $f(x) \leqslant t^2-2at+1$，对所有的 $x \in [-1, 1]$，及 $a \in [-1, 1]$ 都成立，则 $t$ 的取值范围是_____。

3.学生合作探究寻找解题程序

构造法解题的一般步骤如下：分析题意→发现问题→关联知识点→构造数学模型→解决问题。

4.反思升华数学思想方法的理解

构造法是一种具有创造性的思维方法，使用构造法解题既要求解题者具有扎实的基础知识功底，又需要具备敏锐的观察力、丰富的想象力和娴熟的转化技巧。构造法在高中数学解题中的应用，对于提高学生解题能力和优化学生思维品质都有重要的意义。


## 二、教学案例

### 核心内容类单元教学设计案例——基本不等式

"学科核心素养是育人价值的集中体现，是学生通过学科学习而逐步形成的正确价值观念、必备品格和关键能力。"[11]学科核心素养的基本诉求就是通过学生真实性的学习，发挥学科的内在力量，真正实现学科的育人功能，需要课程的改革和课堂的转型。

如何通过教学设计，使数学核心素养落实到数学课堂，是数学学科教研的重要课题。钟启泉教授认为："核心素养—课程标准（学科素养／跨学科素养）—单元设计—课时计划"这一环环相扣的教师教育活动的基本链环中，单元设计处于关键的地位，是撬动课堂转型的重要支点。[12]本文是对"基本不等式"这一核心内容类单元教学设计的思考，敬请各位批评指正。

（一）单元教学内容和内容解析

1. 单元教学内容

"基本不等式"是人教 A 版《普通高中课程标准实验教科书·数学·必修 5》第三章第四节的内容，在整个高中数学必修内容中处在压轴位置，体现了其在整个高中数学的基础性和工具性地位。《普通高中数学课程标准（2017 年版）》要求：掌握基本不等式 $\sqrt{ab} \leqslant \dfrac{a+b}{2}$（$a$，$b > 0$）。结合具体实例，能用基本不等式解决简单的最大值或最小值问题。

2. 单元教学内容解析

基本不等式的本质，是通过两个正数的四种基本运算（加法、除法、乘法、开方），揭示"两个正数的和"与"两个正数的积"这两个基本量之间的不等关系。基本不等式来源于现实问题，是基于现实和基于逻辑的抽象而得到的重要数学模型，是研究函数最值问题的重要工具。

基本不等式蕴含着丰富的数学思想与方法，它的证明过程中使用的综合法、分析法、比较法、图象法，也是证明其他不等式时常用的方法。学生通过学习，经历情境引入、观察猜想、实验归纳、抽象概括、推理证明的完整过程，运用数形结合了解基本不等式的代数与几何背景，深入体会数学建模的思想。

基本不等式是高中阶段不等式学习的核心内容和重要节点，起到承上启下的关键作用。人教 A 版高中数学不等式相关内容的安排主要包括两个部分：高中数学必修 5 第三章和高中数学选修 4-5。基本不等式是在学生学习了不等式的基本性质、一元二次不等式及其解法等知识后接触到的第一个重要的数学模型。基本不等式的学习既是对前面知识的总结与升华，又是后续不等式内容学习的方法储备和知识积累。

基本不等式是提升学生数学核心素养的良好素材。从赵爽弦图发现 $a^2+b^2 \geqslant 2ab$ 蕴含着"直观想象""数学抽象"；从生活情境中抽象得到基本不等式要运用"数学建模""数据分析"；基本不等式的证明则需要运用"数学运算""逻辑推理"。在基本不等式的教学过程中，创设引发思考的情境，激发学生的学习兴趣，在发现、提出、分析、解决问题的过程中，营造合作探究的氛围，培养严谨求实的科学精神，逐步培育学生的数学核心素养。

本单元教学重点是发现基本不等式，证明基本不等式，运用基本不等式求最值。

（二）单元教学目标及其解析

"基本不等式"之所以基本，是因为它表示出了代数平均数$\frac{a+b}{2}$和几何平均数$\sqrt{ab}$两个基本量之间的关系，且结构简单，变化多样，妙用无穷，体现出了"数学运算"的强大力量，它还具有丰富的几何含义，可以从代数、平面几何、函数、向量、三角、解析几何、统计、复数等多种不同角度进行证明。通过代数推导可以得到多种等价形式，调和平均数、几何平均数、代数平均数、平方平均数之间的大小关系，生成不等式链$\frac{2}{\frac{1}{a}+\frac{1}{b}} \leqslant \sqrt{ab} \leqslant \frac{a+b}{2} \leqslant \sqrt{\frac{a^2+b^2}{2}}$（$a>0$，$b>0$），亦是求函数最值的重要方法和学习其他不等式的基础。

1. 单元教学目标

（1）经历从生活情境中发现、证明基本不等式，探究基本不等式的几何背景，运用基本不等式的完整学习过程，理解基本不等式$\sqrt{ab} \leqslant \frac{a+b}{2}$（$a$，$b>0$）的内容，能够用文字语言、符号语言、图形语言表述基本不等式；

（2）了解分析法证明不等式的本质，掌握用综合法、比较法证明基本不等式，学习证明不等式的基本方法；

（3）掌握基本不等式解决简单的最大值或最小值问题的基本方法；

（4）通过实例探究体会数学与现实生活的关系，感受数形结合等数学思想，加强数学核心素养的培育。

2. 单元教学目标解析

（1）学生观察赵爽弦图，发现其中的相等关系和不等关系，得到$a^2+b^2 \geqslant 2ab$；由天平称量问题，通过数学实验，归纳猜想，得到基本不等式；使用综合法、比较法、分析法等对基本不等式进行证明；分析思考，得到基本不等式的一个几何表示。经历情境引入、数学抽象、归纳猜想、推理证明、形数结合、应用拓展的完整过程。

（2）教材中使用分析法证明，是为了给学生充足的思考空间，全面展示知识生成的过程，为后续学习做好铺垫。教学过程中先用分析法厘清思路，应用学生熟悉的综合法、比较法进行证明，有利于学生的理解和掌握。

（3）剖析典型例题，理解使用基本不等式求简单的最值问题的前提条件"一正、二定、三相等"，掌握求简单最值问题的方法。

（4）通过"赵爽弦图"使学生感受中国传统数学文化的悠久历史，通过"天平问题"让学生体验数学探究的完整过程，在获取数学活动经验的同时，感悟数学思想，提升核心素养。

（三）教学问题诊断分析

从已有的认知基础来看，学生已经学习了基本的平面几何知识及不等式的概念、性质等，能够使用综合法、比较法、配凑法等基本方法进行计算，对数形结合、化归与转换等数学思想方法有一定的理解，具备一定的观察分析、思考发现、推理论证的能力。但从"赵爽弦图"中发现不等关系，通过生活情境抽象出基本不等式，使用分析法证明，发现基本不等式的几何表示，使用基本不等式求最值问题，等等，依然存在难度。

（四）单元教学策略

1. 单元教学主线

依据单元教学内容及教学目标设置了两条主线。一是探究活动为主线：从实际问题情境出发，层层递进，发现基本不等式，证明基本不等式并给出其几何解释；二是过程与方法的主线：证明基本不等式，掌握分析法、综合法、比较法等不等式证明的基本方法；通过对典型例题的分析，使学生理解公式成立的条件，能够使用基本不等式解决简单的函数最值问题。学生在经历、感受、领悟的学习过程中，提升认知水平，发展核心素养。

2. 教学方法分析

本单元教学从生活情境出发，引导学生通过自主探究、合作学习，发现和证明基本不等式，认识基本不等式的几何背景。设置典型例题，使学生在公式应用的过程中逐步提高逻辑推理、数学运算及数形结合的能力。

3. 信息技术支持

通过几何画板、GeoGebra，Excel等软件向学生动态地呈现几何图形的生成与变化，帮助学生理解基本不等式的几何背景，在学习过程中真正感受和体会数形结合的数学思想，为探究数学知识中规律性的、深层次的内容提供了可能，从而提升了教学效果，促进学生高水平思维的生成与发展。

（五）课时教学设计

1. 第一课时：基本不等式的发现与证明

（1）教学内容

学生通过自主探究、合作学习，在生活情境中发现并证明基本不等式，熟悉基本不等式的结构特征，探索发现基本不等式的几何背景。

（2）教学目标

发现基本不等式，掌握不等式证明的基本方法，了解基本不等式的几何背景。从生活情境出发，体验数学建模的过程，感受数学与实际生活的关系，发展数学思维能力，提升数学核心素养。

（3）教学重点

从问题情境出发，发现基本不等式；运用不同的方法，对基本不等式进行证明；分析构造，用几何图形验证基本不等式。

（4）教学难点

基本不等式等号成立的条件；构造几何模型，验证基本不等式。

（5）教学策略分析

本节课以探究活动及过程与方法为主线，从实际问题情境出发，引导学生逐步发现基本不等式、证明基本不等式并给出其几何解释。

（6）主要教学活动设计

活动1：如图3-8-2，2002年第24届国际数学家大会在北京召开，大会会标是根据三国时期的数学家赵爽的弦图设计的，我们一起来探究其中蕴含的等量关系和不等关系。

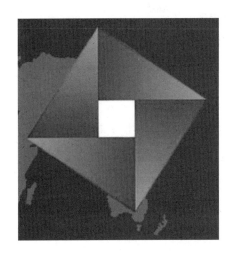
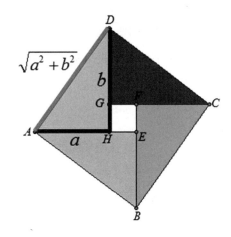

图 3-8-2　第 24 届国际数学家大会会标

问题1：初中阶段，我们曾经借助赵爽弦图得到了一个非常重要的定理——勾股定理。今天我们继续探究这个奇妙的图形。（借助几何画板，拖动点 G，使图形发生变化）赵爽弦图中的正方形和直角三角形面积之间有什么关系？你有什么发现？

问题 2：你能根据图形的变化找到相等关系和不等关系吗？

问题 3：你能用数学符号刻画这些关系吗？

问题 4：你能对重要不等式 $a^2+b^2 \geq 2ab$ 进行证明吗？

问题 5：等号成立的条件是什么？

问题 6：还有其他条件能够使等号成立吗？

问题 7：你能从图形中对"等号成立"进行解释吗？

小结：一般地，对于任意实数 $a$、$b$，我们有 $a^2+b^2 \geq 2ab$，当且仅当 $a=b$ 时，等号成立。

【设计意图】以旧引新，利用初中学过的知识引入，显得贴切自然。学生在不知不觉中受到了爱国主义的教育，增强了民族自豪感，体现了数学教学中立德树人的教育理念。学生通过数学实践，得到 $a^2+b^2 \geq 2ab$，经历知识发生、发展的过程，培育数学抽象、数学建模等数学核心素养。

活动 2：冬虫夏草是名贵的滋补药材。某虫草店有一架天平，由于操作不当，现在两臂长度不等。虫草店老板说："我的天平有毛病，现在我把虫草放到左托盘上称一次，再放到右托盘上称一次，虫草的重量就是两次的平均数。"请问这样称得的虫草重量是多了，还是少了？顾客会吃亏吗？

问题 1：如何用字母表示两次称得的重量？

问题 2："两次重量的平均数"怎样用字母表示？（$\dfrac{a+b}{2}$）

问题 3：能否用字母 $a$、$b$ 表示出虫草的实际重量？

（可以将天平的两臂的长度分别设为 $l_1$、$l_2$，将物体质量设为 $M$，根据杠杆原理可得 $\begin{cases} l_1 \cdot M = l_2 a \\ l_1 \cdot b = l_2 M \end{cases}$，可得 $M=\sqrt{ab}$。）

问题 4：我们把 $\dfrac{a+b}{2}$、$\sqrt{ab}$ 分别叫作正数 $a$、$b$ 的算术平均数和几何平均数。能否比较它们的大小？怎样证明你的结论。请分组讨论。

【设计意图】学习者的知识是在一定情境下，借助于他人的帮助，如人与人之间的协作、交流、利用必要的信息等，通过意义的建构而获得的。教师需要为课堂讨论提出具有一定的挑战性、可能产生争议、解法不唯一、可拓展可生长的问题。将生活情境与相关物理知识相联系，引发学生对 $\dfrac{a+b}{2}$ 和 $\sqrt{ab}$ 的大小关系进行比较，从而激发学生的学习兴趣，培养学生数学建模的能力。

活动 3：借助 Excel 进行数学实验：用 RANDBETWEEN 函数随机取数，用 GEOMEAN 和 AVERAGE 计算几何平均数和算术平均数。教师不断变换 $a$、$b$ 的取值，得到表 3-8-2。学生通过观察发现 $\sqrt{ab} \leqslant \dfrac{a+b}{2}$（$a>0$，$b>0$）。

表 3-8-2　几何平均数与算术平均数对比表

| $a$ | $b$ | $\sqrt{ab}$ | $\dfrac{a+b}{2}$ |
|---|---|---|---|
| 1 | 2 | 1.414214 | 1.5 |
| 3 | 2 | 2.44949 | 2.5 |
| 1 | 9 | 3 | 5 |
| 1 | 2 | 1.414214 | 1.5 |
| 4 | 4 | 4 | 4 |
| 2 | 1 | 1.414214 | 1.5 |
| 6 | 4 | 4.898979 | 5 |
| 3 | 7 | 4.582576 | 5 |

【设计意图】将计算机技术和数学软件引入课堂教学，目的是为了提高学生学习的参与程度，激发学习兴趣，提升使用现代信息技术认识问题和解决问题的能力。借助软件随机获取数据，快速运算出结果，学生只需要对数据进行整理、分析和判断，完成学习过程中的认知参与，形成数据分析的相关素养。

活动 4：证明基本不等式。

【设计意图】使用分析法、综合法、做差比较法证明基本不等式，提升学生的数学运算、逻辑推理能力。

活动 5：分析构造基本不等式的几何表示。

问题 1：如何构造几何图形，表示 $\sqrt{ab} \leqslant \dfrac{a+b}{2}$（$a>0$，$b>0$）？

问题 2：$a$、$\sqrt{ab}$、$b$ 三个数量之间有什么关系？

问题 3：什么样的几何图形中存在类似的数量关系？

（在 RT $\triangle ABD$ 中，$CD=\sqrt{ab}$）

问题 4：能否判断 $\dfrac{a+b}{2}$ 与 $\sqrt{ab}$ 之间的大小关系？（图 3-8-3）

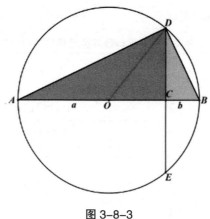

图 3-8-3

【设计意图】设置探究问题，可以促使学生从运动、变化的角度思考问题和解决问题。构造平面几何图形表示不等关系，是对学生思维能力的一个挑战。学习的过程是由数到形，逐渐领悟不等关系内涵的过程。

（7）教学目标检测

请比较 $\dfrac{2}{\dfrac{1}{a}+\dfrac{1}{b}}$ 、 $\sqrt{ab}$ 、 $\dfrac{a+b}{2}$ 、 $\sqrt{\dfrac{a^2+b^2}{2}}$ 的大小关系，并证明；尝试构造几何图形表示这些不等关系。

【设计意图】应用本节课的知识，推导出更多的结论。一方面，可以促使学生对公式的灵活应用，为后续教学做好铺垫；另一方面，有助于提升学生的探究、创新、逻辑论证的能力，加深认知的深度和广度。

2. 第二课时：基本不等式的简单应用

（1）教学内容

通过典型例题，使学生理解公式成立的条件，并使用基本不等式求简单的最值问题。

（2）教学目标

从典型问题出发，探究基本不等式等号成立的条件，学会应用基本不等式处理简单的最值问题。

（3）教学重点

使用基本不等式解决简单的最值问题。

（4）教学难点

理解使用基本不等式的前提条件"一正、二定、三相等"。

（5）教学策略分析

通过典型例题的剖析，使学生了解基本不等式在确定取值范围、解决实际问题中的广泛应用。

（6）主要教学活动设计

活动 1：借助典型例题，引导学生探究使用基本不等式求最值的前提条件。

例 1：求函数 $y=x+\dfrac{1}{x}$ 的值域。

解法一：当 $x>0$ 时，$y=x+\dfrac{1}{x} \geqslant 2\sqrt{x \cdot \dfrac{1}{x}}=2$；当且仅当 $x=\dfrac{1}{x}$，即 $x=1$ 时取"="号；

当 $x<0$ 时，$(-x)+(-\dfrac{1}{x}) \geqslant 2\sqrt{(-x) \cdot (-\dfrac{1}{x})}=2$，则 $y=x+\dfrac{1}{x} \leqslant -2$；当且仅当 $-x=-\dfrac{1}{x}$，即 $x=-1$ 时取"="号。

综上所述，函数 $y=x+\dfrac{1}{x}$ 的值域为 $\{y \mid y \geqslant 2$ 或 $y \leqslant 2\}$。

解法二：由图 3-8-4 可得函数 $y=x+\dfrac{1}{x}$ 的值域为 $\{y \mid y \geqslant 2$ 或 $y \leqslant 2\}$。

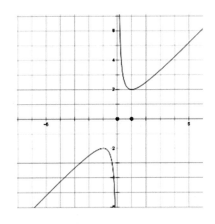

图 3-8-4

例 2：求函数 $y=\dfrac{1}{x-3}+x$（$x>3$）的最值。

解：$y=\dfrac{1}{x-3}+(x-3)+3 \geqslant 2\sqrt{\dfrac{1}{x-3}(x-3)}+3=5$，

当且仅当 $(x-3)=\dfrac{1}{x-3}$，即 $x=4$ 时 $y_{\min}=5$。

例 3：求函数 $y=\sin x+\dfrac{4}{\sin x}$ 的值域，$x \in (0, \pi)$。

解：设 $t=\sin x_0'$（$t \in (0, 1]$），则 $y=t+\dfrac{4}{t}$。由函数图像可得当 $t=1$ 时，$y_{\min}=5$，所以函数的值域为 $\{y \mid y \geqslant 5\}$。

【设计意图】引导学生通过主动探究，合作交流，理解公式使用的前提条件，在问题解决的过程中提升"四基"。

活动 2：通过实际问题，让学生感受到数学的实用价值。

例 4：①用篱笆围一个面积为 100 平方米的矩形菜园，问这个矩形的长、宽各为多少时，所用篱笆最短？最短的篱笆是多少？

②一段长为 36 米的篱笆围成一个矩形菜园，问这个矩形的长、宽各为多少时，菜园的面积最大？最大的面积是多少？

例 5：某工厂要建造一个长方体无盖贮水池，其容积为 4800 平方毫米，深为 3 米。如果池底每平方米的造价为 150 元，池壁每平方米的造价为 120 元，怎样设计水池能使总造价最低？最低总造价是多少？

【设计意图】通过分析两个实际问题，让学生感受到数学的实用价值，在解决实际问题的过程中理解不等式 $\sqrt{ab} \leqslant \dfrac{a+b}{2}$（$a$、$b \geqslant 0$）成立的条件（一正、二定、三相等）。

（7）教学目标检测

①若 $a$、$b \in R^+$，$ab=a+b+3$，求 $ab$ 的范围。

②已知 $x$、$y$ 均为正数，且 $\dfrac{1}{x} + \dfrac{9}{y} = 1$，求 $x+y$ 的最小值。

【设计意图】提升学生灵活运用公式解决问题的能力，掌握"凑和"或"凑积"等求定值的常用技巧。

（六）单元学习评价

基于核心素养的单元教学需要采用一种新型的学习评价模式，这种评价模式应主要建构在"表现性评价"的基础之上。所谓"表现性评价"，即对教学过程中学生的语言、书写、行动等学习活动进行多样性的形成性评价。评价不仅要像以往那样关注学习的最终结果，还要关注学习与思维的过程本身，其关注角度应呈现多元化、动态性、层次性的特点，将学生日常的学习表现与课程教学结合，重视对学生真实学习能力的培养，促成学生核心素养的养成。该评价模式一方面要通过传统的测试检测学生数学知识与技能的习得状态；另一方面则需要通过对学生学习过程的完整记录，制定合理的评价标准，摒弃主观评价，将评价贯穿于学生学习的全过程，获取学生在数学学习情境中的真实表现及其学习力获得情况的全部信息，实现"对学习的评价"与"为学习的评价"的整合。[13]而这应该是单元学习评价的主旨与核心所在。

（七）教学反思

1.认识学科单元教学，数学育人

学科单元教学中的"单元",不仅是教师所熟悉的"教材单元",更是基于一定的主题、目标、方法等构成的知识与经验模块,是介于课程标准与课时内容之间,对外相对独立、对内关联性强、共同特征多、相对完整的教学单位。[14]根据对"单元"理解的不同程度和层次,"单元"有多种不同的分类。从教学内容可以分为核心内容类单元、方法类单元、问题类单元等。"基本不等式"作为核心内容类单元,应按照"整体设计—依序实施—整体评价"的流程进行教学设计。在数学内在力量的引领下,从问题情境出发,发现问题,归纳猜想,运用多种不同的方法证明结论,探究基本不等式的几何表示,运用基本不等式解决问题,让学生掌握基础知识,提升数学能力,培育科学态度和理性精神的目标,实现"数学育人"。

2. 理解学科单元教学,整体规划

数学单元教学的实质是从知识的整体和结构入手,围绕大问题和大概念设计、组织、开展教学。从学习的视角来看,数学体系原本是不可分割且相互联系的整体。单元教学既要体现在教学内容和思想方法的整体性上,又要体现在课时教学有机联系的整体性上。本单元教学认真分析了"基本不等式"的教学内容,整体把握知识体系,明确学习过程中的重点、难点,对基本不等式的引入、证明、几何解释、应用进行整体规划,构建知识体系,在大的观念、大的策略的指导下,探寻不等式证明、基本不等式运用等问题的具体策略与方法。数学知识虽然各不相同,但知识背后数学思想方法的相似性、数学核心素养的特性都决定了单元教学应该注重整体性。从整体出发的"基本不等式"单元教学设计,比用割裂的方法、课时主义的思路进行教学设计更有利于学生真实性学力的生成。

3. 实施学科单元教学,学材重构

单元教学要求"充分体现数学的整体性、逻辑的连贯性、思想的一致性、方法的普适性、思维的系统性"。[15]单元教学目标的分解要考虑到各课时目标的合理分配、相互关联和逐层递进。针对教学内容和学生实际,采用情境化、问题化、结构化等教学方式,先见"森林",然后再见"树木",从而使课堂教学更有指向性,学习者更容易完成知识建构,进而提升教学效率。"基本不等式"根据《普通高中数学课程标准(2017年版)》的要求确定为两课时:第一课时侧重于学习兴趣的激发、结论发现的过程和不等式证明方法的体验;第二课时则注重基本不等式的简单应用。单元教学设计在充分尊重教材、理解教材的基础上,保证教材在教学中的中心地位,根据学生的实际情况进行学材重构。

(1)情境重构,发现公式:第一课时设置"虫草问题"情境,使学生置身于确定的认知活动中,活动2、活动3引导学生探究知识内在的逻辑,通过简单的数学实验发现结论。层层递进的问题设置可以有效地激发学习者的求知欲、探究欲和学习心向。

（2）证法比较，拓展思维：教材在人教 A 版高中数学选修 4-5 中利用重要不等式证明 $\sqrt{ab} \leqslant \dfrac{a+b}{2}$（$a$、$b > 0$），却在人教 A 版高中数学必修 5 中使用分析法对这个不等式进行证明，意图给学生充分的思考、探究空间，理清证明思路，为后续学习做铺垫。教学过程中可引导学生体验分析法，厘清思路，再使用综合法证明。引导学生运用已经掌握的"作差法"证明基本不等式，做到一题多解。

（3）以形表数，激发创造：活动 5 是根据教材中探究问题设计的，引导学生构造图形，表示 $\sqrt{ab} \leqslant \dfrac{a+b}{2}$（$a > 0$，$b > 0$），而不是由图形得到不等关系。探寻基本不等式的几何表示以适度开放的问题，激发学生的创造性，提升学生解决问题的能力。

**参考文献**

［1］钟启泉．基于核心素养的课程发展：挑战与课题［J］.全球教育展望,2016,45（01）:3-25.

［2］李昌官．基于核心素养的数学单元教学［J］.中国数学教育：高中版，2018（5）：3-6

［3］李永婷,徐文彬."单元知识结构教学模式"的理论阐释［J］.教育研究与评论(课堂观察),2017（1）:6-11.

［4］徐文彬,李永婷,安丹诺.单元知识结构整体教学设计模式的理论建构［J］.江苏教育,2018（43）:7-9, 22.

［5］陈彩虹,赵琴,汪茂华,汪晓慧,吁思敏,向荣.基于核心素养的单元教学设计——全国第十届有效教学理论与实践研讨会综述［J］.全球教育展望,2016,45（01）:121-128.

［6］钟启泉.基于核心素养的课程发展：挑战与课题［J］.全球教育展望,2016,45（01）:3-25.

［7］徐文彬,李永婷,安丹诺.单元知识结构整体教学设计模式的理论建构［J］.江苏教育,2018（43）:7-9, 22.

［8］李永婷,徐文彬."单元知识结构教学模式"的理论阐释［J］.教育研究与评论(课堂观察),2017（1）:6-11.

［9］陈彩虹,赵琴,汪茂华,汪晓慧,吁思敏,向荣.基于核心素养的单元教学设计——全国第十届有效教学理论与实践研讨会综述［J］.全球教育展望,2016,45（01）:121-128.

［10］喻平.数学单元结构教学的四种模式［J］.数学通报,2020,59（05）:1-8, 15.

［11］中华人民共和国教育部.普通高中数学课程标准（2017 年版）［M］.北京：人民教育出版社,2018:10.

［12］钟启泉.单元设计：撬动课堂转型的一个支点［J］.教育发展研究,2015,35（24）:1-5.

［13］周文叶.中小学表现性评价的理论和技术［M］.上海：华东师范大学出版社,2016:09.

［14］李昌官.基于核心素养的数学单元教学［J］.中国数学教育：高中版,2018（5）:3-6.

［15］章建跃.普通高中教科书·数学（人教A版）"单元——课时教学设计"体例与要求［J］.中学数学教学参考,2019（22）:14-16.

# 第九章　创设问题情境，
# 促成知识有效迁移

《课程标准》指出："基于数学学科核心素养的教学活动应该把握数学的本质，创设合适的教学情境，提出合适的数学问题，引发学生思考与交流，形成和发展数学学科核心素养。"创设情境与提出问题有多种不同的层次和类别。如教学情境可以包括现实情境、科学情境、数学问题情境等，每种情境又可以分为熟悉的情境、知识关联型情境、问题综合型情境等。数学问题是指在情境中发现并提出问题，由问题的复杂程度可分为简单、较复杂、复杂问题。创设合适的教学情境、提出有效的数学问题，可以为学生的知识迁移构建通路，提升学习参与水平。教师应面对挑战，不断学习、研究、探索、实践，提升自身的学科素养，了解数学知识之间、数学与生活、数学与科学的联系。将数学教学活动由知识与能力视角转向为数学核心素养的培育，不只是进行知识的传授，还应结合教学任务和学生的认知水平，设计合适的情境和问题，引导学生在有效互动、合作交流、发现探究的过程中用数学的眼光观察发现问题，使用准确的数学语言描述分析问题，用数学的思想方法研究解决问题，促进学生数学核心素养的形成与发展。

## 第一节　情境——以境启知，以知怡情

### 一、情境与情境教学

（一）情境

《现代汉语词典》对情境的定义是"情景；境地"。《辞海》认为"情境是指一个人在进行某种行动时所处的社会环境，是人们社会行为产生的具体条件"。这是对"情境"的一种具有普遍意义的理解。心理学对"情境"一词的解释："情境是对人有直接刺激作用，有一定的生物学意义和社会学意义的具体环境。"从认知的角度，情境作为一种信息载体，是认知活动的信息来源。[1]情境贯穿于学生学习活动的始终，是能够带给学生情绪体验和活动经验的环境与背景，脱离了情境的学习难以获得有效的"知识迁移"。李亦菲认为"作为学习条件，情境是连接'文本'与'生活'的纽带；作为学习过程，情境是'情

感'与'认知'的对象；而作为学习结果，情境是'知识'与'精神'的载体"。[2]如果将知识比作人体所必需的盐分，直接吃一勺盐一定难以下咽，但将盐适量地放入精美的食物中，就可以在享受美食时，不自觉地完成了摄入。精美的食物就好比是学习时的合理情境，从情境中获取的知识，才能不让人感到枯燥乏味，从而显现出知识的活力与美感。

（二）数学情境

数学情境是为了完成既定的教学目标，由教师创设的具有数学韵味的情境场域，作为数学活动开展、数学问题发现、数学知识生成的背景，能够唤醒学生的学习兴趣，激发学生的学习动机、提升学生的学习能力，进而培育学生的数学素养。[3]数学概念的理解、数学命题的掌握、数学技巧的形成、数学思想的应用、数学问题的解决都基于对数学情境的创设、理解、反思。

数学情境类型可分为两类：一类是注入式数学情境，即在原始的、简化的、改变的生活情境中注入数学元素；另一种是映射式数学情境，即其他学科的情境、数学自身的情境、已有的经验情境等映射进数学体系之中。[4]

理想的数学情境中"境"与"情"密不可分，"境"指向认知领域，设"境"是为了启"知"，从学生的实际生活和认知水平出发创设能够帮助学生开展学习的具体情境，为数学活动的展开设置通道、启迪思维、激发灵感；"情"更多地聚焦于非认知领域，明"知"方能怡"情"，学生在活跃的课堂氛围中，积极主动地参与知识生成的过程，获得真实的情感体验，享受成功的快乐，感受数学学科的"真、善、美"。

（三）情境教学

情境教学的思想自古有之，《论语·述而》中"不愤不启，不悱不发，举一隅不以三隅反，则不复也"，意思是不到学生努力想弄明白时，不要去开导他；不到学生心里明白却无法表达时，不去启发他。"启发"就是基于"愤"与"悱"的情境而提出的。《礼记·学记》中"君子之教，喻也"，并给出了"喻"的三条准则——"道而弗牵，强而弗抑，开而弗达"。教学不要直接灌输知识，而是应该创设情境，言此而意彼，让学生感受、发现、领悟。

情境教学从教学实际出发，教师依据教学目标创设，激发学生学习兴趣，引发主动探究、提升学习参与水平的场景，有计划地使学生处于这种类似真实的活动情境之中，利用其中的教育因素综合地对学生施加影响的一种教学方法。[5]情境教学的实质是以"情"为经，给予教学场景以生命触动和情感体验，以"境"为纬，建构生态场景及智慧平台，在情与境中探寻适合学生思维发展、综合素养提升的教学环境，激发学生的求知欲，提升学生探索创新、解决问题、应用知识的能力。

## 二、数学情境教学的价值

数学情境教学就是运用注入式或映射式的方式，创设适合学生学习的数学情境，以唤醒学生的数学意识、提升学生的数学能力、培养学生的数学素养。在教学实际中，数学情境教学存在诸多问题，如：为创设情境而创设情境，情境与教学目标失去相关性；过于生活化而使情境远离数学学习的本质；情境与数学知识的关系定位不准确等。使数学情境成为数学活动的信息源，让数学情境和学生的情感相融合，数学情境与核心素养培育相匹配，需要准确定位数学情境教学的价值。

（一）真实情境引发情感体验

以生活场景、科学问题、数学探究等为基础创设情境，要激发学生的学习兴趣，以引发认知冲突，研究真实问题为目的，让学生入"愤悱"之境，而不能仅仅是讲故事、念口诀、看图片，使情境教学流于形式，"导课"而无法"入课"。

如：《等比数列的前 $n$ 项和》的课堂教学以国际象棋棋盘上放麦粒的故事引入：在第一格放 1 粒，第二格放 2 粒，第三格放 4 粒……诸如此类，放到第 64 格。"初次入境"时惊讶好奇。到底需要多少粮食，才能在棋盘上放足够多的麦粒？ $1+2+2^2+2^3+\cdots+2^{63}$ 怎样计算？ "渐入佳境"时的感悟理解。用错位相减法证明等比数列的前 $n$ 项和公式，计算出棋盘上需要放的麦粒个数，但这个数字意味着什么？印度国王为什么无法完成自己的承诺？山重水复疑无路；"柳暗花明"后豁然开朗。10 克麦子有多少粒？棋盘上的麦粒有多重？全世界一年的粮食产量是多少？

数学情境以"情"为经，真实问题既是课堂教学的"敲门砖"，也考虑到学生兴趣、动机、愿望等因素，给学生思考和探索的空间，让问题在学习过程中的导向作用贯穿始末。

（二）问题引领形成良性互动

问题是数学的生命。情境可以产生问题，问题又能驱动情境渐次展开，不断延展。一方面，要求教师提出有利于学习内容意义建构的问题。教师在进行情境创设时，要考虑学生的认知发展水平，利用学生的"最近发展区"，设置问题串，引导学生在原有知识的基础上学习新知，借助新旧知识之间的认知冲突，培养问题意识，促进有效学习；另一方面，要培养学生的问题意识，即"是什么（what）""为什么（why）""怎么办（how）"。在情境中，学生发现并提出问题、分析并探究问题、思考并解决问题，在理解概念、生成定理、实际应用中训练思维、培养能力、提升素养。

（三）知识生长获取活动经验

数学情境是将数学问题、数学概念、数学思想方法融于一体的数学学习场域。学生在情境中亲历直观想象、猜想发现、计算证明等完整的学习过程，丰富感知、建立表象、发展想象，获取基本的数学活动经验。数学情境教学一般有三个环节：情境化（将知识的生成融于具体情境中）、去情境化（从具体情境中抽象出数学问题并用数学方法进行研究）、再情境化（运用数学新知解决问题），数学知识的意义建构正是在"情境化"和"去情境化"的不断往复中逐步完成。情境不仅为了在数学学习开始时引起学生的兴趣，还要建立具体形象与抽象概念之间、情境与数学知识之间，数学新旧知识之间的联系，情境贯穿于数学学习的始终。"境"的作用始于"启知"，终于"用知"，在启知和用知的过程中，学生产生真实情感体验，感受知识的生长过程，获取基本数学活动经验。

（四）启迪思维提升核心素养

数学核心素养是未来合格公民应具备的最基本、最重要的学科素养，是个体内在的思维品质和能力，只有在个体处理具体问题时，才能转化为外在行为，被外界察觉和感知。数学核心素养不能由直接传授而获得，需要借助特定情境潜移默化地习得。深刻认识各个数学核心素养与情境之间的关系，探索在情境中培养和评价数学核心素养的过程与方法，对于深入理解数学核心素养和有效培养学生的数学核心素养、有效评价学生的数学核心素养具有重要的理论指导意义。[6]基于数学核心素养的情境教学，要在数学教学活动中，创设合适的教学情境，真实感悟、理解应用、逐步强化数学思想，积累数学活动经验，形成和发展数学核心素养。教师的教学设计应关注教学情境与数学思维以及具体数学核心素养培养之间的关系。"情境化""去情境化""再情境化"可以与数学抽象、逻辑推理、数学建模相关联，由直观想象开始抽象，用数学运算帮助推理，从数据分析尝试建模。

**三、数学情境教学的设计原则**

挖掘数学情境的价值功能，用以指导情境教学设计。直观形象的情境可以激发学生的兴趣并使其直面挑战；切合学生学情和教学实际的情境，在"最近发展区"开始学习，能够使学习的过程自然顺畅；通达明理的情境设置，既启发学生思考又蕴含数学核心素养的诉求；关注生长发展的情境，使学生不仅能收获数学知识，还能培育思维发展的种子。

（一）直观形象原则

情境创设重在"以境启知"，在认知冲突中激发学习动机，在分析探究中建构知识体系。生活情境、科学情境、数学问题情境都需要选择适当的呈现方式，以便吸引学生进入数学学习的状态，即"入课"。图形语言比文辞语言、符号语言更简洁、具体、形象，便于学生理解。直观形象原则，就是使用图形、动画、视频等可视化表征形式，将概念原理、结构关系、思想方法等抽象的数学对象以直观的方式呈现出来。高中数学情境更多来自数学学科本身,运用数学教具、数学软件(几何画板、GeoGebra)、图形计算器等辅助工具,创设蕴含数学知识的可视化情境,更适合高中数学知识的学习,有助于学生获取知识技能和感悟思想方法。

(二)"最近发展区"原则

情境是数学活动产生的起点,这个起点不仅是"知识与能力"的起点,也应该是"过程与方法"和"情感、态度与价值观"的起点。认知发展是一个由低级到高级、由简单到复杂的渐进过程,新知识是在已有知识的基础上发展、完善起来的。以学生"最近发展区"为核心创设情境,可以激发学生的潜能使之转化为学习能力,实现教学对学生发展的促进作用,真正建立起教学与学生发展之间的桥梁。贴近学生已有知识水平的"最近发展区"设置情境,层层设问,教师选择合适的时机进行指导,更能让学生经过努力在合作交流、自主探究中展现能力,感受成功的喜悦,充满信心和激情地享受学习。

(三)通达明理原则

"世事洞明皆学问,人情练达即文章",如果用"世事洞明"来指学问功底,那么"人情练达"便是人格的修炼。情境创设需要教师深刻理解知识的数学本质,围绕既定的教学目标,既关注情境化,更关注问题的数学化,将对核心知识的剖析巧妙地渗透到学习过程中。与此同时,教师应理解学生的兴趣爱好、情感需求、认知水平,将情境创设的着力点从教师的"教"转向学生的"学",课堂不单单是教师传授知识的场所,更是学生展示聪明才智的舞台。了解学生所感、所想、所惑,才能在情境设置中起承转合的作用。使学生在认知冲突中领悟数学的内部逻辑,完成图象、文字到符号的转译,实现具体到抽象的过渡,感受数学的内在力量。

(四)生长发展原则

"数学教育本身就是一种成长;数学教学应该成为学生成长的助力;数学教学要培植思维生长的种子。"[7]创设数学情境,要找准知识的生长点,关注学生成长过程,促进知识生长和生命成长协同发展。选好知识的生长路径,使学生在运用知识解决问题的过程中彰显个性;在体悟知识生长、生命成长哲理的过程中,讲述自己思维攀登的理性故事。数学情境不仅能使学生自然地进入学习状态,还能作为主线贯穿课堂学习始终,帮助学生了解知识的来龙去脉,经历数学发现和创造的全过程。好的情境,在"启知"时蓄势待发、朝气蓬勃,在"用知"时高屋建瓴、登高望远。学生在学习过程中收获的不仅是数学知识、思想方法,更是学习的兴趣、成功的自信和克服困难的意志品质。[8]

### 四、数学情境教学的实施策略

在实现由"境"启"知"到以"知"怡"情"的情境教学过程中，常见的问题是情境化与数学化之间的矛盾问题。不恰当的情境化可能导致数学课堂失去了数学的味道，而缺失情境化又可能让数学教学因知识的抽象晦涩而失去生趣，只有把握好二者之间的平衡，从具体情境出发，完成基于现实的抽象和基于逻辑的抽象，才能更好地促进学生有效学习。[9]

**（一）创设情境立足教学目标**

创设学生熟悉的情境，可以在认知冲突中引起学生的关注，调动学生探究问题的兴趣，激发学生学习的热情，引导学生积极主动地发现或提出数学问题，分析和探究数学问题。以解析几何起始课《直线的倾斜角和斜率》为例，创设教学情境：

意大利著名的比萨斜塔建造至今，其塔顶已经向南倾斜超过 2.5 米，倾斜角度超过 3.99 度，并且还在持续倾斜；辽宁省前卫斜塔建于辽代，比意大利比萨斜塔早建成 300 多年，数百年来，虽然几经地震与洪水侵袭，塔身倾斜 12 度，但该塔始终斜而不坠、歪而不倒。请比较比萨斜塔和辽宁前卫斜塔的倾斜程度哪一个更大？你是用哪一个数学量来进行比较的？

情境创设的目的是立足于教学目标，根据高中学生的知识经验、学习水平、思维特点与兴趣爱好等，围绕数学核心知识本质，创设利于去情境化的、蕴含数学核心知识概念的、有助于学生习得知识技能与感悟思想方法的、符合学生认知经验的、富有趣味性的数学教学情境（如图 3-9-1 所示）。

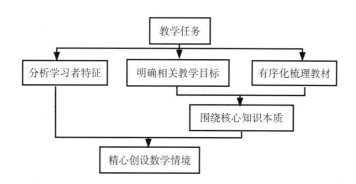

**图 3-9-1　数学情境创设的主要思路**

**（二）去情境化时渗透数学化思想**

数学情境创设之后，要在恰当的时机开始"去情境化"。提出数学问题是去情境化的开始。教师需要根据教学任务，引导学生在具体情境中抽象出相关的数学问题，并使用文字语言或符号语言进行表述。数学抽象的第一阶段是基于现实的，《直线的倾斜角和斜率》一课，通过现实生活中斜塔的形象提出问题，激发学生的学习兴趣。初步建立倾斜程度与角度的联系，得到倾斜角的概念，开始数学化的过程。这一过程是逐渐模型化、符号化、概括化、形式化与抽象化的过程，这些方面相互整合，揭示出数学的思想方法，展现出数学的内部力量，使学生在启"知"的过程中逐渐怡"情"。

（三）再情境化时完成数学抽象

在去情境化中引导学生逐渐加深理解并掌握课堂教学核心知识内容之后，还需通过展示适当的、与教学内容相适应的新情境或新问题，使学生在其中加以巩固，并应用所学的新知识与新的思想方法。《直线的倾斜角和斜率》再情境化的过程：

我们能否建立"直线的倾斜角"和"直线上两点坐标"之间的一一对应关系？

学生体验到"两点定角"的可行性，为不同层次的学生完成概念构建提供了一个思考的平台。建立直线的倾斜角与直线上两点坐标之间的对应关系，学生在正弦、余弦、正切三个三角函数中进行选择，鼓励学生自主探究，合作学习。将思考引向更深处，确定用倾斜角的正切值刻画直线倾斜程度的合理性，让斜率概念的生成水到渠成。整个过程既有矛盾冲突，又有思考交流，学生经历了概念萌发、概念辨析、概念升华的过程。再情境化能够提升学生应用数学知识与思想方法解决实际问题的能力，基于逻辑的抽象，达成对新知的理解和对数学思想方法感悟。

# 第二节　问题——学启于思，思启于疑

## 一、教师课堂提问

提问是教师在课堂教学中直接影响教学效果的关键性教学行为。教师通过提问这种教学方法（或手段），在教学活动中与学生进行思想交流，完成知识传授。把教师提问作为专门的研究领域始于20世纪初期。按照美国科罗拉多州立大学凯思琳教授（Kathleen）的界定："1950年之前，只是对教师的提问进行描述和评价。之后的20年，研究人员开发了复杂的系统化的观察和评价工具对教师提问行为进行直接和客观的研究。1970年开始，研究的焦点转移到探寻教师课堂提问行为与学生学业表现（如成绩、记忆力、参与度等）之间的关系上。"[10]

（一）教师课堂提问的含义

教师课堂提问作为教学过程中师生对话与交流的重要环节，是联系教师传授知识与学生学习理解掌握之间的纽带，是以语言交流为中心的教学活动。课堂提问浓缩了教师对课堂和学生的理解，设置有效问题提问可以帮助学生勇于探索、积极思考、收获智慧，是课堂教学艺术的体现。在教学行为的研究过程中，课堂提问行为被看作是独立的教学行为。[11]

课堂提问对教师而言，既可以作为即时了解学生学习状态的教学手段，又可以作为一种教学方法（如苏格拉底对话法）。教师可以通过提问启发引导、检查评估、实时监控学生的学习状态，提升学生课堂学习的参与水平。与此同时，学生在思考教师提出的问题，并尝试回答的过程中，不仅能够获得问题的结果，还能掌握知识、启迪思维、发展能力。

（二）教师课堂提问的类型和结构

根据 Bloom 的认知理论，可以将课堂提问分为管理性提问、识记性提问、重复性提问、提示性提问、理解性提问和评价性提问 6 种类型，优秀教师的理解性、管理性和评价性提问较多，能够设置问题串层层递进展开教学，经常适时点评，恰如其分地称赞或鼓励学生，既能引导学生思考，也使学生课堂参与程度提高。新手型教师的识记性、重复性和提示性提问较多，如"对不对？""是不是？""听懂了吗？"等无效提问过多，出现打断或者重复学生的回答、造成课堂学习气氛沉闷、对问题探究无法深入、课堂教学效果低下等一系列问题。课堂教学时，可根据具体教学内容，考虑采用追问递进、导引探索、比较发现、思维发散等策略设计问题串，培养学生分析、评价、创造等高阶思维品质的发展。

美国学者 Cazden 关注提问的模式研究，提出了教师提问（Initiation）、学生回答（Response）、教师评价（Evaluation）的 IRE 模式，研究表明，IRE 是出现频率最高的课堂交流模式。课堂提问作为一种教学行为，它不是单指教师向学生发问这样一个特定的行为，而是表现出一定的过程性。尽管在不同学科的课堂教学中，提问的形式多种多样，但就过程而言，却大致相同，基本包含以下 3 个阶段：

（1）提问：教师根据教学内容对知识的内容、特征或关系等进行提问；

（2）回答：学生分析问题，回忆、提取并组织相关知识做出回答；

（3）评价：教师对回答做出评价，给予反馈、矫正或总结。[12]

这一过程可以用图 3-9-2 来表示：

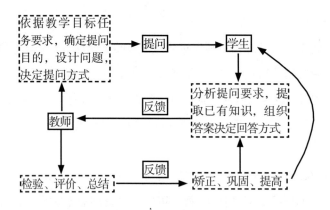

图 3-9-2　课堂提问过程图

如果不考虑提问过程中的一些细节，课堂提问过程可以用更为简洁的图 3-9-3 来表示：

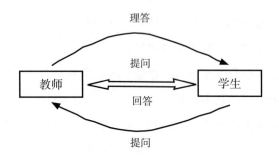

图 3-9-3　课堂提问过程缩减图

从示意图 3-9-3 可以更为直观地看出：

课堂提问的主体既有教师，又有学生。一般由教师提问开始，学生进行回答，教师对学生的回答进行必要的反馈与评价，既"理答"。如果学生能够向教师提出问题，课堂气氛就会更加活跃，其他学生对教学内容的关注程度开始提升，更利于学生在思维碰撞中产生智慧的火花。课堂提问从师生关系看，是一种对话与交流。学生知识的增长、思维的发展、认知能力的提高，都是在有效问题的问与答中得以实现的。

（三）教师课堂有效提问的特征

《现代汉语词典》中，"有效"指能实现预期目的，有效果。教师课堂提问的有效性体现在预设性和生成性两方面：教师预设问题，通过提问实现了教学目的，取得了预期的教学效果，这种提问是有效的；教学是师生之间的互动，学生对提问的回答可能不同于教师的预设，教师根据实际情况，随机应变，采取相应的教学策略，也会取得好的（甚至是非常好的）教学效果，这种关注学生知识生成的提问同样是有效的。教师课堂提问的有效性还表现在是否促进了学生的发展。学生发展包括外在发展和内在发展两个方面：外在发展注重知识的记忆、掌握、理解与应用，而内在发展则更关注知识的鉴赏力、判断力与批判力。数学课堂有效提问具有目的性、启发性、多样性、方法性、示范性、情感性等几个主要特征。[12]

### 1. 目的性

提问是实现教学目标的重要手段，教学目标决定了提问要有明确的目的性，目的性是有效提问最根本的特征。首先，课堂提问的目的性要求教师根据整节课（整个单元）教学的整体规划，设置具有明确指向、数量适中的问题，以提高教学效率，促成学生的有意义学习。课堂提问过少会让教学过程成为教师的自说自话，使课堂气氛沉闷乏味，学生很难从行为参与、情感参与上升到认知参与；课堂提问过于频繁，又会让学生没有充足的思考时间；回答形式化，也无法形成深度学习。其次，课堂提问的目的性要求关注学生的个体差异，促进全体学生的发展。优秀教师针对学生情况，在提问时选择什么样的问题、问什么样的学生、如何提问等都能有较为明确的指向，让不同层次的学生都能在课堂学习中感受到教师的关注、体验到认知的冲突、享受到成功的快乐。

### 2. 启发性

"启发"一词源自孔子的"不愤不启，不悱不发"。教师课堂提问中的"启发"，可以认为是"开导其心，使其领悟"。"启"指开启、引导和点拨，"发"指学生思维活动的发生、发展及知识和能力的自然生长。[13]

数学课堂提问既要启发学生思考并获得知识，又要启迪学生的数学思想，教会学生解决问题的方法。如波利亚的"怎样解题表"中的"提问单"，就是很好的典范。它一方面告诉教师如何运用"好的提问"去教学生解题，另一方面又使学生从中学会提问的方法，当他们进入自主学习状态时，也能通过以向自己提问的方式，思考并解决问题。

（1）数学情境是启发性课堂提问的起点

数学的研究对象是用数学符号语言组织起来的抽象化、理想化、形式化的思想材料。根据数学的学科特点，教师的工作重点在传授知识的同时更应关注培养学生学习的兴趣，调动学习的主动性。很多学生数学学习成绩不理想，并不完全是学习基础、智力水平、学习能力的问题，更多的原因在于学习兴趣、学习愿望、意志品质。数学情境作为启发性课堂提问的起点，将现实生活、科学现象、数学问题等内容，通过问题的形式展现出来，与学生的现有认知产生冲突，激发学生的学习兴趣，在思考与探究过程中产生学习心向和认知需求。鸡蛋从外部打破是食物，从内部打破是生命，对人而言，来自外部的力量是压力，内在迸发的是成长。这种内发性的学习需求，是学生深度学习的必要条件，也为学生将来的可持续发展提供了可能。

（2）知识体系是启发性课堂提问的基础

数学是逻辑严密、结构严谨的科学，数学知识体系就是数学各部分根据逻辑联系联结在一起的有机整体。从认知的角度来说，良好的知识体系是学生在理解数学知识的基础上内化生成的，是学习新知和生成新知的基础。研究表明，专家不同于常人之处在于，他们有一整套组织得很好的知识体系，支持他们进行有计划和有谋略地思维。启发性课堂提问要求教师了解学生现有的知识体系，并适时帮助学生修正和完善该体系。当问题与学生头脑中已有的数学知识体系建立自然的、内在的逻辑联系时，便能形成思维激活、情感亢奋的认知情感，引发学生激烈交流、潜心探索等数学思维活动。缺失系统知识体系的问题，是"无源之水，无本之木"，无法与学生产生共鸣。

（3）知识生成是启发性课堂提问的目标

教学中直接告知学生结论，"讲、练、测"看似提高了课堂效率，实则让师生陷入机械学习的泥淖，遏制了学生的学习热情和创造能力。启发式性课堂提问以知识的自然生成为目标，学生在学习、交流、思考中内化知识、建构体系。学生不仅学习课本内容，还能经历更深层次的思考，经历从未知到已知，由困惑到解惑的过程，完成自我的知识建构，体验知识生成的完整过程，获取数学活动经验，完成对数学问题本质的理解和感悟。

3. 多样性

有效提问的多样性主要表现在问题的多样性和提问方法的多样性。

（1）问题的多样性

首先，从问题的内容来看，数学概念、数学定理、数学命题、数学证明、数学计算等都可以成为提问的素材。如《正弦定理》一课，可以提问初中学过的知识，如："直角三角形中，一个锐角的正弦值、余弦值与直角三角形三边的关系是什么？""圆周角定理的内容是什么？"为推导正弦定理做好知识准备。证明过程中，借助问题引导学生进行分类讨论，数学计算。完成正弦定理的证明后，通过变式训练不断深化对 $\frac{a}{\sin A} = \frac{b}{\sin B} = \frac{c}{\sin C} = 2R$ 的理解，在边角互换中解决问题，强调化归与转换的数学思想。

其次，从问题的思维水平看，可能会有记忆、回忆、理解、运用、评价、创造等多种不同的层次。在上例中复习原有知识是在回忆、记忆思维层面；用正弦定理及其变式解题是在理解、运用的思维层面；构造几何图形证明定理，对不同证明方法进行比较则进入了更高阶的评价与创造的思维层面。

最后，从问题的开放程度看，有些问题是封闭性问题，有些是开放性问题，开放性问题的开放程度也各不相同。从培养学生具有发散性思维出发，开放性问题就会多一些；培养学生的收敛思维，封闭性问题就会多一些。在数学课堂提问中，常常要让学生经历从发散到收敛，在解决问题后又进一步发散的过程，教学中要根据实际情况灵活把握。

（2）提问方法的多样性

不同的学科内容，从不同的视角看会有不同的提问方法。如从提问的作用看，有复习提问、巩固提问、总结提问等；从发问的形式看，有直问、曲问、互问、反问、设问、追问等；从提问的教学要求看，有基础性提问、拓展性提问等。总之，从不同的视角看，提问的方法具有多样性。实际提问过程中，教师可根据教学内容的特点，有目的地选择适当的提问方法。

4.方法性

有效提问的方法性特征包含两方面的意思，一方面指提问本身要讲究方法，另一方面是指通过提问，给学生渗透一定的方法论知识。

（1）提问的方法

有效提问要求教师讲求方法与技巧。表述问题应当清晰明确、简明扼要，使学生能够在问题的启发下找到关键点，快速展开思考。问题与问题之间形成逻辑链条，环环相扣，步步深入，使学生在解决问题的过程中有山重水复、柳暗花明的情感体验。还可以根据数学知识的特点，采用整体规划提问，展现学生的思维过程；创设情境，引导学生主动参与；借助元认知提示语，引发学生学习的内生动机；梳理学生问题，及时给予学生回应。

（2）方法论的渗透

有效提问的方法性还体现在对学生进行方法论的渗透。教师通过提问，帮助学生获取知识的同时，还要引导学生发现并归纳解决一类问题的方法。如在解三角形的学习中，学生在运用正弦定理、余弦定理解决问题的过程中，会发现"边角互换"的方法，可以解决很多同类型的问题。与此同时，教师的提问，还能将思考问题、研究问题的一般科学研究方法渗透给学生，让学生获得将来可持续发展的终身受益的能力。

5.示范性

数学课堂有效提问的示范性包括两个方面：一方面是通过师生问答，对全体学生产生启发、引领、示范的作用。数学教学要面向全体，有效地数学课堂提问，在教师提问和学生回答的过程中，要让尽可能多的学生共同思考。但根据前苏联教育家巴班斯基在对课堂提问的研究中，发现当一名学生在回答教师提问时，只有 14.8% 的学生在注意听其回答。因此，教师在提问时，要熟悉学生的基本情况，如学生姓名、知识水平、学习能力、性格、语言表达能力等，把不同层次的问题交给具备相应能力的学生回答。一定要先出示问题，经过全体学生思考后，再指定一名或多名学生回答。这样的提问，不仅让回答者展示了自己的答案，也让其他学生的思维受到启迪，让全体师生在交流、探讨、辩论中激发灵感，共同进步。另一方面，教师的提问为学生提出问题起到参考、学习和示范的作用。"问题是数学的灵魂"，教师提问与教师对学生回答的及时回应，会鼓励学生提出问题。教师的提问水平、提问方式、提问技巧会对学生产生直接的影响。如果教师在提问之后留给学生思考时间，并鼓励学生用不同的方式回答问题，那么学生提问时也常常会允许老师和其他学生思考，并对不同观点采取包容、理解、学习的态度。高水平问题的提出是学生有效学习的重要标志。

6. 情感性

现代认知心理学认为，学习者始终朝着认知和情感两个方面做出反应，主体对外界信息的反应不仅决定于主体的认知结构，也依赖于其心理结构。心理结构中所包含的 5 种基本心理因素——兴趣、性格、动机、情感、意志相互作用，构成个体学习过程的心理环境。[14] 数学课堂有效提问可以促进学生数学学习情感的发展。具体表现在调整学生情绪、激发学习兴趣、调动学生动机等方面。

情绪具有两极性与可调节性。数学课堂有效提问，在清晰明确的阐明问题，学生经过充分思考之后，要尽量避免全体师生的齐声回答，而是根据学生的实际水平，通过点名来提问。无论学生回答的正确与否，都要及时给出恰当的回应及合理的评价。正确的回答可以进行表扬、肯定、全体鼓掌、进一步追问等，错误的回答也要指出问题、认可学生主动参与的态度、表示惋惜、提出希望。锻炼学生在不同的心理状态下自我调节的能力，使情绪处于最佳状态，进而更好地适应学习环境、增强承受能力、提高学习自信。

兴趣是较易改变的心理因素，它的随机性很大。数学课堂的有效提问可以通过创设有效情境、介绍知识背景、设置问题悬念等，引起学生的好奇心，激发学习愿望，使学生积极主动地投入火热的思考中。如将数学文化与教学内容及历史事件联系起来，从介绍电影《模仿游戏》，让学生了解图灵对计算机产生和人工智能发展做出的重要贡献；从英国新版 50 英镑纸币上的图灵头像，顺势引出"二进制与十进制的转换"的教学，学生在学习兴趣被充分调动的状态下会产生更好的教学效果。

动机可分为直接近景性动机与间接远景性动机，它既从属于人的自然属性，也从属于人的社会属性。学校、家庭、社会有意无意地将学习成绩作为驱动学生努力学习的直接动力，会引发学生显性或隐性的抵触情绪。如果数学课堂提问将人类社会的发展、民族的强盛、国家的进步、科技的繁荣等与个人的价值实现联系在一起，不仅能调动学生的学习动机，也有利于学生未来的可持续发展。

（四）教师课堂提问的策略

教师课堂提问是数学教学活动的重要组成部分，是学生生成知识、形成能力、积累数学活动经验的重要手段。教师精心设计提出问题，对帮助学生建构知识体系、学会合作交流、培养思维能力有至关重要的作用。提问是一门艺术，不仅需要整体规划，体现价值，还需要寻找时机，有效提示，及时回应。

1. 整体规划，展现思维过程

课堂提问要根据教学目标进行整体规划，用问题引领课堂教学活动，让学生在师生互动、思考探索、合作交流中收获知识、掌握方法、启迪思维。如《直线的倾斜角和斜率》设计的问题链：（1）平面直角坐标系中，选择哪个角，可以将直线的倾斜程度和角度一一对应？（倾斜角）（2）能否建立"直线的倾斜角"和"直线上两点坐标"之间的一一对应关系？（3）讨论使用倾斜角的正切值 $\tan \alpha$ 刻画直线倾斜程度的合理性（斜率）。学生从直线的倾斜程度，抽象出倾斜角的概念，进而数形结合，得到斜率与倾斜角的一一对应关系。师生在问与答的过程中经历了基于现实的抽象和基于逻辑的抽象，开始接触到解析几何最基本的方法"坐标法"，学生的思维过程得到了充分展示。真实的问题情境，动态的学习过程，鲜活的数学活动经验，提升了学生的思维水平，为以后的学习奠定了坚实的基础。

2. 认真分析，体现问题价值

简单的、低水平的、重复性的问题有时是需要的，但对思维提升的作用极其有限。由易到难、层层递进的问题设置，可以将问题的内在价值在师生互动中，经历剥茧抽丝而逐步呈现出来。如《直线的倾斜角和斜率》在生成"斜率"这一概念时，提出问题"倾斜角的正弦值、余弦值和正切值，哪一个用来刻画直线倾斜程度更合理？"学生在讨论中发现，正弦值不能反映倾斜角与直线倾斜程度的一一对应关系，余弦值可以反映出一一对应的关系但关系式比较复杂，用倾斜角正切值刻画直线的倾斜程度是最适宜的。深层次的问题，引导学生进行深入的思考和探究，运用三角函数的知识，以及分类讨论和数形结合的思想，通过数学运算和逻辑推理，自然地生成了"斜率"这一核心概念。学习的过程既体现了问题的知识价值，也体现了问题的思维价值和情感价值。[15]

3. 把握关键，寻找提问时机

教师授课过程中不与学生进行充分的交流固然不可取，但从"满堂灌"变成"满堂问"，同样不利于学生的有效学习，易让学生产生疲劳和倦怠。提问必须抓住时机，相机诱发，才能使提问容易达到最佳教学效果。如《直线的倾斜角和斜率》，学生发现"已知一个定点和倾斜角可以确定一条直线"，也知道"两点确定一条直线"，抓住时机，提出问题"我们能否建立'直线的倾斜角'和'直线上两点坐标'之间的一一对应关系"。在教学的重难点处及关键节点设置问题，引发学生的思考。师生互动共同解决问题的过程，是知识生成的过程，也是思维能力提升的过程，更是核心素养培育的过程。

4. 有效提示，运用元认知语言

元认知可以简单地认为是"关于认知的认知"。元认知活动的内容则是对认知主体和正在进行的认知活动进行智力操作，如"我是否深入分析了直线的倾斜角与直线上两点坐标之间的关系（监察）？我对能否用倾斜角的正弦值刻画直线的倾斜程度的判断是否正确（监察）？我的计算过程是否正确（监察）？我所进行的工作对解决问题是否有利（预测）？能否用别的三角函数值刻画直线的倾斜程度（调节）？"等。元认知提示语主要针对认知主体自身，对主体内在的心理、抽象的认知过程等进行提示或发问，促使学生对个人的认知活动进行自我调节、自我监控。"你以前见过它吗？""你知道一个与此相关的问题吗？""现在有一个与你问题相关的问题，你能利用它吗？""你能不能重新叙述这个问题？你能不能用不同的方法重新叙述这个问题？""你是否利用了所有的条件？""你是否考虑了包含问题在内的所有的概念？"元认知活动的目的是监控认知活动的进展，给主体提供有关进展的信息，间接地促进和推动这种进展。元认知提示语可以为学生提供"内部的帮助"，为具备知识储备和掌握解题方法并希望解决问题的学生，给予依靠自身解决问题的助推力。

5. 及时分析，整合学生回应

教师提出关键性的问题，留给学生充分思考和讨论的时间，学生的回答可能符合教师的预设，教师肯定学生的回答之后，可以顺利进入下一个环节。但是课堂教学往往会出现意料之外的情况。如果学生回答错误，教师可以和学生一起分析原因，是知识性的错误、方法不恰当、计算出现失误，还是逻辑推理不正确，师生共同纠错的过程可以引起全体学生的注意；如果学生的回答虽然正确，但不符合教师的预设，教师可以组织学生讲解、比较、分析不同的方法，肯定学生的能力。即使学生的方法有缺陷，也要鼓励学生坚持自己的观点，不要轻易放弃自己的想法，在课后继续研究、修正、完善，最好能够在条件成熟时进行展示。教师应充分尊重学生的人格和学生在数学学习上的差异，通过课堂提问，及时分析、整合学生的回答，促进全体学生的课堂参与水平，完成高效学习。

总之，教师的课堂提问是促进学生思维发展的有效手段，是实现教学目标的基本方法，好的问题可以让教学效果事半功倍。教师应在总结、反思和进一步学习的基础上，提高提问的有效性，设计出具有较强目的性和启发性的问题，减少简单的是非问题、识记性问题或者无效的反问，关注不同层次学生的需求，以实现共同进步的目标。

## 二、学生提出问题

我国高中数学教学一贯重视通过课堂提问，复习旧知、引入新知、启发思维、增强互动开展教学，但在教学实践中，更多的是以教师提问为主导，学生被动回答，学生主动提出有价值问题的情况比较少见。近年来，随着新课标、新教材、新高考的推进，对学生的提问的关注程度越来越高。数学教学中学生提出问题，可以让学生对学习中发现的问题质疑问难，由此提出新观点，发现新问题，开展研究性学习。教师应充分认识到学生提出问题对学生主动学习的重要性，了解并掌握培养学生提问的教学策略，在教学中给学生提问的机会和时间，真正发挥学生在学习中的主体作用。

（一）学生提出问题意义

《课程标准》指出："通过高中数学课程的学习，学生能获得进一步学习以及未来发展所必需的数学基础知识、基本技能、基本思想、基本活动经验（简称'四基'）；提高从数学角度发现和提出问题的能力、分析和解决问题的能力（简称'四能'）。"数学史上，数学家通过提出前瞻性的问题、猜想，使数学学科一次次焕发出新的生命力。爱因斯坦曾说过："解决问题也许是一个数学上或实验上的技能而已，而提出新的问题、新的理论，从新的角度去看旧的问题，却需要创造性的想象力，而且标志着科学的真正进步。"最好的老师，不仅要教会学生学习知识，还要引导学生学习、启发学生思考、教会学生主动提出问题。"学贵知疑，小疑则小进，大疑则大进"。研究表明，学生的提出问题表现和问题解决表现具有较高的相关性。[16]简而言之，学生提出问题具有重要的意义，尤其是能够提出有价值问题的学生，解决问题的能力相应更强。

1.体现学生主体地位

学生主体性地位的体现表现在学习过程中的自主性和能动性。如果话语权被教师完全控制，学生只能亦步亦趋跟随教师的节奏被动学习，学生的自主意识、问题意识很难得到充分发挥。如果将培养学生提出问题作为教学的重要目标，教师在教学过程中，不仅展示预设的问题，还引导和鼓励学生进行深入思考，发现问题，提出问题，教师成为学习的参与者、合作者。学生主动探究的心向被激发，通过师生、生生、生本之间的有效互动交流，学生在解决问题的过程中学习了知识、学会了思考、获得了真实的数学活动经验和情感体验。学生在学习过程中的主体地位真正得到了体现。

2. 促成学生知识建构

建构主义认为，社会性的互动是促成知识建构的重要因素。学生求取新知时，一方面，要以原来的经验为基础；另一方面，因新知识的出现，又对原有经验进行重组和改造。[17]学生提问的过程，是认知发生冲突，继而产生解决问题的愿望，探寻建构知识的中介，对问题得到新的经验和理解的过程。学生在整个过程中积极思考，把新经验同化进已有的图式，同时新图式的形成过程会合并更多的新经验，既有利于问题的解决又有利于有意义的知识建构。

3. 激发学生创新思维

创新源于问题，敏锐地发现并提出问题，是杰出人才开创性工作的关键。德国数学家希尔伯特说，一个学科如果没有了问题，就意味着死亡。他在 1900 年巴黎举行的第二届国际数学家大会上，做了题为"数学问题"的著名讲演，整个讲演的核心部分则是其根据 19 世纪数学研究的成果与发展趋势而提出的 23 个问题。这 23 个问题涉及现代数学大部分重要领域，被誉为 20 世纪数学的"一张航图"，极大地推动了 20 世纪数学的发展。[18]

"提出问题"是学生创造性的思维活动。学生在学习、生活中，对某个问题进行独立思考，在充分的观察、分析、综合、实验、抽象之后，产生不同于他人的见解，才能提出有价值的问题。这个过程，体现出学生勤于思考、敢于质疑、敢于创新的优良心理品质。[19]

"提出问题"是学生由"知"走向"识"的必经通道。在数学学习中，学生掌握一定的定理、公式、计算技巧之后通过大量重复机械的训练可以提升解题能力。但要求学生提出有价值的问题，不仅需要积淀数学知识，还需要深化概念理解、领悟数学思想、能够独立思考、敢于表达观点，成为有"见识"的学习者。

"提出问题"是学生发展的重要途径。时代呼唤创新，数学教学要教会学生不人云亦云，培养独立思维、创新精神，帮助、引导、鼓励他们学会提出有价值的问题。为国家培养能够推动科技进步和社会发展的创新型人才。

（二）学生提出问题的评价

在数学活动中，"学生提出问题"是指以问题生成为基本形式的数学探究活动，学生在情境中思考、探究产生问题；在解决问题的过程中，从不同的角度对问题进行阐述。提出问题是创造性活动的一个基本特征。[20]研究者就从托伦斯创造性思维测验中得到启发，提出了用以表征提出问题能力的三要素：

（1）问题的数量——思维的流畅性。

（2）问题的种类——思维的灵活性。

（3）问题的新颖性——思维的独创性。

以问题的数量、问题的种类和问题的新颖性作为指标，可以帮助教师动态的评价学生提出问题的能力，制定和改进教学策略，培养学生自主意识和创新精神。[21]

1. 问题的数量

问题的数量可以作为评价学生提出问题能力的一项基本指标。提出问题无论是作为教学手段，还是作为教学目标，都要求教师关注学生提问。教师可以比较同一学生在不同时期的提问数量，也可以比较不同学生、不同班级在同一时期的提问数量，考查学生或班级的问题意识与提出问题的能力。不同的课型，学生提问的数量会明显不同。试题讲解课，学生在认真答卷后会产生很多问题；作业讲解课，学生在课下完成作业时会产生一些问题，但因为学生之间的相互影响，以及手机等工具的使用，学生在解决一部分问题的同时，也会有相当数量的问题被隐藏起来。学生问题的提出与其在收集、处理信息时产生的思考密切相关。关注学生思考、发现、表达问题，将提问的数量作为评价学生提出问题能力的基本指标，不只是关注问题的数量，而是要引导学生在问题意识的驱动下去发现和提出有价值的问题。

2. 问题的种类

从提出问题的种类进行评价，就是关注学生能否从不同的角度观察、思考和提出问题。图中（见图3-9-4）显示了数学问题分类的层级关系：数学问题分为"非拓展性问题"和"拓展性问题"；下一层级为"可解决问题"和"不可解决问题"；"可解决问题"又分为"简单问题"和"复杂问题"。其中，有研究意义的"可解决的非拓展性问题"和"可解决的拓展性问题"是有价值的数学问题；过于简单的"可解决的非拓展性问题"和"不可解决问题"是没有价值的问题。将问题的种类作为评价学生提出问题能力的重要指标，有助于转变学生的思维模式、学习习惯，培养思维的创新性和灵活性。

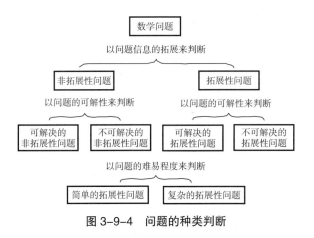

图3-9-4　问题的种类判断

### 3. 问题的新颖性

数学问题的新颖性是指其在某个数学领域的独创性，是反映创造性思维的核心要素。在具体教学实践中，"问题"存在与否取决于学生的知识水平、思维能力、学习态度等，"问题的新颖性"同样也是相对的。按照托伦斯创造性思维测验的基本思想："独创性的分数是由统计频数所决定的。如果被试的想法或观点罕见于常模所记录的学生的想法，就可以认为这种想法具有独创性。"[22]因此，在判定学生提出问题的新颖程度时，教师除了直觉判断外，可以对相同年龄、相同年级、相同班级的学生问题进行统计、分析，以确定问题的独创性和新颖程度。新颖的问题至少应具备两个特征：原创性——问题是学生独立思考后获得的与众不同、出人意料、不落俗套的观点、想法或疑问，使其他学生有耳目一新的感觉；合理性——问题符合数学的逻辑性、简洁性、趣味性，既在意料之外，也在情理之中。

### （三）培养学生提出问题的策略

培养学生提出问题的能力，是课程改革的重要目标。创新源于问题，创新是民族进步，国家强盛的不竭动力。

### 1. 营造和谐课堂氛围

青少年学生思维活跃、精力旺盛，但由于这一时期自尊心强、敏感度高，容易产生紧张感、焦虑感、挫败感。学生能否提出自己的问题，取决于教师营造的课堂氛围。陶行知先生说："你的教鞭下有瓦特，你的冷眼里有牛顿，你的讥笑中有爱迪生。"学生提出基础的、简单的甚至是错误的问题时，教师首先要肯定其独立思考的品格、严谨认真的态度、求真求实的勇气，然后再采取适当的教学方法解决问题。人本主义心理学认为，只有个体得到充分的心理安全和心理自由，才能充分发挥和发展他的创造力。学生提出的问题是其认知水平的体现，教师在学生提问时热情鼓励，认真倾听，正确引导，就能营造和谐、宽松、民主的课堂氛围，既肯定了提问的学生，也帮助其他同学克服畏难情绪，将注意力集中在学习上，认真思考、敞开心扉、大胆提问。

### 2. 创设有效问题情境

数学教学中创设生活情境、科学情境、数学问题情境，引发认知冲突，诱发质疑猜想，唤醒问题意识，引发学生的好奇心、发现欲和求知欲，将问题数学化，开启观察、分析和质疑的学习过程。好的数学问题情境，要具备以下条件：

（1）科学性——创设情境的材料科学合理、符合逻辑、自然可信。

（2）探究性——创设的情境能唤醒发现、探究、创造。

（3）教育性——情境要结合教学内容，借助学生思维的"最近发展区"进行创设，让学生既能收获知识，又能培养情感、意志、情怀，有利于学生的全面发展。

（4）趣味性——情境的内容生动有趣、丰富充实、新颖别致，符合时代特征和学生心理特点，能引起学生关注、探究、思考。

3. 培养学生问题意识

问题意识是学生在认知活动中，产生质疑、困惑、渴望、焦虑等心理状态，激发个体积极思考、勇于质疑、大胆猜想，进而提出问题的意识，其行为表现有好奇、质疑、困惑、探究、揣测等。问题意识是深层思考的发端、提出问题的前奏、探究创新的开始。

培养学生的问题意识，教师要在教学中留给学生思考的空间，让学生大胆猜测，合理想象；要教给学生拓展、延伸、变换问题的方法，让学生学会提问；要充分发挥元认知监控的作用，鼓励学生对自己的行为进行反思、质疑，激发学生进行发散性思维，逐步培养学生的问题意识。

4. 提高学生提问能力

马赫穆托夫认为，提出问题分为三个阶段：（1）分析问题情境；（2）看出问题本质；（3）用语言概述问题。Brown 和 Walter（1983）通过大量的实证研究，提出了著名的"what-if-not"（意思是如果它不是这样的，那又可能是什么呢？）提问策略。"授之以鱼，不如授之以渔"，教给学生提出数学问题的方法有利于培养学生的创新能力和科学精神：

（1）因果联想法。遇到数学问题，思考为什么有这个结论，条件和结论有什么联系，怎样得到这个结论，条件改变对结论有什么影响等。

（2）比较分析法。比较相近概念之间的异同，进而发现问题，寻求解决问题的方法。

（3）扩大成果法。公式、定理、方法能否推广、引申，得到更为一般的结论。

（4）特殊化方法。在特殊情况下得到的结果能否在更一般的情况下成立，会有什么变化，如何解决。

（5）变化条件结论法。改变问题的某个条件，结论有什么变化；改变结论，看看条件如何变化。

（6）逆反思考法。思考命题的逆命题是否成立，由结论能不能推出条件。

（7）实验观察法。在实验操作的结果中分析、提出问题。

5. 合作交流发现问题

合作交流学习可以让学生在民主、平等、互动的学习环境中，相互交流、大胆质疑、张扬个性。学生在思维碰撞中产生智慧的火花，完成发现问题、分析问题、提出问题、解决问题的学习过程。教师应完成自身角色的转变，成为学生的同伴，为学生学习提供服务：（1）合理的小组分工，组间同质，组内异质，做到优势互补，公平竞争；（2）精心设计问题情境；（3）引导学生深入思考、质疑批判、全面探究；（4）出现困难时，全方位、多渠道适时引导帮助学生，保护学生的学习热情和积极性；（5）及时反馈，总结反思，鼓励学生共享研究成果。

# 第三节　"情境—问题"数学教学实践

## 一、"情境—问题"与数学核心素养

《课程标准》指出："基于数学学科核心素养的教学活动应该把握数学的本质，创设合适的教学情境、提出合适的数学问题，引发学生思考与交流，形成和发展数学学科核心素养。"其中，情境主要是指现实情境、数学情境、科学情境，问题是指在情境中提出的数学问题。国际 PISA 测试中将数学情境与问题分为个人情境、社会情境、职业情境和科学情境，并设置了相应的问题。该分类根据学生在今后工作和生活中可能遇到的情境与问题由近及远地进行分类，以考查学生在面对这些情境时解决问题的能力。每种情境又根据情境本身的复杂程度分成熟悉、关联和综合等三个类别，学生在不同的情境水平下解决相应的问题，则可以认为已达到相应的数学核心素养的水平。[23]

数学核心素养是未来合格公民所应具备的最基本、最重要的学科素养之一。六大数学核心素养之间相互联系，相互影响、相互融合，内化成学生不易外显的重要数学品质。这种数学品质不能由单一知识传授直接获得，需要借助精心设置的情境，在解决问题的过程中潜移默化地形成和发展。因此，需要从情境与问题的视角出发，为学生营造合作交流的氛围，关注学生的思维过程，抓住数学本质，启发学生独立思考。立足"四基"，打好数学学习的基础；强化"四能"，提高情境中解决问题的能力；培养"三会"，养成思维与行动的习惯，让学生在数学学习活动中逐步形成和发展数学核心素养。[24]

（一）情境与问题——数学抽象对象的来源

恩格斯在《自然辩证法》中说："全部所谓纯数学都是研究抽象事物的。"徐利治先生认为："凡数学中确立的各种基本概念、定义、公理、定理、模型、推理法则、证明方法等都可称为'数学抽象物'。"[25]《课程标准》指出："数学抽象是指通过对数量关系和空间形式的抽象，得到数学研究对象的素养。主要包括从数量和图形及它们的关系中抽象出数学概念及其关系，从事物的具体背景中抽象出一般规律和结构，并用数学语言予以表征。"

情境与问题是数学抽象对象的来源。数学活动的开展要求学习者能将所遇到的情境进行数学化和抽象化，得到数学概念和规则，用确切的数学语言进行表达，联系已掌握的数学知识解决问题，并将结论再回归到实际情况予以验证。数量、图形和具体的事物都可以蕴含在数学情境与问题中，成为学生数学抽象的对象。

按照数学抽象与情境之间的关系，可以将数学抽象分为基于现实的抽象和基于逻辑的抽象。基于现实的抽象是指舍去具体情境中事物或现象的一切质性属性，抽取出量的关系或空间形式方面的本质属性的过程；基于逻辑的抽象是指在已有数学抽象物的基础上进一步抽取出量的关系或空间形式方面的本质属性的过程。

数学情境主要分为现实情境、科学情境和数学情境。

现实情境中的数学抽象，主要指将日常生活、社会环境、历史事件中的事物或现象，摒弃其他非本质属性进行抽象的过程。例如，教师可以介绍古希腊毕达哥拉斯学派在海滩上用石子表示的三角形数 1、3、6、10…或正方形数 1、4、9、16…，以此抽象出数列的概念，这是基于现实情境的抽象。通过研究数列，发现某些数列可以建立第 $n$ 项与序号 $n$ 之间的关系，从而得到数列通项公式的概念，推导等差数列、等比数列的通项公式，这就是基于数学情境的抽象。

科学情境中的数学抽象，主要是指将科学发现、科学创造、科学实验中的事物或现象进行抽象的过程。例如，从花瓣的个数、树木新生的枝条数抽象出斐波那契数列是基于科学情境的抽象，研究斐波那契数列的通项公式、性质是基于逻辑的抽象。

数学是通往科学大门的钥匙。在现实情境中进行数学抽象能够让学生感受到数学的实用性，在科学情境中进行数学抽象能够让学生体会到数学应用的广泛性。现实情境和科学情境都是源自生活的，数学情境需要在数学抽象物的基础上进一步抽取出量的关系或空间形式的本质属性，它们都与现实生活场景或直接、或间接产生相应的联系，其实质是根植于客观现实世界的。

（二）情境与问题——逻辑推理活动的背景

"逻辑推理是指从一些事实和命题出发，依据规则推出其他命题的素养。"这里的"事实"是指客观世界中的真实存在，包括现实情境中的事实、科学情境中的现象。"命题"是判断一件事情真假的语句，是指具体情境中的事物、现象或者数学情境中的概念、结论。情境与问题是进行逻辑推理活动的背景。逻辑推理主要关注数学内部的发展，但离不开现实情境中客观规律和数学情境中数学规律的支撑，是建立在情境基础上的抽象思维活动，它既保证了数学的严谨性，也是数学活动中相互交流的基础。

逻辑推理能够揭示出隐藏在情境中的事物或现象背后的本质规律，能够预见事物或现象的发展变化趋势，是思维品质深刻性的重要标志，是数学活动和数学理解的重要方式。在现实情境中，教师可以借助日常生活中事物、现象，引导学生通过归纳、类比进行分析推理，发现数量或图形的性质及关系，并用逻辑推理的方法进行论证。例如，井盖为什么是圆的，而不是方的；全世界新冠疫情的感染人数及其变化趋势等；在科学情境中，教师可以让学生利用逻辑推理的规则和方法分析物理、化学、生物、天文学、气象学、考古学等学科的发现，提出问题，发现结论，培养能力。特别是运用自制教具、数学软件（几何画板、GeoGebra 等）、图形计算器等进行数学实验，发现结论，然后使用逻辑推理的方法进行验证，可视化程度的提高增加了学生的参与程度，具有较好的教学效果；在数学情境中，教师则可让指导学生运用数学公式、概念、方法进行逻辑推理或论证。如解析几何学习中，发现并证明椭圆中点弦的斜率公式，将其推广到双曲线中，探求椭圆、双曲线、圆中相关结论的统一公式。

（三）情境与问题——数学建模体验的素材

数学建模是"对现实问题进行数学抽象，用数学语言表达问题、用数学方法构建模型解决问题的素养"。主要强调数学知识在现实世界情境中的应用，体现了数学应用的广泛性。数学建模素养是一项综合性很强的数学素养。数学建模的素材来源于现实世界中的情境与问题，现实世界的复杂性决定了在不同情境下，描述客观世界中数量关系和空间形式普遍规律的复杂程度也不同。数学建模的过程是由现实世界中，立足数学的视角发现和提出问题，与数学知识与方法结合，分析、建立模型，检验模型的正确性和可靠性，改进和完善数学模型并用以解决实际问题。数学模型是数学应用在现实世界中的最直观的体现，搭建了数学与外部世界的桥梁，能让学生充分体会到数学与实际生活的紧密联系。

高中阶段，学生的数学知识和数学认知能力有限，对现实世界复杂情境中诸多影响因素的理解、分析还不够成熟，无法解决复杂现实情境中的真实问题。教师可以剔除一些复杂的现实因素，向学生提供经过简化的、熟悉的现实情境，解决理想化了的现实问题，培养学生具有运用数学的语言和方法，描述和解决现实情境中实际问题的意识。

这样做的目的不在于真正解决现实问题，而在于让学生多次经历完整的数学建模过程，积累利用数学建模解决现实问题的经验，实现能够在熟悉的实际情境中，模仿学过的数学建模过程解决问题。随着学生数学知识的增加和数学认知能力的增长，教师可以逐步放宽情境中的各种现实条件，逐渐增加情境中的复杂现实因素，直至提供给学生完全真实的现实情境，让学生构建适合完全真实现实情境需要的方程或函数模型，通过多次体验和经历真实的数学建模活动，积累完整真实的数学建模经验，形成数学建模素养。

在现实情境中，教师可以创设与学生生活息息相关的情境与问题让学生建模，如根据存款利率选择存款方式、根据商场促销活动选择购买方案等，这些都是学生熟悉的、蕴含数学模型的实际生活情境。

在纯数学情境中，教师也可以让学生对数学对象之间的关系进行数学建模，例如，教师可以让学生对两组变量数据进行分析并拟合出相应的函数，让他们体会在纯数学情境中建立函数模型的过程。

在科学情境中，教师可以给出一些简单的科学研究的情境，例如，生物中的体重与脉搏频率、体重与体积之间的关系模型，可给出相应的数据，让学生用模型思想进行分析并提出问题，建立模型。值得注意的是，中小学阶段的数学建模素养的培养，应该让学生体会熟悉情境中完整的数学建模过程，让他们不断地模仿数学建模的过程，积累数学建模的经验，直至在面对复杂的现实问题情境时，才能够进行完整的、有意义的数学建模。

（四）情境与问题——直观想象发展的媒介

"直观想象是指借助几何直观和空间想象感知事物的形态与变化，利用空间形式特别是图形，理解和解决数学问题的素养。"直观是指不需要经过充分的逻辑推理，只是借助经验、观察、类比、联想，所产生的对事物关系直接的感知与认识[26]。几何直观是借助于见到的（或想象出来的）几何图形的形象，对数学的研究对象（空间形式和数量关系）进行直接感知、整体把握的能力。[27]想象则是人在头脑里对已储存的表象进行加工改造、形成新形象的心理过程，它是一种特殊的思维形式。数学中的想象通常指对客观事物的空间形式进行想象的过程。培养学生的直观想象能力，就是在培养学生的数形结合能力、几何直观能力和空间想象能力，是培养学生创新思维的前提。

直观想象是学生以具体情境与问题为媒介，抽象出实物的几何图形，感知实物、图形和数量之间的关系，借助图形的性质和变换提出数学问题，发现数学规律，体验直观想象、生成数学直观能力的过程。按照直观想象与情境之间的关系，可以将直观想象分为两大类：现实情境的直观想象和数学情境的直观想象。现实情境的直观想象需要借助与数学对象相关联同时又是现实生活中常见事物或现象，让学生感受数学与现实的联系。例如把平静的湖面想象成平面，把一束激光想象成直线，想象向日葵种子的排列是斐波那契螺旋线，想象有一根可以绕着一点转动的长杆，有一只小虫沿着杆匀速向外爬去。当长杆匀速转动的时候，小虫画出的轨迹是阿基米德螺线。数学情境的直观想象需要借助与数学对象有关联的纯数学情境中的符号或图形，例如为了解决著名的哥尼斯堡七桥问题，欧拉把哥尼斯堡的七座桥直观成线，把桥两端的陆地直观成点，把"是否可能从这4块陆地中任一块出发，恰好通过每座桥一次，再回到出发点"经过数学抽象后，想象成一笔画的几何问题。

培养直观想象素养，可以借助大量具体的现实情境和抽象的数学情境，提出层次不同的问题，学生经过认真仔细的观察和深入细致的思考，对头脑中这些实物表象和模拟实物表象抽象与概括、记忆与联想、对比与加工，将情境和数学对象进行深度关联，逐步积累丰富的数学活动经验，形成和发展直观想象素养。

（五）情境与问题——数学运算处理的对象

"数学运算素养是指在明晰运算对象的基础上，依据运算法则解决数学问题的素养。"从情境的角度来看，数学运算本身主要发生在数学情境中，属于可以脱离现实情境中的具体事物而存在的一种数学抽象思维活动。但是数学运算作为一种解决科学研究和社会生活中很多实际问题的重要方法，又离不开客观世界现实情境的依托和限制。譬如，张益唐被称为数学界的扫地僧，他于 2013 年 5 月在著名的数学刊物《数学年刊》上发表论文《素数间的有界距离》，神奇地论证了"存在无数对相邻素数（质数），它们的相差不过 7000 万"，为解决孪生素数问题做出了重大贡献。张益唐的研究可以不考虑现实生活中的客观因素，纯粹在数学情境中进行数学运算。但是如果要解决社会生活或生产实践中的具体问题，就需要考虑现实世界情境中的各种因素。如预测经济的发展速度、计算卫星的运行轨迹等。数学运算素养应该是每一个公民都需要掌握的基本素养，它与我们的生产、生活息息相关。它不仅可以帮助我们运用运算方法解决实际问题，还可以促进我们数学思维的发展，养成严谨求实的科学精神。

数学运算的对象多种多样，有简单的数字计算，也有复杂的数学方程或算式的计算，甚至极限、微积分、行列式和微分方程等。良好的数学运算素养需要学生能够在科学、社会和生活等现实情境中，具备将现实问题转化为运算问题，确定运算对象、运用运算法则、明确运算方向的能力，同时根据现实情境的需要设计和构建合适的算法和运算程序，养成严谨缜密的程序化的思想，理解、表达和解释问题的思维习惯。

（六）情境与问题——数据分析开展的前提

"数据分析是指针对研究对象获取数据，运用数学方法对数据进行整理、分析和推断，形成关于研究对象知识的素养。"从情境的角度看，数据来源于客观现实世界，所有承载信息的数字、语言、信号、图象以及产生这些信息的背景都构成数据。大数据时代，人们在科学研究和社会生活中进行数据分析，有价值的数据无法凭空想象和随意编造。数据分析是不仅是简单的数字运算和图表制作，而是在现实情境中根据实际问题的需要，对数据进行收集和整理，识别有价值的数据，理解数据的意义，建立分析模型，借助数据分析软件，运用统计方法对数据进行分析和判断，得出结论并解释结论的意义和价值。

数据分析素养的教学应该为学生提供现实情境、科学情境、数学情境中的典型案例。在现实情境中，教师可以让学生收集学校食堂学生用餐等待时间的数据，让他们观察这些数据并提出相应的问题，例如，怎样能够减少学生就餐的等待时间？让学生对问题进行分析，给出合理化建议。体验从数据收集到结论产生的整体过程，明白数据分析在日常生活中的重要作用。在科学情境中，教师可以提供科学实验数据，让学生根据实验数据进行分析并得出结论，培养他们严谨的科学精神，体会数据分析在科学实验中的重要地位。在数学情境中，教师可以让学生对已有的数据相关概率和统计问题进行分析，培养他们处理数据的能力。

高中学生通过数据分析研究简单实际问题，培养依据数据思考理解、表达观点、解决问题的意识，发展选择恰当方法正确使用数据、分析处理数据的能力，在情境中经历较为系统的数据分析过程，积累数据分析的经验，形成数据分析素养。

## 二、数学"情境—问题"教学模式

### （一）数学"情境—问题"教学模式简介

贵州师范大学数学科学学院的吕传汉、汪秉彝两位教授率领研究生和一线骨干教师组成的研究团队，从 1987 年到 2017 年，历经了长达 30 年，在三种文化背景下完成了数学课堂教学的递进、动态研究，构建了中小学数学"情境—问题"教学模式。《中小学数学"情境—问题"教学 30 年实践探索与理论建构》项目于 2018 年获得基础教育国家级教学成果奖一等奖。

"情境—问题"教学所倡导的数学教学如图 3-9-5 所示。

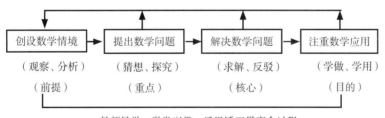

图 3-9-5　"情境—问题"数学教学基本模式

在该数学教学基本模式的 4 个环节中，创设数学情境是前提，它对引导学生开展数学探究起着思维导向、激发动机的作用；提出数学问题是关键，这是在数学教学中培养学生问题意识与创新能力的窗口和有效切入点；解决数学问题（尤其是解决非常规问题）是核心，这对于培养学生的分析问题和解决问题能力起到至关重要的作用；注重数学应用是目的，发展学生应用数学知识解决实际问题的意识对形成实践能力和激发创新能力是行之有效的。

同时，这一模式的4个环节是互相联系、互为前提的。因为在数学情境中可以提出数学问题，同时一个好问题又可以作为一个新情境呈现给学生；提出数学问题与解决问题如影随形、携手共进。按照波利亚的解题理论，提出问题是解决问题必要而有效的途径，在解决问题的同时也可以发现和提出新的问题；应用数学知识解决问题本身就是一个解决数学问题的过程，而在数学知识的应用过程中也可以提出有意义的数学问题。一个好的数学应用问题本身就是一个好的数学情境。所以，该数学教学基本模式构成了"情境—提问—解决—应用—情境—提问—解决—应用……"不断延伸的数学教学程式，它可以看成是一个"活的""有生命力的""创新型"的数学教学基本模式。

（二）数学"情境—问题"教学模式的形成和发展

为探究培育创造性人才的中小学数学课堂教学模式，贵州师范大学吕传汉、汪秉彝两位教授在1997年3月到1995年12月组织一线教师和高校有关专家对中国中小学数学课堂教学进行反思，认为中国的中小学数学课堂教学存在的主要问题：第一，学生问题意识不足。提出数学问题能力差，表现为专于学答，疏于学问。第二，问题探究思维薄弱。表现为课堂重知识结果的教学，轻过程的教学，重演绎推理，轻归纳类比。第三，教学创新路径不清。表现为缺少对教学逻辑的关注。由此提出解决问题的过程与方法。

关于解决问题的过程，30年的实践探索经历了三个阶段。第一阶段是1987年到1996年的萌芽阶段，这个阶段的主要研究工作是挖掘梳理民族数学文化情境。第二阶段是1997年到2013年的中小学数学问题教学实验阶段，这个阶段的主要研究工作构建实践中小学数学"情境—问题"教学模式。第三阶段是2014年到2017年的"三教"加"情境—问题"教学升华阶段。2014年1月，吕传汉教授提出课堂教学教思考、教体验、交表达，简称"三教"，培育学生数学素养。用"三教"加"情境—问题"教学，促进学生学会思考、学会体验、学会表达。由对教师教的研究转向对学生学的研究，促进学生核心素养的发展。

关于解决问题的方法，他们主要采取下列三种方法：一是以"数学情境—问题教学"促进学生问题探究意识的发展。二是以"三教"理念引领情境问题教学，促进学生数学核心素养的发展。三是以"说"为学习的切入点，作为教学创新的逻辑起点。

中小学数学"情境—问题"教学成果的创新之处，首先是形成了中小学数学"情境—问题"教学模式，经过十余年对民族数学文化情境的挖掘和梳理，以及中美两国跨文化背景下学生问题意识的实证研究，逐步构建和形成了一种以培养学生创新意识和实践能力为宗旨的数学"情境—问题"教学模式。其次是从跨文化数学教学研究的视野，为数学"情境—问题"教学赋予特有的文化基因。在基于思维发展的民族文化情境的发掘中，开展了如羌族数学史初探、水族文化中若干数学因素浅析、彝族数学初考、民族数学文化与数学教育等研究。这些研究蕴含了大量植根于其中的民族文化和跨文化的经脉，为数学"情境—问题"教学的实践与发展赋予了不同于其他教学方法的文化基因。三是形成了基于"问题—情境"的关系映射反演原理的思维范式。它是基于"问题—情境"的RMI原理及关系映射反演原理的思维范式，把数学情境映射为数学问题，把所得的数学结论反演回去，从而深化对已有数学情境的认知。"RMI"原理的全称为"关系（Relation）映射（Mapping）反演（Inversion）"。

　　数学"情境—问题"教学实验30余年的教学实践研究效果十分显著。一是研究成果丰硕，学生问题意识发展较好。在改革课堂教学的实践探索中，他们出版了《数学情境与数学问题》（北师大出版社，2005年8月）等11本著作，发表了400余篇教学研究文章和教学案例，学生独立思考能力和问题意识的发展较好。二是中国教育学会和贵州省教育厅推广。中国教育学会2005年在重庆市及2007年在浙江余姚市召开了两次数学"情境—问题"教学法的全国推广会。贵州省教育厅于2006年2月下文在全省中小学推广数学"情境—问题"教学实验（黔教办学〔2006〕40号文）。三是将核心思想纳入数学课标和写入高师数学教育教材。数学"情境—问题"教学法的核心思想是"发现问题，提出问题"，已写入《义务教育数学课程标准（2011年版）》的总目标当中。2004年，在张奠宙、宋乃庆主编的国家规划高校教材《数学教育概论》一书中，把数学"情境—问题"教学法学习基本模式归入我国影响较大的几次数学教学改革实验加以介绍。四是受全国同行学者广泛引用，影响力大。数学"情境—问题"相关论文被大量引用，从1992年至2013年，《论中小学"数学情境与提出问题"的数学学习》等3篇文章被引用次数高达164.33次。根据近20年的知网论文统计，贵州师范大学教授吕传汉、汪秉彝因在其领域的建树和影响入选2017年中国哲学社会科学最有影响力学者排行榜。五是课堂教学改革实践，催生出一批样板学校。如贵州省兴义八中，该校坚持15年教学法实验，发展成为贵州省一流的示范性高中。贵州省兴义市黄草中心学校学生学习能力提升，提出问题与解决问题效果很好，2004年获贵州省教育厅授予的课程改革第一块铜牌，发展成为贵州省名校。浙江省余姚市实验学校形成敢问、会问、善问的"情境—问题"校本课堂教学模式，已由数学学科迁移到语文、英语、科学等学科，发展成浙江省名校。

　　在全面深化课程改革的今天，要通过数学课堂教学，在教思考、教体验、教表达的教与学活动中，关注学生的学习活动及学习的获得。将培育学生的必备品格和关键能力贯穿到各学段，融入各学科，落实到教育教学的全过程，最后体现在学生身上，促进中小学学生健康良好的发展。

（三）"情境—问题"教学模式的基本内涵

数学"情境—问题"教学模式是学生在教师的引导下，从情境出发，通过积极思考、主动探究，发现问题、提出问题、分析问题、解决问题，从而获取数学知识，掌握数学解题方法，领悟数学思想的教学模式，旨在以问题为纽带的课堂教学中培养学生的创新意识和创新能力。

1. 数学"情境—问题"教学模式的教学目的

数学"情境—问题"教学模式意在通过让学生对教师所设置的数学情境进行深入细致的观察分析，培养学生的观察能力与直觉思维能力；通过让学生针对所观察的数学情境提出相关的数学问题，培养学生的提出问题能力与抽象思维能力；通过让学生解决自己所提出的问题（尤其是开放型问题），培养学生的分析问题和解决问题的能力；通过让学生应用数学知识解决现实生活中的具体问题，培养学生的数学应用意识与实践能力；通过学生在"情境—问题"数学教学的4个环节中自主探究、大胆质疑、多方讨论、合作交流，培养学生的创新意识，提升创新能力和合作能力。

2. 数学"情境—问题"教学模式的教学原则

数学"情境—问题"教学模式根据学生的认知水平创设情境，发挥学生的主体作用，引导学生自主学习、主动思考、合作探究。在思考、解决问题的过程中引发学生的认知冲突，获得数学活动经验，培育数学核心素养。教学过程需遵循以下教学原则：（1）以提出问题为中心的原则；（2）引导学生自主探究、合作学习的原则；（3）重视学生数学学习中的情感体验，寓教于乐的原则；（4）面向全体学生的原则；（5）高效利用现代教育技术辅助教学的原则。

3. 数学"情境—问题"教学模式的实施策略

《课程标准》指导下编写的新版教材，经常是从某一数学情境出发提出数学问题，然后进入主题内容的学习。教材中的情境的评价维度根据学生主体的需要，可分为基础维度与增值维度。基础维度包括数学关联性、学生关联性、文本易读性，增值维度包括实用性、文化性、时代性。教师可以以此为参考，增强高质量问题情境的创设能力。数学"情境—问题"教学可以参考以下策略实施：（1）情境引入；（2）引导提问；（3）开展讨论交流，促进合作学习；（4）关注问题解决与数学应用；（5）布置情境作业，开展数学活动；（6）注重精讲，引导学生思考；（7）重视回顾总结，发展学生的元认知。

4. 数学"情境—问题"教学中学生的学习策略

数学学习策略包括对概念、公式等的理解、记忆、运用及解决数学问题的学习策略，有效的数学学习策略能够提高学生的数学成绩，提升学生的数学学习情感。数学"情境—问题"教学中可以采取以下的学习策略：（1）深入情境，仔细观察，提取数学信息；（2）认真思考，大胆质疑，提出数学问题；（3）积极互动，合作探究，解决数学问题；（4）开展专题研究与课题学习；（5）反思自省，整理复习，使知识系统化、模块化。

### 三、教学案例

#### 解析几何起始课的教学设计与思考

教育家怀特海曾说："教育的成效就在于让学生借助树木来认识森林。"基于单元教学理念的解析几何起始课的教学，从学科发展的历史入手，侧重揭示本章知识产生的背景和现实意义，展示数学文化，渗透数学思想，激发学生的学习兴趣；从知识的整体性出发，围绕核心概念设计、组织与展开教学，提升核心素养，为后续学习起到引领、组织、规划的作用。

（一）学习内容分析

通过本节课，学生将了解解析几何的发展历史，感知解析几何的思想方法，初次接触坐标法，建构倾斜角、斜率的概念，掌握斜率的计算公式。倾斜角和斜率，作为知识本身，都是刻画直线性质的重要概念，是研究直线（方程）不可或缺的基本量；就研究方法而言，在坐标系中研究几何图形的性质，对学生是一种全新的体验。二者相比，斜率作为刻画直线性质的量，与后续直线方程的研究有密切的联系，体现了坐标法的本质，是核心概念。

（二）学生认知分析

学生在进入本章学习之前已经掌握了平面几何的基础知识，具备一定的演绎推理能力；熟悉了平面直角坐标系、平面向量和基本初等函数，有一定分析和转化问题的能力。解析几何的本质是用代数的方法解决几何问题，本节课将通过倾斜角和斜率两个重要概念，让学生感受坐标法在解析几何中的应用，经历几何对象与代数对象相互转化的过程。

（三）学习目标与教学策略

1. 学习目标

了解解析几何的发展历史，学习解析几何的研究方法，感知研究解析几何的意义；理解倾斜角和斜率这两个基本概念，掌握过两点的直线斜率的计算公式，经历几何问题（倾斜角）代数化（斜率）的过程。

2. 教学重点

经历倾斜角和斜率概念生成的过程，并建立二者之间的联系；掌握过两点的直线斜率的计算公式，初步了解解析几何的基本思想方法。

3. 教学策略分析

解析几何起始课要体现统摄全章的特点，帮助学生认清知识的来龙去脉，感受知识的生成过程，形成系统的知识体系。借助章引言和章头图，以数学文化为切入点，揭示解析几何的人文背景、学科价值及蕴含的数学思想方法；从现实生活出发，介绍本章知识的内容、地位和作用；通过问题导引，初识解析几何的知识结构、逻辑体系和数学思想。"窥一斑而知全豹"，了解本章的知识内容、研究特点和学习方法。激发学生学习解析几何的激情，为后续的学习打下基础，做好知识积淀、经验积累和心理准备。

（四）教学过程

1. 引言启学，追寻历史

微视频介绍解析几何的发展历程：

数学是研究空间形式和数量关系的一门科学。16世纪末、17世纪初，几何与代数的发展已经日臻完善，但他们基本上彼此独立，互不联系。文艺复兴之后，资本主义经济迅猛发展，各种新兴行业对科学技术提出了全新的要求，已有的数学工具已经无法解决某些运动问题，这就迫切需要数学进行变革。

数学家们在前人研究的基础上，进行了数学史上最丰富、最有效的创造，他们将代数和几何结合了起来。法国哲学家、数学家笛卡尔为此做出了重要的贡献。据说笛卡尔是在一次"晨思"时，观察到天花板上苍蝇的爬行而产生了灵感。他提出了一个大胆的设想："把一切问题归结为数学问题，把一切数学问题归结为代数问题，把一切代数问题归结为方程。"他的想法虽然没能完全实现，但解析几何学却由此创立。

解析几何通过坐标法，将几何问题转化为代数问题，再借助代数运算研究几何图形的性质。解析几何的创立开启了数学发展史上新纪元，数学开始从常量数学进入变量数学时期，这一成就为微积分的创立奠定了基础。新的时代开始了——近代数学的序幕已然拉开，科学因此产生了巨大的飞跃。从现在开始，我们将在平面直角坐标系的基础上，给直线插上方程的"翅膀"，探寻解析几何的奇妙世界。

【设计意图】通过数学史和数学文化的融入，使学生初步了解解析几何的产生、发展及其对科学进步的重要作用，感悟数学的科学价值、应用价值、人文价值和审美价值；初步了解解析几何是以坐标法为核心，以几何图形为研究对象，以数形结合为基本思想方法的一门学科，感受数学家在数学研究中体现出来的探索精神、创新精神和理性精神。

2. 创设情境，数学抽象

问题1：请阅读下面的文字，比较比萨斜塔和辽宁前卫斜塔的倾斜程度哪一个更大？

你是用哪一个数学量来进行比较的？

著名的意大利比萨斜塔建造至今，其塔顶已经向南倾斜超过 2.5 米，倾斜角度超过 3.99 度，并且还在持续倾斜。[28]

辽宁省前卫斜塔建于辽代，比意大利比萨斜塔早建成 300 多年，数百年来，虽然几经地震与洪水侵袭，塔身倾斜 12 度，但该塔始终斜而不坠、歪而不倒。

图 3-9-6　比萨斜塔　　　　　　　图 3-9-7　前卫斜塔

学生：用角度。

教师：用哪一个角度？

学生：斜塔与地面所成的角、斜塔与竖直方向所成的角。

【设计意图】康托认为："人类的一切知识都是从直观开始，从那里进到概念，而以理念结束。"数学抽象的第一阶段是基于现实的。通过现实生活中斜塔的形象，提出问题，激发学生的学习兴趣。初步建立倾斜程度与角度的联系。

问题 2：平面直角坐标系中，过定点（1，0）的直线的差异是什么？

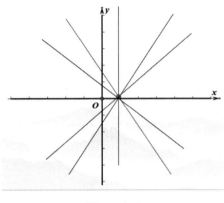

图　3-9-8

学生：倾斜程度。

问题3：平面直角坐标系中，哪些角可以刻画直线的倾斜程度？

学生：与 $y$ 轴, $x$ 轴所成的角。

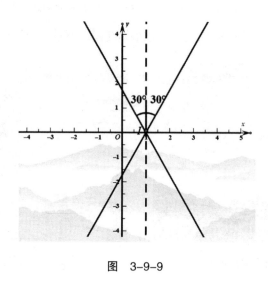

图 3-9-9

教师：图中两条直线与 $y$ 轴所成的直线都是 $30°$，直线的倾斜程度与角度不能一一对应。

问题4：平面直角坐标系中，选择哪个角可以将直线的倾斜程度和角度一一对应？[29]

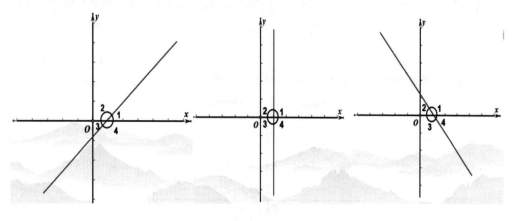

图 3-9-10

学生：选择 $\angle 1$ 或 $\angle 2$。

问题5：如果把刻画直线倾斜程度的角叫作倾斜角，如何定义倾斜角？

学生：当直线 $l$ 与 $x$ 轴相交时，直线与 $x$ 轴所成的角叫作直线 $l$ 的倾斜角。

例1：已知直线 $l$ 过点 $P（2，2）$，且与 $x$ 轴所成的角是 $\frac{\pi}{6}$，请作出符合条件的直线。

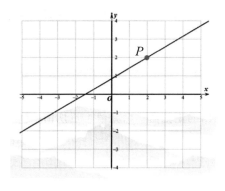

图 3-9-11　　　　　　　　　　　　图 3-9-12

问题6：由例1的探究可以看出，前面给出的定义显然不够准确。你能用文字语言给出直线倾斜角的定义吗？

定义：当直线 $l$ 与 $x$ 轴相交时，我们取 $x$ 轴作为基准，$x$ 轴正向与直线 $l$ 向上方向之间所成的角 $a$ 叫作直线 $l$ 的倾斜角。

倾斜的角 $a$ 取值范围 $0° \leqslant a < 180°$。（使用几何画板探究）

问题7：倾斜程度相同的直线，其倾斜角相等吗？倾斜角相等的直线，其倾斜程度相同吗？倾斜角相同的直线相互之间有什么关系？（平行或重合）

平面内每一条直线都有一个确定的倾斜角，且倾斜程度相同的直线，其倾斜角相等。直线的倾斜程度与倾斜角一一对应。

【设计意图】倾斜角用来描述直线的倾斜程度，是刻画直线性质的重要概念，定义应该具有自明性和确定性。通过一系列问题的探寻，凸显了知识生成过程的合理性，为学生在课堂中的认知参与营造氛围。定义生成的过程，既有对概念内涵的理解与掌握，又建立了倾斜角和直线倾斜程度的对应关系，完成了数学抽象的第一步。

3. 形数转化，建构概念

例2：请在平面直角坐标系中，作出满足下列条件的直线。

（1）直线 $l_1$ 过点 $（-2，3）$，倾斜角为 $\frac{3\pi}{4}$；

（2）直线 $l_2$ 过点 $（1，0），（0，1）$。

结论：已知一个定点和倾斜角可以确定一条直线；两点确定一条直线。

问题8：我们能否建立"直线的倾斜角"和"直线上两点坐标"之间的一一对应关系。

【设计意图】通过例2，感知"一个定点和倾斜角""两个定点"对于确定直线具有等价性。进一步探究直线的倾斜角（形）与直线上点的坐标之间（数）之间的关系。避免使用"坡度"这一学生并不熟悉的概念，直接将倾斜角和三角函数值进行并联，为生成斜率概念做准备。

例3：如图，在平面直角坐标系中，已知：$A(1,1)$、$B(2,1)$，求直线$OA$、$OB$的倾斜角，如果倾斜角不是特殊角，请用该角的一个三角函数值表示。

问题9：上例中，倾斜角不是特殊角时，求该角的正弦值、余弦值、正切值，哪个更简单？

（Ⅰ）若倾斜角$a$是锐角

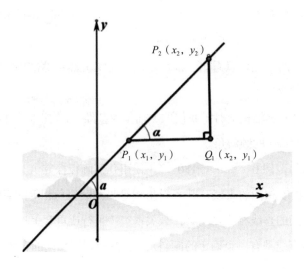

图 3-9-13

$$\tan a = \tan \angle QP_1P_2 = \frac{|QP_2|}{|P_1Q|} = \frac{y_2-y_1}{x_2-x_1},$$

$$\sin a = \frac{y_2-y_1}{\sqrt{(x_2-x_1)^2+(y_2-y_1)^2}}, \quad \cos a = \frac{x_2-x_1}{\sqrt{(x_2-x_1)^2+(y_2-y_1)^2}}, \text{显然求正切值更简单。}$$

（Ⅱ）若倾斜角$a$是钝角

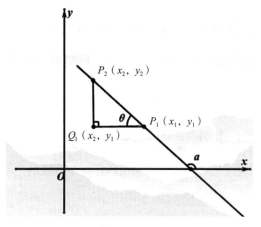

图　3-9-14

$$\tan\theta=\frac{\mid QP_2\mid}{\mid QP_1\mid}=\frac{y_2-y_1}{x_1-x_2}=-\frac{y_2-y_1}{x_2-x_1},\ 即$$

$$\tan a=\tan（180°-\theta）=-\tan\theta=\frac{y_2-y_1}{x_2-x_1}$$

（Ⅲ）若倾斜角 $a$ 是直角

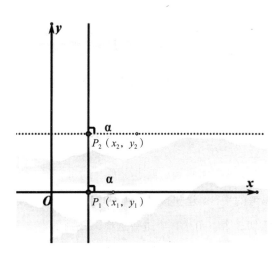

图　3-9-15

问题 10：讨论使用倾斜角的正切值 $\tan a$ 刻画直线倾斜程度的合理性。

（1）合理刻画直线的倾斜程度，倾斜角和三角函数值需一一对应，正弦函数显然是不合适的；

（2）$a\in[0,\pi)$ 时，倾斜角和余弦值存在一一对应的关系，但

$\text{con}a=\dfrac{x_2-x_1}{\sqrt{(x_2-x_1)^2+(y_2-y_1)^2}}$，显然使用正切更简洁；

（3）当 $a \in [0,\ \pi)$ 时，倾斜角与正切函数的函数值存在一一对应的关系：当 $a \in \left[0,\dfrac{\pi}{2}\right)$ 时，$\tan a \in [0,\ +\infty)$；当 $a \in \left(\dfrac{\pi}{2},\ \pi\right)$ 时，$\tan a \in [-\infty,\ 0)$；

$a=\dfrac{\pi}{2}$ 时，直线不倾斜，倾斜角的正切值 $\tan a$ 不存在。[30]

定义：我们把一条直线的倾斜角的正切值叫作这条直线的斜率，斜率常用小写字母 $k$ 表示，即 $k=\tan a$ $(0 \leqslant a < \pi)$。

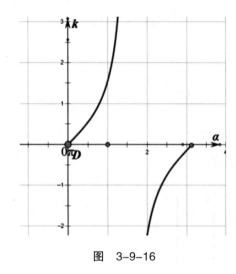

图 3-9-16

经过两点 $P_1$ $(x_1,\ y_1)$、$P$ $(x_2,\ y_2)$ $(x_1 \neq x_2)$ 的直线斜率公式 $k=\dfrac{y_2-y_1}{x_2-x_1}$，倾斜角与斜率一一对应。

【设计意图】问题 9 使学生体验到"两点定角"的可行性，为不同层次的学生完成概念构建提供了一个思考的平台。建立直线的倾斜角与直线上两点坐标之间的对应关系，学生在正弦、余弦、正切 3 个三角函数中进行选择，鼓励学生自主探究，合作学习。问题 10 将思考引向深入，从而确定用倾斜角的正切值刻画直线倾斜程度的合理性，斜率概念的生成水到渠成。整个过程既有矛盾冲突，又有思考交流，学生经历了概念萌发、概念辨析、概念精致的过程。

4. 课堂练习，深化理解

（1）在平面直角坐标系中，画出经过原点且斜率分别为 1、-3 的直线 $l_1$、$l_2$；

（2）如果一条直线绕点 $P$（1，0）按逆时针旋转，其倾斜角从 30° 变为 150°，求

变化过程中直线斜率的取值范围;

（3）比萨斜塔建造至今，其塔顶已经向南倾斜超过 2.5 米，倾斜角度超过 3.99°；辽宁省前卫斜塔塔身向东北方向倾斜 12°。

请比较比萨斜塔和辽宁前卫斜塔塔身所在直线斜率的大小?

【设计意图】通过简单的问题，复习巩固倾斜角、斜率两个基本概念，进一步理解"坐标法"在解析几何学习中的核心作用;数形结合，深化倾斜角和斜率的一一对应关系，解决实际问题。第（3）题与问题情境相呼应,进一步促进学生对本节课内容理解与掌握。

5. 及时总结，知识凝练升华

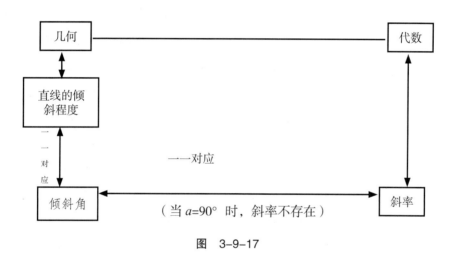

图 3-9-17

【设计意图】回顾学习倾斜角和斜率所经历的过程，就是探索用数刻画（研究）几何对象的过程，其中蕴涵着几何对象与代数对象的相互转化，探索两个对象之间的对应关系,寻求概念建构的方法等内容。经历这样的学习过程，对于学生感知解析几何的意义，领悟解析几何的学习方法，体会解析几何的基本思想，都是十分有益的。

（五）课后反思

1. 开展单元教学，领略数学历史文化

单元教学设计通过整体布局，突出知识间的联系，体现单元的整体性，从而避免了"课时主义"造成的知识过度分解、内容碎片化、学习成效低下等问题。解析几何起始课的教学，应从单元知识的整体结构出发，在追溯解析几何产生历史的基础上，围绕大概念进行单元教学设计，引导学生探寻数学文化与文明发展不可分割的联系，明确"为什么学？学什么？怎么学？"尽快熟悉解析几何所研究的对象、研究方法及其内在逻辑。明确学习目标，顺利进入新知识领域进行学习，注重数学思想、核心素养等高层次目标的达成。学生通过对起始课内容的学习,既了解了解析几何的发展历史,又掌握了直线的倾斜角、斜率等核心概念,还能了解到几何图形是解析几何的研究对象,坐标法是解析几何的核心方法,数形结合是解析几何的基本思想方法。从而帮助学生自主建构知识体系,探究解决解析几何问题的方法与策略,发现解决解析几何问题的"基本套路"。

2. 渗透数学思想,提升数学核心素养

解析几何起始课要为后续学习起到引领、组织、规划的作用,需要渗透数学基本思想,提升数学核心素养。笛卡尔和费马创立解析几何的原动力是他们对研究几何问题的普适方法的追求。学生由具体问题感知"直线上的一个定点和倾斜角"与"直线上的两个定点"对于确定直线具有等价性,逐步建立倾斜角的正切值与点的坐标之间的对应关系。坐标法作为解析几何最根本的方法,可以对图形进行定量运算。学习坐标法的过程可以提升数学抽象、数学建模、逻辑推理和数学运算等核心素养。史宁中教授认为:"抽象、推理、模型是数学基本思想的三个核心要素。抽象是数学得以产生和发展的思维基础,并且与数学的发展同步,数学的抽象也经历了两个阶段:第一个阶段的抽象是基于现实的;第二个阶段的抽象是基于逻辑的。"在斜率这一核心概念生成的过程中,第一阶段是比较比萨斜塔和辽宁前卫斜塔,建立直线倾斜程度与倾斜角的对应关系,是基于现实生活的;第二阶段建立倾斜角和斜率的对应关系,是基于逻辑推理和数学运算的。学习的过程是学生逐步认识解析几何价值的过程。

3. 构建核心概念,积累数学活动经验

"概念课的主旋律是让学生参与概念本质特征的概括活动""在核心概念的教学上要做到不惜时,不惜力"。[31]根据学生实际的知识水平和认知能力,在构建数学核心概念的过程中,渗透数学思想,训练数学方法,积累数学活动经验,对提高课堂效率,提升学生的认知水平有无法替代的作用。斜率和倾斜角两个概念相对比,斜率是核心概念。用数 $\dfrac{y_2-y_1}{x_2-x_1}$ 来对应直线的倾斜角,体现了"数形结合";斜率是刻画直线方程的基本要素,体现了其基础地位;斜率与变化率、导数等概念的相关联,体现了其广泛的联系性。强调核心概念、思想方法,可以使数学教学更好地突出数学的本质。本节课在教学实践中,学生经历了"从生活情境出发,逐步发现和探究,寻找共性与规律,抽象生成概念,并不断完善,最后加以应用"的过程,即数学活动经验获得的过程。学生体验知识的生成过程,养成善于发现、积极思考的习惯,更好地理解基础知识;学生经历自主学习、合作探究,观察、归纳、猜想、验证等综合能力逐步提升,真正掌握了基本技能。

## 参考文献

[1]夏小刚,汪秉彝.数学情境的创设与数学问题的提出[J].数学教育学报,2003(01):29-32.

[2]丁锦宏,陈怡,奚萍.换一个角度透视情境教育——一项关于"情境教育研究"的元研究[J].教育研究与评论,2011(2):32-48.

[3]沈林,黄翔.数学教学中的情境设计:类型与原则[J].中国教育学刊,2011(6):48-51.

[4]张定强,张元媛,王彤.数学情境教学:理解现状与增润课堂[J].中小学教师培训,2017(05):58-61.

[5]傅道春.教育学——情境与原理[M].北京:教育科学出版社,1999.

[6]常磊,鲍建生.情境视角下的数学核心素养[J].数学教育学报,2017,26(02):24-28.

[7]卜以楼.生长数学——卜以楼初中数学教学主张[M].西安:陕西师范大学出版总社,2018:002.

[8]张志勇.高中数学可视化情境的设计原则及实施路径[J].数学通报,2019,58(03):15-19,24.

[9]李三平,郭梦敏.数学情境教学中启"知"策略探讨[J].当代教师教育,2016,9(03):56-59.

[10]马勇军.提问与学生学习之关系:西方课堂提问研究的新重心[J].全球教育展望,2014,43(10):30-37.

[11]黄友初.教师课堂教学行为的四个要素[J].数学教育学报,2016,25(01):72-74.

[12]温建红.数学课堂有效提问的内涵及特征[J].数学教育学报,2011,20(06):11-15.

[13]韩龙淑,王新兵.数学启发式教学的基本特征[J].数学教育学报,2009,18(06):6-9.

[14]沈亚军.略论数学教育情感领域教学目标[J].数学教育学报,2003(01):33-36.

[15]张文宇,范会勇.基于NVivo10分析的数学教育专业硕士课堂提问研究——以首届全国全日制教育硕士学科教学(数学)专业教学技能决赛视频为例[J].数学教育学报,2019,28(01):92-96.

[16]吴华,卢小男.多媒体教学环境辅助学生提出数学问题的探索[J].数学教育学报,2009,18(02):72-75.

[17]温建红.论数学教学中学生提出问题的意义及培养策略[J].数学教育学报,2014,23(01):20-23.

[18]黄汉平.100年前的国际数学家大会与希尔伯特的《数学问题》[J].数学通报,2000(09):40-41,49.

[19]曾小平,吕传汉,汪秉彝.初中生"提出数学问题"的现状与对策[J].数学教育学报,2006(03):51-53.

［20］夏小刚,吕传汉.美国数学教育中的提出问题研究综述[J].比较教育研究,2006,27(2):18‐22.

［21］夏小刚,汪秉彝,吕传汉.中小学生提出数学问题能力的评价再探[J].数学教育学报,2008(02):8‐11.

［22］A·J·斯塔科.刘晓陵,曾守锤译.创造能力教与学［M］.上海:华东师范大学出版社,2003.

［23］常磊,鲍建生.情境视角下的数学核心素养［J］.数学教育学报,2017,26(02):24‐28.

［24］雷沛瑶,胡典顺.提升学生的数学核心素养:情境与问题的视角［J］.教育探索,2018(06):23‐27.

［25］史宁中.数学的抽象［J］.东北师大学报(哲学社会科学版),2008(05):169‐181.

［26］徐利治.谈谈我的一些数学治学经验［J］.数学通报,2000(05):0‐3.

［27］孔凡哲,史宁中.关于几何直观的含义与表现形式——对《义务教育数学课程标准(2011年版)》的一点认识［J］.课程·教材·教法,2012(7).

［28］郑新春.打好"几何问题代数化"的第一仗［J］.数学通报,2014,53(08):43‐46+50.

［29］伍春兰.直线方程、倾斜角与斜率的教学实践与反思［J］.数学通报,2017,56(05):30‐33+63.

［30］渠东剑.基于尊重学生探究倾向设计教学——以整体把握直线的斜率与倾斜角的教学为例［J］.中学数学教学参考:上旬,2014(4):12‐16.

［31］章建跃,陶维林.概念教学必须体现概念的形成过程——"平面向量的概念"的教学与反思［J］.数学通报,2010,49(01):25‐29+33.

# 第十章　挖掘数学文化，感悟数学学科本质

《普通高中数学课程标准（2017年版）》指出："要强调数学与生活以及其他学科的联系，提升学生应用数学解决实际问题的能力，同时注重数学文化的渗透。""不断引导学生感悟数学的科学价值、应用价值、文化价值和审美价值。"数学以其独有的符号语言、思维方式和逻辑结构，影响着社会的发展、科技的进步以及个人的思维方式、价值观念和行为准则，是人们认识世界、描述世界和探索世界的重要工具。以数学文化浸润学生的思想和心灵，是培育数学核心素养的基本途径，也是落实学科育人的本质追求。[1]

## 第一节　数学文化

近年来，"数学文化"作为新课标、新教材、新高考的常见高频词汇，引起越来越多教师的重视。深刻理解数学文化的内涵，正确认识数学文化的价值，厘清数学文化的学术形态、课程形态和教育形态，是深入开展数学文化教育实践与研究的前提。

### 一、文化与数学的概念释义

尽管学者们从各种不同的角度对数学文化的概念进行了阐释，但提及数学文化和数学文化课，总让人有雾里看花的感觉。追本溯源，也许我们应该从"文化"和"数学"两个基本概念进行探寻。

（一）文化的概念释义

习近平总书记强调："文化是一个国家、一个民族的灵魂。文化兴国运兴，文化强民族强。没有高度的文化自信，没有文化的繁荣兴盛，就没有中华民族伟大复兴。"

"文化"是一个内涵丰富、外延广泛、意义宏大的词语。中文的"文化"一词来源于《周易·贲卦·象传》"观乎天文，以察时变；观乎人文，以化成天下"。现代汉语词典中的文化是指人类在社会历史发展过程中所创造的物质财富和精神财富的总和，特指精神财富，如文学、艺术、教育、科学等。英语"文化"一词为culture（拉丁语cultura），在初期主要是耕耘、栽培和种植的含义，后来逐步引申出对人的性情的陶冶和品德的教养的含义。对比二者，中文强调其外在的教化功能，"文而化之""以文化人"，而西方似

乎更看重文化内在的生命生长价值。因此从语源学上说，中文偏重于功能性定义，西方则偏重于主体性定义，但都有培育、养育的意思，文化的传承离不开教育。

人们从不同的视角和立场出发对"文化"进行了种类繁多的定义，据说到20世纪80年代，文化的定义已经有300多种。1871年，英国文化人类学家爱德华·泰勒在其《原始文化》一书中首次定义"文化"："文化或文明……是一种复杂丛结之全体……包括知识、信仰、艺术、法律、道德、风俗，以及任何其他的人所获得的才能和习惯。"

自泰勒以来，对"文化"的定义大致有两类不同的定义方法：一是广义或狭义的定义法；二是功能性或主体性的定义法。

1. 广义或狭义的定义法

广义定义：文化为人类所创造的文明的总称，或定义为人类的生存方式。这里要解释一下文化与文明的区别。文明是文化的物质性、外在性的表现。使用工具是人类区别于动物的重要标志，此时文化就产生了，但文明出现要晚得多。文化只有在发展出文字、冶金、建筑时，才能称其为文明。

狭义定义：仅指精神性、观念性的东西。《文明的冲突》的作者塞缪尔·亨庭顿反对文化的广义定义，他认为："文化若是无所不包，就什么也说明不了。因此，从纯主观的角度界定文化的含义，指一个社会中的价值观、态度、信念取向以及人们普遍持有的见解。"

2. 功能性或主体性的定义法

前文所述爱德华·泰勒的定义就属于功能性定义；主体性定义指文化的"属人性"，德国学者格奥尔格·齐美尔首先看到了主体文化和客体文化的区别，卡西尔（Ernst Cassirer）作为齐美尔的学生，将文化定义为"人不断自我解放的历程"。

无论文化的定义如何表述，文化的本质特征是人类在认识自然和社会的实践活动中所采取的活动方式及其所创造的物质和精神成果的总和。文化内涵至少含五个方面：知识、思维、方法、原则与精神。知识是文化的载体；思维是文化的关键；方法是文化的根本；原则是文化的精髓；精神是文化的灵魂。以"文"化人，就是要以文化内涵的整体育人。韩愈非常精辟地指出："师者，所以传道、授业、解惑也。""传道"放在首位，就是德育为先、明确原则、升华精神，是以"文"化人的宗旨；"授业"就是传授知识，是以"文"化人的基础；"解惑"即启迪思维，指点方法，是以"文"化人的关键。[2]

（二）数学的概念及其重要性

数学究竟是什么？随着数学在不同发展时期的变化，人们赋予了数学多种不同的定义。其中被普遍认同的是恩格斯的阐释："纯数学的对象是现实世界的空间形式和数量关系。"罗素等人认为数学是逻辑学，希尔伯特等人认为数学是形式系统，布劳威尔等人认为数学是心灵的直觉，哥德尔不完备性定理又表明数学比人们原有的理解要复杂得多。数学最明显的本质，是它不同于经验科学的先验的真理体系。物理、化学、生物等经验科学的根基是归纳法，数学不仅需要归纳法，更要遵循公理体系和演绎法。审视数学产生和发展的历史脉络，数学是人类在认识现实世界客观普遍规律的实践活动过程中不断累积形成的重要文化内容。其中，认识的对象和结果是现实世界的空间形式和数量关系；认识的特征和方式是高度抽象、审美想象、逻辑推理和精确定量等；认识的内在动因是人类在实用意义上的工具需求、审美意义上的直觉驱动和哲学意义上的终极追问。可以说，文化性是数学的基本属性，数学具有鲜明的文化特征，数学本身就是一种重要的文化，具有重要的育人功能。[3]

数学的重要性体现在数学的科学性、工具性、人文性。数学作为一种精确的语言和有力的工具，在人们认识世界和改造世界的过程中发挥着重要的作用。现代数学科学已经构成了包括纯粹数学及应用数学在内的众多分支学科和许多新兴交叉学科在内的庞大的科学体系。

纯粹数学以发展数学本身为目的，具有严格、抽象和美丽等特征，它以满足人的智力发展、探索未知世界和好奇心为动力。从哲学的角度来看，纯粹数学或许更能体现数学的本质和价值，更能体现数学是关于数的世界、形的世界、逻辑关系的世界，甚至思维世界的科学。纯粹数学不能简单地以"有用"或"无用"来进行评判，许多过去被认为没有应用价值的数学理论，如数论、拓扑、凸分析，以及非标准分析，后来都被运用到科学技术和生产实践中，并发挥了重要的作用。

应用数学体现了数学的实用性。冯·纽曼认为，数学方法渗透并支配着一切自然科学的理论分支，它愈来愈成为衡量科学成就的主要标志了。数学作为各门科学的重要基础，在自然科学、工程技术、医学与生物科学、信息科学等领域起到关键性的作用；数学的应用深入到人文和社会科学领域中。如在研究中大量地运用统计分析、计量分析；数学与相关学科结合产生了大量的新学科，如经济学中数理经济学、金融数学等。马克思当年预言：一门科学只有当它成功地运用了数学之后，才算达到了真正完善的地步。这一预言正在实践中不断得以验证。数学科学的重要性已经得到空前广泛的认同。[4]哈尔莫斯说过，纯粹数学可以是实际有用的，而应用数学也可以是优美高雅的。

数学的人文性具有两个特点：首先，既然数学是人建构的，就必然包含数学家群体、数学研究共同体成员认可的一般意义上的思想观念、文化传统、精神气质、价值判断、行为准则。其次，承认数学的建构性和创造性，就会明确承认数学猜想的参与。数学结论是具有逻辑性的，是科学的、严谨的，但数学研究过程并非完全是线性的、严谨逻辑的，而更应是符合人的心理的、想象的、猜想的或置于情境的，人的想象、直觉、审美在参与创造活动中发挥着重要的作用。[5] 数学的科学性、工具性很容易被人们所认知，并成为数学活动的主角，其实只是数学价值的冰山一角。数学的直觉性、审美性、顿悟性，以及数学的公理、假设和猜想，无不体现出人文性和人文思维的特征，数学的人文性甚至比其科学性和实用性更为重要。要在理解数学人文性的基础上开展数学教学，才能体现数学学科的教育价值和实现被教育者的全面发展。

## 二、数学文化释义

### （一）数学文化的内涵

《课程标准》指出："数学文化是指数学的思想、精神、语言、方法、观点，以及它们的形成和发展；还包括数学在人类生活、科学技术、社会发展中的贡献和意义，以及与数学相关的人文活动。"[6] 并要求"精选课程内容，处理好数学学科核心素养与知识技能之间的关系，强调数学与生活以及其他学科的联系，提升学生应用数学解决实际问题的能力，同时注重数学文化的渗透"。数学是人类在感悟自然过程中的独特创作，以特殊的方式赋予人类无尽的创造能力。数学文化是一种理性文化，体现了人们对美好生活的执着向往，对真理奋不顾身的不懈追求，面对困难百折不挠的攀登精神，深刻影响并塑造着人们健全的人格及高尚品格的养成。

### 1.数学文化具有文化的特性

与文化的概念相对应，狭义的数学文化指数学思想、精神、方法、观点，以及它们的形成和发展；广义的数学文化还包含数学史、数学美、数学教育，以及数学与人文的关联、数学与各种文化的关系等。数学知识体系可看作是数学活动所创造的物质财富，而数学的思想、方法、观念等可看作数学活动所创造的精神财富。数学文化是各种数学活动中所创造的物质财富和精神财富的总和。

### 2.数学文化具有历史性

法国著名数学家亨利·庞加莱认为："想要预测数学的未来，适当的途径是研究数学的历史和现状。"公元前 4 世纪左右，数学逐渐脱离哲学和天文学，成为独立的学科。随着人类文明的不断进步，数学本身持续发展，逐渐表现出相对的独立性和自身的发展规律。数学文化是经历长期历史沉淀的结果，数学史是数学文化的重要组成部分。古今中外的数学史蕴含着数学发展过程中曲折历程、思想智慧、不屈精神，可以激发学生学习数学的积极性和创造性，获得顽强学习的信心和勇气，逐渐形成完善的个人品格。

### 3. 数学文化具有系统性特征

怀尔德（R.wilder）从人类文化的角度强调数学文化作为文化系统的一个子系统所具有的文化特征，即数学文化是以数学科学体系为核心，以数学的思想、精神、知识、方法、技术、理论等所辐射的相关文化领域为有机组成部分的一个具有强大精神与物质功能的动态系统。在这个动态系统中，数学与哲学、历史、政治、教育、艺术、经济、思维科学及各门自然科学相互影响、相互作用，数学以其内在的力量推动其他科学进步，同时也不断从其他科学中汲取养分和动力，形成有机互动，共同发展。数学教学应重视和其他学科的联系，使学生感受到数学具有广泛实用性的同时，学会用数学的眼光观察，用数学的语言表达，用数学的思维思考。

### 4. 数学文化具有学科的超越性

数学文化是超越数学学科范围的概念，具有比数学知识体系更广泛、更丰富的价值内涵，是对数学知识、技巧、能力和素质等概念的高度概括，[7] 是数学观念、数学意识、数学心理、数学事件和数学家的总和。数学文化是数学的一种状态、一种事实和一种存在，既包括数学的学科知识，还包括人文性的知识。数学教学要重视数学与人文的结合，数学文化的浸润不仅能够让学习者获取知识，接受数学方法、数学思想，受到数学精神的熏陶，更能提高思维能力，锻炼思维品质。

### 5. 数学文化具有数学共同体的属性

在现代人类文化的研究中，文化共同体的定义是"由某种因素（居住地域、民族性、职业等）联系起来的各个群体所特有的行为、观念和态度，也即各个群体所特有的'生活方式'"。数学家们基于相对稳定的数学传统，构成了与众不同的数学共同体。基于数学共同体的角度，郑毓信认为："数学文化是一种由职业因素（在更为深的意义上，也可关系到居住地、民族等因素）联系起来的特殊群体（数学共同体）所特有的行为、观念和态度等，既指特定数学传统，也指数学家行为方式。"[8] 数学文化所具有的数学共同体的属性，决定了数学教育既要重视教师共同体（如：课题组的集体教研、备课组的集体备课、新老教师的师徒结对等）的建设，又要重视学生共同体（如学习小组、兴趣小组）的集体协作、互动交流、合作探究等能力的培养。

### （二）数学文化的教育价值

荣格说："一切文化最终都沉淀为人格。"数学文化作为一种文化形式，对学生学习发展、公民素养养成、进入社会以后的持续发展等起着重要的作用。数学是以理性认识为主体，有强烈认知功能的思想结构，具有强烈的艺术性特征与美学特征[9]，数学精神不仅是科学精神的典范，还具有极其珍贵的人文精神。数学文化直接支配着学生的数学学习行为,影响着学生的人生观、价值观、世界观的形成,其教育价值主要体现在德育价值、思维训练的价值、美育价值等方面。

1. 德育价值

道德是一定社会经济关系的产物,是调整人与人之间、人与社会之间关系的原则和规范的总和。德育不能单一指向学校德育,而家庭、社会、学校共同有计划、有目的地对学生的思想道德、价值观念、心理品质进行培养和塑造,才能有利于学生道德水准的提高。数学文化的德育价值主要体现在提升民族自信心、激发学生学习热情、培养面对困难的坚韧品质、塑造诚信的人格等方面。

（1）丰富的数学史内容可以增强学生的民族自豪感

中国是四大文明古国之一。在公元 16 世纪以前,中国在数学领域取得的成就一直领先于世界。我国南北朝时期的数学家祖冲之运用割圆术,将圆周率精确计算到小数点后的七位数,这一成就比欧洲要早 1000 多年;《九章算术》成书于公元 1 世纪左右,在数值代数的领域内取得了令人瞩目的成就;欧几里得《几何原本》传入之前,中国的几何学、三角学都在独立地发展,能够用矩来测量高深远近,还掌握了确定恒星位置的球面测量的知识。前苏联数学家鲍加尔斯基在《数学简史》一书中指出,在人类文化发展的初期,中国的数学远远领先于巴比伦和埃及。

我国当代以华罗庚、杨乐、张广厚、吴文俊等为代表的数学家,取得了举世公认的数学成就;陈景润在艰苦条件下对哥德巴赫猜想进行证明,所取得的成果被认为摘取了数学王冠上的一颗明珠;张益唐在破解"孪生素数猜想"时取得了突破性成就,其曲折过程可以和《美丽心灵》《模仿游戏》等电影情节相媲美。通过对我国数学发展历史中蕴含的丰富数学文化的学习,能够让学生了解我国数学领域的巨大成就,感受数学家为科学奋斗和献身的精神,从而激发民族自豪感和自信心,自觉承担起继承发扬光荣传统的责任。

（2）数学文化广泛的应用价值可以激发学生的学习热情

数学文化在揭示数学知识、技能和方法的过程中,可以让学生感受到数学应用的广泛性,拓展学生的知识视野。数学是打开科学之门的钥匙,凡是涉及量化模式的问题,就要用到数学。数学对自然科学的重要作用是有目共睹的。随着数学的发展和社会的进步,离散数学、概率论与数理统计、计算数学的迅猛发展,使得社会科学和人文科学也深受数学的影响。现代信息技术更是离不开数学。数学的应用价值越来越大,已经拓展到众多领域,甚至以前与数学没有联系的考古学、语言学、心理学等也都成为数学大显身手的领域。数学方法能够有效解决工农业生产中的实际问题,如齿轮设计、冷轧钢板的焊接、海堤安全高度的计算等。普通人如果具备与成本利润、投资贷款、资金周转、工作效益等有关的数学知识，能够提升其经济生活质量。数学已经成为科学技术进步和国家综合实力的重要标志。[10]

数学文化的学习可以让学生了解数学是解决现实问题的有力工具，明确数学与社会进步的密切关系，充分认识到数学学习的重要性，树立努力学习科学知识的理想和信念，培养社会责任感。

（3）数学文化可以塑造学生勇敢坚韧的意志品质

高中学生思维发展水平的阶段性特征，以及数学学科所具有的高度抽象性和严密逻辑性，决定了数学学习活动要达成良好的效果需要付出的艰苦努力。优良的意志品质是数学学习活动顺利进行的关键。有研究表明，自觉性、坚持性、自制性、独立性、果断性等五种意志品质中，自觉性既是其他意志品质形成和发展的前提和媒介，也是意志品质结构的核心，与其他品质均有显著的高相关性。自觉性需要个体的内醒和觉悟。数学文化产生共情，使学生历经几千年数学发展跌宕起伏，英才辈出的历史，感受到数学的每一次进步都是数学家艰苦努力的结果；让学生了解数学在社会发展各个方面的广泛应用，对推动人类进步具有不可替代的作用。从而树立远大的理想和目标，克服思维惰性，主动自觉地开展数学学习活动。[11]学生在挑战自我、努力探寻、战胜困难的学习过程中，培养了严谨认真、勤奋刻苦、坚韧不拔的意志品质。

（4）数学文化可以培养学生的正直与诚实的品质

前苏联的数学家辛钦认为，数学教育不仅能锻炼人顽强的意志和勇气，还可以培养人正直与诚实的品质。[12]数学是科学的基础和先导，被誉为科学的王后。数学真理对任何人都不偏不袒，客观公正，数学的演算和证明不能投机取巧，数学结论对错分明，不容狡辩。数学研究如同在无人的荒野中穿行，每一步都充满艰难险阻，需要依靠数学家们的胆识、勇气和毅力，甚至甘冒生命的危险而百折不回，寻求真理。希伯索斯因发现无理数而葬身大海，阿基米德潜心几何图形的研究时被罗马士兵杀害，伽利略、哥白尼因日心说而遭到教会的迫害。我国近代著名数学家华罗庚、陈建功、苏步青、陈省身、许宝禄等，他们宁愿放弃国外优渥条件，也要回归祖国，为振兴中国的数学事业而努力。学习数学家们刚正不阿的品格、出类拔萃的能力、高瞻远瞩的视野，能够影响学生坚持真理，不随波逐流，人云亦云。在潜移默化中培养正直、诚信的品格。[13]

2.思维训练的价值

郑毓信认为："数学文化价值主要指数学学习对于人们的思维方式、价值观、世界观潜移默化的影响。"杜威在《民主主义教育》中指出："思维就是明智的学习方法，这种学习要使用心智。""发展中的经验就是所谓的思维。"并且反复强调，培养探究的思维态度是思维训练中的首要任务。

数学是科学技术进步的基础，是自然科学和社会科学不可缺少的工具。作为公民素养的重要组成部分，数学也是提升人的智力水平的有效途径之一。但数学绝不仅仅是一些演算的规则和变换的技巧，也不单纯是"思维的体操"，它的实质内容和让人终身受益的是其思想方法。大学中很多文科专业的学生也要学习与数学相关的课程，就基于严格的数学训练和数学思想方法的熏陶，有利于学生养成坚定执着的品格，形成严格准确、严谨逻辑的思维习惯。

爱因斯坦曾说："把学校里所学的东西全忘掉，剩下的便是教育。"基于此，可以通俗地说，把所学的数学知识忘掉后，数学教育还会对学生的工作生活发挥潜在的作用，是因为数学思维方法和数学精神会铭刻在大脑中，转化为学生自身具备的素养。

3. 美育价值

著名数学教育家徐利治先生认为，作为科学语言的数学，同语言文学和艺术一样，在内容和方法上具有自身的美。数学的和谐美表现在结构的协调性、对称性，理论与实际的统一性，内部规律的组织性上，以及对于美好事物的主宰。例如，函数的表达式、图像和性质是相互关联、三位一体的；曲线中有鲜花般的玫瑰线、望月般的圆、欲达而不能的渐近线、翩翩起舞的蝴蝶定理图，它们和谐、匀称，富有诗情画意；数的扩充所呈现的实际需要与理论发展需要的和谐等，都是数学和谐美的表现。数学中高度的抽象性、逻辑的严密性和应用的广泛性也蕴含着极其丰富的审美因素。数学中的奇异性也形成一种美，如有理数在数轴上的分布是稠密的，但不是无间隙的；实数系以及它的子集中的元素都具有顺序性，但在复数系中却无法建立顺序关系；二次曲线方程的图像理应是二次曲线，但系数变化可使它蜕变为直线或点；函数中处处连续但有不可微的情形。[14]

充分挖掘数学所蕴含的美，培养学生的审美情感、审美追求、审美发现，不仅能够陶冶学生的情操，还可以引导学生获得愉悦的心境，产生积极面对学习的态度，改善思维的品质，因而具有极高的美育价值。张奠宙先生认为，数学教学中的美育价值是数学文化的重要组成部分，可以分为4个层次：美观、美好、美妙、完美。美观，主要是数学对象以形式上的对称、和谐、简洁，给人带来美丽、漂亮的感受。美好，即指数学上的许多东西，只有认识到它的正确性和和谐性，才能感受其"美好"。美妙，"众里寻他千百度，蓦然回首，那人却在灯火阑珊处"，是解决数学难题时"美妙"的心境。完美，数学总是尽力做到至善至美、完美无缺，这也许是数学的最高品质和最高精神。[15]数学美的文化价值需要教师创造性地创设美观、美好、美妙、完美的教学情境，引导学生感知、体会、发现、领悟。也只有数学的学习者、研究者，才能在数学活动中经历、体验数学独有的美，感受其独特的文化价值。

（三）数学文化的三种形态

数学文化可以分为三种不同的形态：数学家创建数学结构过程中原始的学术形态；教育工作者以育人为目的，将学术形态的数学文化整理、陈述到教材中，成为数学文化的课程形态；课堂上以教育形式出现的是数学文化的教育形态。

1. 学术形态的数学文化

学术形态数学文化是数学家群体在创建数学结构过程中的原始状态，可以从数学对象的人为性、数学活动的整体性、数学发展的历史性等不同的视角进行研究。根据数学文化的形成过程，用"群体"和"意义网络"这两个社会学基本概念，将学术形态的数学文化定义为"由数学家群体在相互交往和认识数学世界的过程中自觉形成的一种相对独立、相对稳定的社会意义网络，这个网络包括数学共同体、数学语言符号、数学的思想方法、研究成果、精神与价值观念及其共享群体。其中，数学共同体是由数学研究者组成的优秀社会群体，他们是数学文化的创造主体；数学语言符号是数学共同体内部成员之间相互交流的工具；数学思想方法是数学共同体成员在研究过程中所具备的思想方法和研究手段；研究成果是得到数学共同体成员证明，为大家普遍认可的开创性结论；共享群体是研究成果所辐射的社会群体"。[16]

学术形态的数学文化具有真实性。数学的发展与人类社会的进步密切关联，但数学的发展又独立于现实世界。数学理论一旦建立，数学工作者就不再受到外部的影响，完全依靠逻辑推动其发展进步。学术形态数学文化真实特性表现在数学家真实的研究和求真的品格。罗巴切夫斯基明知会被人们攻击和嘲讽，仍然公布非欧几何的发现。他坚信真理在自己手中，坚定地宣传和捍卫新思想，逐渐得到社会的理解和认可。康托尔创立具有划时代意义的集合论，有人甚至把他的理论当成有趣的"病理学的情形"来看待，激烈的争论使康托尔的精神屡受打击，甚至精神分裂。但每当他恢复正常意识，就又以超乎寻常的智慧，继续进行集合论的研究工作。非欧几何的发现和康托尔集合论的创立，都源于数学自身的问题。数学家们在世人不理解的情况下孤独地进行数学研究，他们不顾别人的误解嘲弄，坚持真理。数学的真实特性已把数学家的数学探索活动和他们人生的意义结合为一体。

学术形态的数学文化具有客观性。数学研究遵循一定的范式进行严格的推理。在这个过程中，逻辑自洽是推理的唯一标准。无论是何人，无论使用什么方法，都会演绎出相同的结论，逻辑自洽充分展现了数学客观性、确定性的特点。例如非欧几何，它是从欧氏几何第五公设的相反出发，即通过直线外一点可以引不只一条而是至少两条直线平行于已知直线，用它作为替代公设进行逻辑推导，后续的理论都是由此而发展起来的。逻辑自洽保证了数学在一定理论范围内的严谨性和客观性。客观性是数学文化与其他形式文化的区别之一。比如建筑文化，如果被摧毁就不复存在了。但数学文化不会因时代的变迁、社会的变革、思想观念的异同而发生变化，始终在原有的基础上不断地向前发展。

2. 课程形态的数学文化

课程形态的数学文化是由课程专家经过选择、加工、整理，用通俗的语言，将深刻的数学思想观念采用教科书式的系统引入到数学教学中，其目的是实现数学文化的教育价值。这种形态的数学文化具有可操作性强、易于实施、便于传承的特点。

课程形态的数学文化从数学史、数学哲学及人类文化学的宏观角度反映数学的本质特征。如数学公理化的方法，传统的呈现方式将其淹没在证明与计算的海洋里，学生可能失去认识数学本质的良机。新课程倡导通过直观感知、操作确认、度量计算、推理证明，使学生在深度学习中了解数学公理化的方法，获得真实的数学活动经验，理解数学本质。

课程形态的数学文化从数学研究者、数学发展、数学应用等多元化的角度体现数学的教育价值。数学研究者包括数学家个体以及数学家与数学爱好者组成的数学共同体，他们勤奋探索、自强不息、理智创新的故事反映出数学求真、求善、求美的科学精神；数学发展包括数学重要概念、数学思想、数学方法以及数学在哲学层面的认识和发展；数学应用表现在数学科学对社会进步起到越来越重要、越来越直接的影响。

课程形态的数学文化具有可理解、可接受，便于学习者体验的特征。数学内容常常是形式的、抽象的、难以理解的。课程形态的数学文化，不仅要保证数学知识的科学性，还必须考虑学生的年龄特点、认知基础和学习者的情感体验，采用适合于教育对象的语言和表现形式，把数学的内容、思想、精神、方法、观点直观地呈现给学习者。[17]

3. 教育形态的数学文化

教育形态的数学文化是将数学学习者社会化到数学文化这一意义网络之中的文化活动。这里的社会化是指学生能运用数学语言、数学方法、数学思维等在数学文化的意义网络中沟通交流，在完成知识构建的同时，将数学文化所蕴含的精神内化为学习者的自身素养，形成整个社会的文化积淀。教育形态的数学文化重在教育的社会化功能，强调从更广泛的传播学视角来探讨数学文化的本质。

教育形态的数学文化应树立突出文化特征的数学教学观念。数学发展到今天，纯数学已经不可能为数学研究者之外的普通人所理解。波利亚指出：数学是具有欧几里得式严谨性的演绎科学，但从创造发现的过程来看，却更像是试验性的归纳科学。教学实践中，如果只是注重数学的严谨性，抽象的数学概念、晦涩的数学术语、繁锁的数学计算、冗长的数学推理往往让人难以理解，望而生畏。所谓突出文化特征就是在教学过程中关注学习者态度、兴趣、情感和价值观。如：复数教学时，可以简单介绍无理数的发现、毕达哥拉学派、西方理性思维的起源；解析几何的学习中可以介绍笛卡尔以及他的大胆设想："把一切问题归结为数学问题，把一切数学问题归结为代数问题，把一切代数问题归结为方程。"在数学教育中根据学生的实际情况，在注重科学性的同时恰到好处地渗透艺术性、通俗性、应用性等，才能更好地凸显数学文化闪光的人文价值。

教育形态的数学文化要保证数学教育价值的实现。教育形态的数学文化是教师和学生在学习活动中相互作用，将教材课程形态的数学文化转变为教学内容的创造性过程。教师运用教学智慧创造性地组织、使用和拓展教材，结合学生实际情况，创设数学情境，提出数学问题，引导学生在数学文化的氛围中轻松愉快的进行学习。这个过程一方面需要教师不断提升数学文化知识、数学文化技能、数学文化情意的综合性品质，根据实际情况有计划、有目的、有步骤地开展数学文化教育；另一方面要注意纠正数学文化活动的去数学化倾向。在真实情境与有效问题的引领下，建构数学知识体系，提升数学思维品质，培养数学核心素养，真正实现数学的学科价值。

## 第二节　"数学文化"教学实践

### 一、数学文化在数学教学中的实施策略

（一）科学合理地定位数学文化教学目标

《课程标准》关于数学文化学习方面的目标是要求学生通过对数学文化的学习，初步了解数学科学与人类社会发展之间的相互关系，体会数学的科学价值、思维价值、应用价值、人文价值。追寻数学历史前行的印记，感受数学学科开拓创新的历程，接受优秀数学文化的熏陶，提高自身的数学素养。这个目标的实现的基础是教师具备与数学文化相关的知识。这些知识既包括数学学科知识、数学思想方法、数学精神，也包括数学历史、数学应用、数学美等。数学文化知识来自教师不断收集整理数学文化素材，在提炼素材和总结经验的基础上，开展数学文化教学实践。教师依据课程目标，确定数学文化教学目标时，应注意科学性、合理性与准确性。

立足数学学科，注重科学性。数学具有内容的抽象性、推理的严密性、结论的明确性、

应用的广泛性等特征，这些特征决定了数学文化教学的科学性。根据数学学科自身的特点，应以数学意识、数学品质、数学思想、数学精神等为教学目标，还数学以文化的本来面目。

依据教学实际，注重合理性。数学文化的传播不能急于求成、揠苗助长，让学生在潜移默化中自然而然地感悟和理解，并依据教材中的数学文化元素，根据学生的年龄特点和认知水平，确定能够达成的教学目标。

指向学生学习，注意准确性。教学目标指向学生预期达成的学习效果和行为改变，要具体清晰，可观察、可测量。需要在研读课程标准，深入理解教材的基础上，对学生的实际情况进行翔实的分析和评估，准确定位教学的逻辑起点与最终归宿，明确数学文化的教学目标，围绕目标开展数学文化教学活动。

数学文化的教学目标是通过数学文化让学生了解数学与现实世界的联系、数学的产生发展、数学学习的意义和价值，目标应涵盖知识与技能、过程与方法、情感态度与价值观。

（二）深刻准确地理解数学文化的价值内涵

"数学文化"的价值蕴涵在数学知识的学习过程中，既包括数学概念、数学技巧、数学思想等显性知识，也包括数学观念、数学态度、数学情感等隐性知识。教师有效利用教材资源，深入挖掘价值内涵，将它们组织到教学内容中，引导学生从学习过程中发现问题、提出问题、分析问题、解决问题，发现现象背后的数学规律，总结数学思想方法，提升数学思维能力。如可以采用"准历史现象"法，将数学史料从数学文化的视角进行整理、加工和设计，以利于学生理解数学家的故事、数学事件和数学思想。源于教材而又高于教材的教学内容，体现了数学文化发展的逻辑性、系统性、完整性和连续性。学生在准历史情境中经历数学知识的生成过程，感悟数学文化的价值内涵，不仅有利于知识的理解与掌握，更有利于获取真实的数学活动经验，体会数学家的开拓创新精神，提升数学思维水平。[18]

（三）灵活多样地设置数学文化教学路径

教师数学文化教学研究能力是灵活多样地开展数学文化教学的关键，应包括数学文化教学研究能力与数学文化课题研究能力。数学文化教学研究能力涉及教师能够根据教学实际确定教学内容、制定教学目标、选择教学方法，同时对教学过程具有教学反思的能力。数学文化课题研究能力则需要教师对教材和数学文化有整体的认识，对某一普遍存在、亟待解决的问题进行专题研究，以提升教师数学文化素养，转变数学教育观念，开展数学文化教学实践，并推广课题研究成果，推进教育教学改革。

教师需要具备收集与筛选数学文化素材的能力，在数学文化素材中挖掘数学思想方法和运用数学文化素材设计数学活动的能力。可以借助数学史，以数学家、数学故事、数学游戏等为线索挖掘数学文化资源；可以从数学与生活，数学与其他学科的联系中寻找数学文化的应用价值；可以利用数学符号、数学图形、数学解题方法等的简洁美、对称美、奇异美、统一美展示数学文化的美育功能。

开展灵活多样的数学文化教学，应淡化形式，注重本质，让学生经历知识产生、形成与发展的完整过程，理解数学本质。使学生在学习数学知识的同时，情感、态度、价值观念、思维能力等方面共同发展，数学文化底蕴不断充实，数学学习兴趣不断增长，数学学习能力不断提高。

### （四）有效多元的评价营造良好的数学文化教学氛围

基于核心素养的高中数学课堂评价应符合《课程标准》所倡导的发展性、过程性、多元性、主体性等评价要求，具备甄别、反馈、导向、调节、激励等多方面的功能。建立多元化的评价体系，有利于调控数学教学活动，达到师生共同成长，营造良好的数学文化教学氛围。建立评价目标时应考虑近期效果与远期效果的统一、质量与数量的统一、显性效果与隐性效果的统一。评价方式要立足于学生数学核心素养的培育，在多主体、多层次、多维度、多角度进行教学评价的同时，要进一步体现评价方式的发展性和适配性。

发展性就是以发展的观点来认识数学教学并进行教学评价。评价要激励教师改变教学方式，在教会学生数学知识的同时，体会数学家的创新精神，欣赏数学的美学价值，感悟数学的思想方法，深刻理解数学文化的价值内涵、理性思维和广泛应用。充分发挥数学课堂教学评价应有的教育与引导功能，培养学生进行数学探究的勇气和数学学习的自信。[19]

适配性是强调数学课堂教学评价要遵循学生发展数学核心素养的内在规律与相关教学要求，合理选择、匹配数学课堂教学评价的具体类型。在目前的数学教学中，较为注重对学生在掌握知识、技能方面情况进行评价，教学评价方法简单化，呈现出重甄别，轻发展；重数学知识，轻文化素养；重显性知识，轻隐性知识；重结果，轻过程等弊病。为对学生数学学习准备性进行评价应合理利用诊断性评价，为对学生数学学习目标达成情况进行评价应合理利用形成性评价，为对学生整个学习状态进行评价应合理利用终结性评价，为动态地把握学生在数学各活动环节中的实时表现应合理利用过程性评价。[20]让学生在先贤的智慧中了解数学文化，在数学的内在规律与逻辑中感受数学文化，在真实的思考和创造中体验数学文化，在尊重规律、严谨治学、示范引领中浸润数学文化。

## 二、教学案例

### 在翻转课堂中体验数学之美——"斐波那契数列"教学案例

《课程标准（实验）》中明确指出："数学是人类文化的重要组成部分。数学课程应适当反映数学的历史、应用和发展趋势。"近年来，以数学文化为载体的考题在高考中频繁出现。如何将数学文化与高中数学教学有机结合，成为一个亟待研究的课题。我们越来越清晰地认识到，数学教学应当着眼于学生的长期发展，回归数学的本来面目，发挥数学的内生动力。以提高数学素养、发展思维能力、培育理性精神为核心，使学生在掌握数学知识的过程中成为善于发现问题、懂得合作交流、能够解决问题的人。"斐波那契数列"是人教 A 版《普通高中课程标准实验教科书·数学·必修5》第32页"阅读与思考"栏目中出现的内容。课本关于这个知识的讲解比较简单，但其丰富的文化内涵是非常值得探究的。

（一）教材分析与学情分析

1. 教学内容分析

伽利略曾经说过："大自然是用数学语言写成的书。""斐波那契数列"就是这样一个看似简单，但却拥有丰富内涵的数列。学生通过学习，不仅可以发现斐波那契数列在自然界中奇妙的存在，感知斐波那契螺旋线的艺术之美，了解斐波那契数列在许多科学领域的实际应用，还将在学习资料的收集过程中培养自主学习的能力，在通项公式的推导过程中提升合作探究的能力，在问题解决的过程中训练数学抽象和归纳总结的能力。

2. 学情分析

本节课的授课对象为青海师范大学附属中学高一实验班的学生，他们均为走读生，自主学习能力较强，具备实行翻转课堂教学的基本条件。学生经常在学习平台上对数学问题开展讨论，提出问题，发表观点。经过"数列"相关内容的学习，已经掌握了数列的基础知识和求解数列通项公式的基本方法。本节课在教师的引导下，通过学生的自主学习、合作探究，让他们充分感受斐波那契数列的文化价值及其蕴含的数学之美。

3. 教学目标

（1）了解斐波那契数列；

（2）利用已有知识，通过尝试探索，归纳分析，推导斐波那契数列的通项公式；

（3）总结、归纳、证明斐波那契数列的简单性质，并利用这些性质解决问题。

（二）教学过程

笔者根据翻转课堂的基本理念，结合我校实际情况，设计了适合青海民族地区高中数学教学的翻转课堂教学模式。该模式包括课前自主学习、课堂知识内化和学习反馈与评价三个环节（如图 3-10-1），具体实施步骤如下：

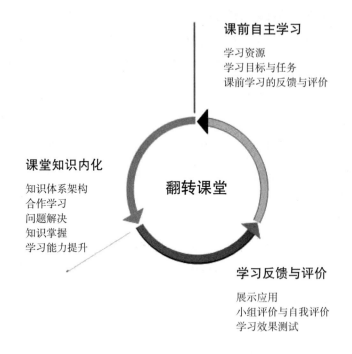

**图 3-10-1 青海民族地区高中数学翻转课堂教学模式**

1. 课前自主学习

课前自主学习是翻转课堂教学的重要组成部分。基于微课的翻转课堂教学模式，一般是教师根据学生的实际情况，提供微视频、学习任务表等教学资源。学生使用教学资源进行自主学习，收集资料，从而了解和掌握相关的数学知识，并通过自我检测发现问题、提出问题。这种教学模式将知识传递和诊断反馈环节放在课外，而将知识的内化环节放在课内。其中优质的微视频和有效的课前检测是该教学模式成功的前提条件。

（1）教学微视频

为了保证教学视频的质量和可观赏性，笔者使用 Focusky 软件制作课件，用流行的录屏软件 Camtasia Studio 录制视频。微视频从一个拼图引例开始，提出问题让学生思考。接着以兔子繁殖为例引入斐波那契数列，之后介绍斐波那契在自然界中出现的一些实例，并引导学生通过思考，发现斐波那契数列的一些简单性质。

设计意图：法国著名数学家庞加莱说过，"研究一门学科的历史与现状是我们预测这门学科未来的适当途径。"数学和其他学科一样有其枝繁叶茂的发展历史。通过斐波那契数相关知识的介绍，不仅能提升学生的学习兴趣，展示知识的生成过程，还能引导学生感受数学的美学价值，体会探究学习的快乐。

（2）学生课前自主学习的目标与任务

课前知识学习的效果，直接关系到翻转课堂教学的成败。因此，教师需要及时对学生的学习情况进行反馈与评价。为了达到这一目的，笔者特别设计了《学生课前自主学习测评表》（见附件1），主要包括课前学习内容、学习任务和问题与感悟三个环节。

1）学生课前自主学习目标

自主学习目标是学生通过自主学习后所应达到的认知目标。合理的自主学习目标的设定，可以有效提升学生的学习效率，并为其参与课堂探究，完成知识建构提供最基本的保障。本节课的自主学习目标如下：

①认识斐波那契数列；

②了解斐波那契数列在现实生活中出现的一些实例；

③初步探究斐波那契数列的一些简单性质。

2）学生课前自主学习任务

通过观看微视频、查阅资料，完成下列学习任务：

任务一：了解什么样的数列被称为斐波那契数列，并简述斐波那契数列的发现过程。

任务二：请举出几个斐波那契数在实际生活中出现的例子。

任务三：通过学习你了解到斐波那契数列的具有哪些性质？斐波那契数列还有其他性质吗？

2.课堂知识内化

（1）学生自主测评展示

建构主义认为，学习者的知识是在一定情境下，借助于他人的帮助，如人与人之间的协作、交流，利用必要的信息等，以及通过意义的建构而获得的。学生在课堂上以小组为单位展示学习成果，在交流与协作中发现问题，解决问题，并将新的问题带入到下一个学习环节中。

师：通过微视频的学习，我们了解了斐波那契数列，请问什么样的数列被称为斐波那契数列？并简述斐波那契数列的发现过程。

小组展示1：由数字1、1、2、3、5、8、13、21…组成的数列被称为斐波那契数列，其递推公式 $F_n=F_{n-1}+F_{n-2}$（$n \geq 3$），$F_1=F_2=1$，斐波那契数列出自意大利数学家列昂纳多·斐波那契（Leonardo Fibonacci）于1202年所著的《算盘全书》，斐波那契数列因兔子繁殖为例而引入，故又称为"兔子数列"。

师：请举出几个斐波那契数在实际生活中出现的例子。

小组展示 2：许多植物的花瓣数都是斐波那契数，例如：兰花、茉莉花、百合花有 3 个花瓣，蔷薇属的植物很多是有 5 个花瓣，秋英属植物有 8 个花瓣，万寿菊属植物有 13 个花瓣，紫菀属植物有 21 个花瓣，雏菊属植物有 34、55 或 89 个花瓣。

师：大家还知道哪些与斐波那契数列有关的实例？

小组展示 3：松果的螺旋线、向日葵种子的排列、种子的发育、动物犄角的生长方式等都与斐波那契数列有关。太阳系本身就暗合斐波那契螺旋线，美术、音乐、影视、建筑等很多科学领域都与斐波那契数列有千丝万缕的联系。

师：非常好，说明大家在学习过程中查阅了很多相关资料。我们了解了斐波那契数列，那么斐波那契数列有哪些简单的性质呢？

小组展示 4：

性质 1：$F_{n+1}+F_{n+2}+F_{n+3}+F_{n+4}+F_{n+5}+F_{n+6}+F_{n+7}+F_{n+8}+F_{n+9}+F_{n+10}=11F_{n+7}$；

性质 2：$F_1^2+F_2^2+\cdots+F_n^2=F_n \cdot F_{n+1}$；

性质 3：数列 $\left|\dfrac{F_{n+1}}{F_n}\right|$ 为摆动数列，它的极限为黄金分割数 $\dfrac{\sqrt{5}-1}{2}$；

性质 4：$F_n^2-F_{n-1}F_{n+1}=(-1)^{n+1}$。

设计意图：数学教学在讲求高效严谨的同时，又要关注学生的思维生成，这就构成了时间与思维这一对矛盾体。"翻转课堂"提供了一种解决这一矛盾的途径。教师在课前的微视频中预先提出需要探究的问题，学生以小组合作或自主探究的形式对问题进行研究，提升了学生的学习能力。教师鼓励学生大胆猜想，培养了学生的发散思维和直觉思维。

（2）探究通项公式

师：我们前面学过等差数列、等比数列，推导出它们的通项公式。大家现在对斐波那契数列也有了一定的了解，我们能求出它的通项公式吗？

（板书）已知数列 $\{F_n\}$ 满足 $F_1=1$，$F_2=1$，$F_n=F_{n-1}+F_{n-2}$，求数列 $\{F_n\}$ 通项公式？

学生通过小组讨论，发现很难入手。提示学生，我们以前研究过类似的问题吗？

例：已知数列 $\{a_n\}$ 中，$a_1=1$，$a_2=3$，$a_{n+2}=3a_{n+1}-2a_n$（$n \geq 3$），求通项公式 $a_n$？

解：由已知 $a_{n+2}-a_{n+1}=2(a_{n+1}-a_n)$，设 $b_n=a_{n+1}-a_n$，则 $b_{n+1}=2b_n$，数列 $\{b_n\}$ 是以 2 为首项，2 为公比的等比数列，$b_n=2^n$ 即 $a_{n+1}-a_n=2^n$，$a_n=(a_n-a_{n-1})+(a_{n-1}-a_{n-2})+\cdots+(a_3-a_2)+(a_2-a_1)+a_1=2^n-1$。

师：我们能借助上例的方法求 $\{F_n\}$ 通项公式吗？

探究 1：参照上例，设 $F_n-F_{n-1}=\lambda(F_{n-1}-F_{n-2})$ 则 $F_n=(\lambda+1)F_{n-1}-\lambda F_{n-2}$，即

$$\begin{cases} \lambda+1=1 \\ -\lambda=1 \end{cases}, \text{方程组无解。}$$

师：看来求 $\{F_n\}$ 通项公式是一个比较复杂的问题，一个参数不足以解决问题。

学生通过思考、讨论，提出再增加一个参数。

探究 2：设 $F_n-\lambda_1 F_{n-1}=\lambda_2(F_{n-1}-\lambda_1 F_{n-2})$，则 $F_n=(\lambda_2+\lambda_1)F_{n-1}-\lambda_1\lambda_2 F_{n-2}$，显然 $\lambda_2+\lambda_1=1$，

$\lambda_1\lambda_2=-1$ 令 $\lambda_1$，$\lambda_2$ 是方程 $x^2-x-1=0$ 的解，则 $\begin{cases} \lambda_1=\dfrac{1+\sqrt{5}}{2} \\ \lambda_2=\dfrac{1-\sqrt{5}}{2} \end{cases}$ 或 $\begin{cases} \lambda_1=\dfrac{1-\sqrt{5}}{2} \\ \lambda_2=\dfrac{1+\sqrt{5}}{2} \end{cases}$ ①

则数列 $\{F_{n+1}-\lambda_1 F_n\}$ 是首项为 $1-\lambda_1=\lambda_2$，公比为 $\lambda_2$ 等比数列。$F_{n+1}-\lambda_1 F_n=\lambda_2^n$ ②

问题的探究又陷入了困境。

师：$F_{n+1}-\lambda_1 F_n=\lambda_2^n$ 中有哪些已知量？

生：$\lambda_1$、$\lambda_2$ 都是已知的。

师：我们需要求什么？

生：需要求 $F_n$，只需要消去 $F_{n+1}$。

$$\begin{cases} F_{n+1}-\dfrac{1+\sqrt{5}}{2}F_n=\left(\dfrac{1-\sqrt{5}}{2}\right)^n \\ F_{n+1}-\dfrac{1-\sqrt{5}}{2}F_n=\left(\dfrac{1+\sqrt{5}}{2}\right)^n \end{cases}, \text{消去 } F_{n+1} \text{ 得 } F_n=\dfrac{1}{\sqrt{5}}\left[\left(\dfrac{1+\sqrt{5}}{2}\right)^n-\left(\dfrac{1-\sqrt{5}}{2}\right)^n\right]。$$

（掌声）

设计意图：波利亚在《怎样解题》中强调，解题过程中"观察未知量，并尽量想出一道你所熟悉的具有相同或相似未知量的题目"，[21] 是解决问题的关键。斐波那契数列通项公式的求法有很多种，有些方法运算很复杂。本课引导学生从所学知识入手，循序渐进，将"探索发现"的悬念交给学生，把"创新发明"的成就留给学生。问题解决的过程，培养了学生的合作探究能力和分析解决问题的能力。

（3）证明斐波那契数列的一些简单性质

师：大家证明了数列 $\{F_n\}$ 的通项公式，在微视频中，我们看到了一个有趣的问题：两个全等的直角三角形，两条直角边长分别为 3 和 8；两个全等的直角梯形，上底长为 3，下底边长为 5，高为 5。它们可以拼成边长为 8 的正方形，也可以拼成两条边长分别为 5 和 13 的矩形。

请思考：相同的直角三角形和直角梯形采用不同的拼接方法，得出的正方形与长方形的面积为什么不一样？

图　3-10-2

很明显，后一种拼法的图形之间的间隙造成了 $13\times5-8\times8=1$。由此我们得到了 $\{F_n\}$ 的一条性质。

性质 4：$\{F_n\}$ 数列的任意相邻三项满足：$F_n^2-F_{n-1}F_{n+1}=(-1)^{n+1}$（$n\geqslant2$）。

师：我们能否借助前面对 $\{F_n\}$ 数列的研究证明这条性质？

生：$F_{n+1}-\lambda_1F_n=\lambda_2^n$ 同理，$F_{n+1}-\lambda_2F_n=\lambda_1^n$，已知 $\lambda_1\lambda_2=-1$，但继续证明有困难。

师：能否顺着这个思路再进一步深入思考？

证明：由② $\begin{cases}F_{n+1}-\lambda_1F_n=\lambda_2^n\\F_{n+1}-\lambda_2F_n=\lambda_1^n\end{cases}$，则 $(F_{n+1}-\lambda_1F_n)(F_{n+1}-\lambda_2F_n)=\lambda_1^n\lambda_2^n$。

∴ $F_{n+1}^2-(\lambda_1+\lambda_2)F_nF_{n+1}+\lambda_1\lambda_2F_n^2=(-1)$ ∴ $F_{n+1}(F_{n+1}-F_n)-F_n^2=(-1)^n$（$n\geqslant2$），

即 $F_n^2-F_{n-1}F_{n+1}=(-1)^{n+1}$（$n\geqslant2$）。

师：这个证法如行云流水，非常漂亮。我们现在知道 $\{F_n\}$ 数列相邻两项之间的关系：$F_1=1$，$F_2=1$，$F_n=F_{n-1}+F_{n-2}$（$n\geqslant3$）；相邻三项之间的关系：$F_n^2-F_{n-1}F_{n+1}=(-1)^{n+1}$（$n\geqslant2$）；那么相邻四项之间有没有什么关系呢？

生：$F_{n-2}F_{n+1}-F_nF_{n-1}=(-1)^{n+1}$（$n\geqslant2$）。

师：请借助性质 4 证明这个关系。

性质 5：数列 $\{F_n\}$ 的任意相邻四项满足：$F_{n-2}F_{n+1}-F_nF_{n-1}=(-1)^{n+1}$（$n\geqslant2$）。

证明：$F_{n-2}F_{n+1}-F_nF_{n-1}=(F_n-F_{n-1})(F_n+F_{n-1})-F_nF_{n-1}=F_n^2-F_nF_{n-1}-F_{n-1}^2$

$$=F_n^2-F_{n-1}\left(F_n+F_{n-1}\right)=F_n^2-F_{n-1}F_{n+1}=\left(-1\right)^{n+1}$$

师：我们已经对数列 $\{F_n\}$ 有了一定的了解，现在看一下能否发现新的性质。

例：已知数列 $\{F_n\}$ 为"斐波那契"数列，$\{S_n\}$ 为数列 $\{F_n\}$ 的前 $n$ 项和，则（Ⅰ）$S_5=$＿＿＿＿＿，（Ⅱ）若 $F_{2017}=m$，则 $F_{2015}=$＿＿＿＿＿（用 $m$ 表示）。

解：（Ⅰ）$S_1=1$，$S_2=2$，$S_3=4$，$S_4=7$，$S_5=12$。

（Ⅱ）观察发现 $S_5=F_7-1$，$S_4=F_6-1$，$S_3=F_5-1$…猜想 $S_{2015}=F_{2017}-1=m-1$。

师：我们是否可以猜想得到 $\{F_n\}$ 数列的又一条性质呢？

生：$S_n=F_{n+2}-1$。

师：请证明这条性质。

性质 6：$F$ 数列的前 $n$ 项和 $S_n=F_{n+2}-1$。

证明：$S_n=\displaystyle\sum_{i=1}^{n}F_i=\sum_{i=1}^{n}\left(F_{i+2}-F_{i+1}\right)$

$=\left(F_{n+2}-F_{n+1}\right)+\left(F_{n+1}-F_n\right)+\cdots+\left(F_4-F_3\right)+\left(F_3-F_2\right)=\left(F_{n+2}-1\right)$。

设计意图：层层递进，引导学生深入挖掘 $\{F_n\}$ 的数列的内涵，将本课推向高潮。学习的过程如同破译"达·芬奇密码"，既呈现了数学内容、渗透了数学方法、浸润了数学文化，又提升了学生的学习兴趣，开拓了数学视野，锻炼了学习品质。

（4）小结

今天我们一起研究了斐波那契数列，探究了它的一些简单性质。斐波那契数列涉及我们生活的方方面面，小到微观世界，大到宇宙空间，从自然界到人类社会都有它的踪迹。有兴趣的同学以后还可以继续关注它，发现更多有趣的结论。通过这节课的学习，希望同学们能够懂得，数学不仅可以进行运算，还可以揭示出隐藏在现象背后的神秘规律。希望大家努力学习，发现和体验更多的数学之美。

（三）教学反思

1. 借助翻转课堂，有效提升学生在数学课堂中的行为参与

翻转课堂需要教师转变角色定位，真正发挥学生在学习过程中的主体作用。本节课 8 分钟左右的微视频，为学生的课前自主学习提供了重要的支撑。为了保证学生学习的有效性，教师除了通过查阅平台纪录、组织线上小组交流、师生互动外，还布置了学生自主学习测评及课上小组展示，取得了较好的效果。但教学技术手段的改进不是万能的，翻转课堂对教师的自身能力提出了更高的要求。如何提升学生的自主学习能力，将传统课堂转变成以现代信息技术为依托，学生在教师帮助下发现问题、合作学习，实现知识内化的新型课堂，有效提升学生学习过程中的行为参与，还有很多工

作要做。

2.开展"数学文化"课程，努力引导学生在数学课堂中的情感参与

美国数学家米勒认为："数学史最大的作用乃是它在该学科的学习中注入了更多的活力，它把数学概念从静态转向动态；通过记录数学家在形成数学思想过程中所产生的影响，数学史使数学人性化了。"[22]本节课通过现代技术的呈现，让学生感知数学并不是枯燥乏味的科学，它涉及了自然界的方方面面，蕴含着强大的生命力。学生在观看视频时感受到激动人心的数学之美，在通项公式的推导过程中体会到数学的理性精神，在性质的探究过程中感受发现的快乐。这一过程，使学生在知识学习的同时，得到数学文化的熏陶，体会数学的美学价值，感知数学学习的乐趣。

3. 优化教学目标，真正实现学生在数学课堂中的认知参与

根据布鲁姆教育目标分类学，"更高层次上的教学应使学习在与现实情境相类似的情境中发生。"[23]应用到高中数学课堂教学上，就是要求教师在课堂上一方面提供给学生解决问题所需的基本的理论基础知识和方法，另一方面又要留给学生一定的空间，营造问题情境，发挥学生的主体作用，通过学生自己的思考和探索，采用适当的策略，最终完成相关问题的解决，并架构起自己的知识体系。本节课从斐波那契数列的发现到它与自然、社会的关联，逐步展开，课前学习任务与课堂教学目标环环相扣，让学生体会到科学探究的整个过程。引导学生学会科学地提出问题、分析问题和解决问题，培养学生的创新意识，真正实现数学课堂的认知参与。

**参考文献**

[1]严必友.挖掘数学文化 践行学科育人 [J].数学通报,2019,58(11):19-22，27.

[2]杨叔子.数学很重要 文化很重要 数学文化也很重要——打造文理交融的数学文化课程[J].数学教育学报,2014,23(06):4-6.

[3]李铁安.如何理解"数学文化课"的内涵与价值[J].小学教学（数学版),2018(01):8-12.

[4]李大潜.数学科学与数学教育刍议[J].中国大学教学,2004(04):4-9.

[5]谢明初.数学教育的人文追求[J].数学教育学报,2015,24(01):6-8.

[6]中华人民共和国教育部.普通高中数学课程标准（2017年版,2020年修订)[M].北京:人民教育出版社,2020.

[7]黄秦安.数学课程中数学文化相关概念的辨析[J].数学教育学报,2009,18(04):1-4.

[8]郑毓信，王宪昌，蔡仲.数学文化学[M].成都:四川教育出版社,2001.

［9］黄秦安．数学文化的观念及其教育意义［J］．湖南教育，2006，(24)：5-7.

［10］曾峥．略论数学的人文价值［J］．数学通报，2002(02):12-14.

［11］李明振．意志品质与学生数学学业成绩的关系研究[J]．数学教育学报，1994(01):65-69.

［12］郑毓信．"数学文化"与数学教育［J］．中学数学教学参考，2005(10):1-3.

［13］张顺燕．数学教育与数学文化［J］．数学通报，2005(01):4-9.

［14］张楚廷．数学文化与人的发展［J］．数学教育学报，2001(03):1-4.

［15］张奠宙，木振武．数学美与课堂教学［J］．数学教育学报，2001(04):1-3.

［16］郑强，杨鹏．论教育形态的数学文化［J］．山东教育学院学报，2007(06):39-42.

［17］郑强，郑庆全．论课程形态的数学文化及其教育价值的实现［J］．数学教育学报，2005(01):23-25，41.

［18］郑强，邱忠华，杨鹏．教育形态数学文化的研究对数学教育的启示［J］．数学教育学报，2008，17（3）：21-22.

［19］戴风明．数学文化在数学教学中的缺失与对策［J］．数学教育学报，2011,20(06):74-77.

［20］徐晓芳．基于数学文化的数学教学模式构建［D］．浙江师范大学,2009.

［21］G·波利亚．怎样解题：数学思维的新方法［M］．上海：上海科技教育出版社,2011.

［22］汪晓勤.HPM:数学史与数学教育［M］.北京：科学出版社,2017.

［23］洛林·W·安德森等著．蒋小平等译．布鲁姆教育目标分类［M］．北京：外国教育与研究出版社，2009.